本书相关章节系辽宁省社会科学规划基金重点项目"网络安全问题的形成机理与防控对策研究"（L16AZX002）、陈昌曙技术哲学发展基金资助科研项目"网络安全治理工程研究"（201606）阶段性成果

东北大学马克思主义学院
青年学者论丛

网络社会工程研究
——以应对中国发展不协调问题为视域

RESEARCH ON NETWORK SOCIAL ENGINEERING

毛牧然 ／ 著

社会科学文献出版社
SOCIAL SCIENCES ACADEMIC PRESS (CHINA)

总　序

　　哲学社会科学是人们认识世界、改造世界的重要工具，是推动历史发展和社会进步的重要力量，其发展水平反映了一个民族的思维能力、精神品格、文明素质，体现了一个国家的综合国力和国际竞争力。"一个没有发达的自然科学的国家不可能走在世界前列，一个没有繁荣的哲学社会科学的国家也不可能走在世界前列。"① 在 2016 年 5 月 17 日召开的哲学社会科学工作座谈会上，习近平总书记的一席话，指出了在社会变革大时代，哲学社会科学"不可替代"的作用，深刻阐述了创新理论、构建中国特色哲学社会科学的重大战略意义，向中国哲学社会科学工作者提出了继承性、民族性、原创性、时代性、系统性、专业性的要求。2016 年注定成为一个标志性年份而被写入中国哲学社会科学的发展历史。

　　中国共产党自成立之日起，就始终代表广大青年、赢得广大青年、依靠广大青年。2016 年 7 月 1 日，习近平总书记在庆祝中国共产党成立 95 周年大会上的讲话中，充分肯定了我国青年在党的领导下为革命、建设和改革事业做出的突出贡献。他满怀深情地指出："95 年来，我们党取得的所有成就都凝聚着青年的热情和奉献。"② 青年学者是推动我国创新的未来和希望，作为党的事业的重要组成部分，推动我国哲学社会科学的发展创新同样取决于青年学者。"一切有理想、有抱负的哲学社会科学工作者都应该立

---

① 《习近平主持召开哲学社会科学工作座谈会强调：结合中国特色社会主义伟大实践　加快构建中国特色哲学社会科学》，《人民日报》2016 年 5 月 18 日，第 1 版。

② 《庆祝中国共产党成立 95 周年大会在京隆重举行》，《人民日报》2016 年 7 月 2 日，第 2 版。

时代之潮头、通古今之变化、发思想之先声,积极为党和人民述学立论、建言献策,担负起历史赋予的光荣使命。"① 这对广大哲学社会科学工作者尤其是新一代青年学者,提出了使命要求并寄予了殷切希望。

出生于改革开放初期的青年学者,正成长为哲学社会科学工作队伍中的生力军。他们学习、成长、发展的历程与改革开放后中国的发展进程同步,他们从事哲学社会科学工作的热情、激情与豪情推动着自己不断开拓着哲学社会科学新的春天,他们所具有的中国特色、中国风格与中国气派使我们对哲学社会科学的未来充满了期待。与这些青年学者一样,东北大学马克思主义学院的青年才俊也正在快速成长。

他们已笃定了服务奉献社会的坚定信念!

他们已呈现出攀登学术高峰的精神风貌!

他们已承担起教书育人成才的光荣使命!

他们致力于服务奉献社会,不断推进理论创新和科研方法创新,开展战略性、前瞻性、对策性研究,发挥"思想库""智囊团"作用,在服务国家、服务地方方面正发挥着无可替代的作用。

他们致力于攀登学术高峰,不断加强基础理论研究、潜心治学,开阔学术视野,始终抱着坚定的学术使命感和对国家、对民族的责任感,注重理论研究与实际相结合,务实求真,出精品、出力作,形成科研成果高质量、常态化的良好局面。

他们致力于教书育人成才,不断提升马克思主义理论素养,坚定理想信念,探索教育教学方法创新,努力实现科研成果向教学效果的转化,将治好学与做好人相契合,在价值导向、理论阐释、人格引领中实现对学生的教育与培养。

他们正坚定地行走在服务社会、教书育人、繁荣我国哲学社会科学的康庄大道上!

在过去的两年中,马克思主义学院师生坚定信念、开拓进取,推动教育教学、服务社会和科学研究的同步跃升,为人才培养、服务社会、推动

---

① 《习近平主持召开哲学社会科学工作座谈会强调:结合中国特色社会主义伟大实践　加快构建中国特色哲学社会科学》,《人民日报》2016年5月18日,第1版。

学校"双一流"建设做出了巨大贡献。两年来,马克思主义学院共获批国家社会科学基金重大项目 1 项;国家社会科学基金一般项目 2 项;国家社会科学基金青年项目 2 项;辽宁省社会科学规划基金项目 18 项;教育部人文社会科学青年基金项目 1 项;教育部人文社会科学研究专项任务项目 3 项;在《中国社会科学》发表论文 2 篇,发表其他高水平学术论文数十篇。马克思主义学院步入了发展的春天。值此东北大学马克思主义学院建院两周年之际,我们推出"东北大学马克思主义学院青年学者论丛",既是因应习近平总书记期望的表现,也是学院教师学术事业开拓创新的产物,是"社会主义核心价值观培育丛书"之后的又一系列学术力作。

呈现在我们面前的这些青年学者著作,在字字句句背后,莫不隐含着艰苦的劳动与付出。他们日积月累、刻苦进步的精神,给予了他们的科学研究以智慧和力量。正因为如此,他们才学有所成、识有所得。这套丛书,既有对理论问题的深刻阐释,也有对现实问题的系统研究,充分反映出青年学者们宽广的视野、活跃的思想、迸发的创新意识和精神。在本套丛书中,可能尚有作者手下的最初产品,在思想和建构上也许并不完美,然而它们将会成为若干精品的基石,而这基石,已显出璞玉之光。

此套丛书的问世,表明了我院青年教师在学术领域里的辛苦劳动及不懈努力。他们用一本本力作铺就着东北大学马克思主义学院奋发攀登的台阶;他们用智慧的结晶共同架构起东北大学马克思主义学院璀璨的今天;他们必将以平凡的工作、默默无闻的耕耘齐心协力托起东北大学马克思主义学院更加美好的未来。

只有不畏艰险,沿着崎岖小径攀登的人,才能达到辉煌的顶峰。

编委会

2016 年 11 月

目　录

导　论

本部分从选题、主要研究思路及各章节的相互关系和本研究的理论意义与实践意义三个方面做出阐释，意在引导读者关注本研究，在对本研究写作脉络、研究意义有了概要性了解的基础上进行深入的研读。

一　选题为前沿、热点问题，但不是时效性选题

（一）选题为前沿、热点问题

2015 年 7 月 4 日，《国务院关于积极推进"互联网＋"行动的指导意见》发布；2015 年 10 月，五大发展理念及其中的协调发展理念由中国共产党第十八届五中全会提出。本研究的选题"应对中国发展不协调问题的网络社会工程研究"将"发展不协调问题"和"互联网＋"结合起来，显然属于针对前沿、热点问题的选题。

在中国知网（CNKI）上，在"主题"检索框中输入"协调发展　社会工程"、"协调发展　网络社会工程"或"发展不协调　网络社会工程"，在标题中同时含有"协调发展"与"社会工程"、"协调发展"与"网络社会工程"或"发展不协调"与"网络社会工程"的文献还没有。这表明，借助社会工程或网络社会工程来研究协调发展问题或发展不协调问题的选题鲜有人来做，本研究的选题具有较强的前沿性。

（二）选题不是时效性选题

需要注意的是，本研究的选题并非时效性的选题，即研究成果紧跟形势、只有短期价值的选题。这是因为我国改革开放近 40 年以来所产生的发展不协调问题及其危害性，不是短时间内就能解决的，即使以后在党和政

府的文件中不提协调发展理念了，发展不协调的问题还可能存在，而且在今后十几年甚至几十年的时间内都有可能得不到很好解决。所以，本研究所取得的研究成果，在未来很长时间内对我国发展不协调问题的研究都有借鉴价值。

二　主要研究思路及各章节的相互关系

（一）第一章的社会工程哲学学科体系为本研究提供了主要研究思路

本研究的主要研究思路来自第一章第二节中"社会工程哲学的主要研究内容及其学科体系"中社会工程哲学的四项主要研究内容（本体论、价值论、认识论和方法论）及其相互关系所构成的社会工程哲学学科体系，可以参考图1-2及其说明来理解本研究的主要研究思路。

（二）第二章属于整体性、概括性的研究

可以参考图0-1来理解第二章的研究思路。

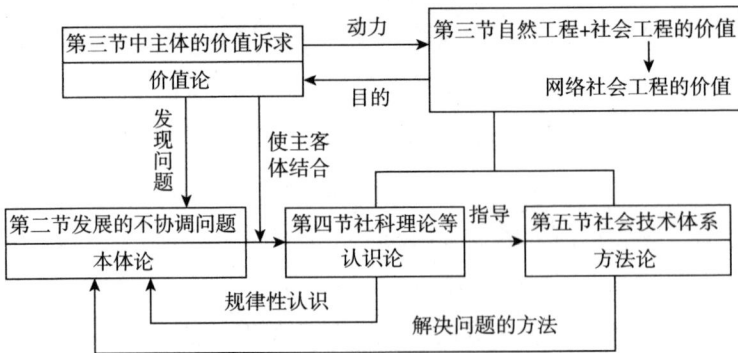

图0-1　第二章的研究思路

第二章第二节"中国发展中出现的不协调问题"对应于社会工程哲学学科体系中本体论和价值论的结合，就是我国的发展环境作为客体在主体价值观的审视下，存在发展不协调的问题，主要体现在区域发展不协调问题、城乡发展不协调问题、物质文明和精神文明发展不协调问题、经济建设和社会建设发展不协调问题、经济建设和国防等安全建设发展的不协调问题这五个方面。

第二章第三节"应对中国发展不协调问题网络社会工程的价值分析"

对应于社会工程哲学学科体系中价值论和认识论、方法论的结合。针对上述五个方面的发展不协调问题，阐述了应对区域发展不协调问题网络社会工程的价值、应对城乡发展不协调问题网络社会工程的价值、应对物质文明和精神文明发展不协调问题网络社会工程的价值、应对经济建设和社会建设发展不协调问题网络社会工程的价值、应对经济建设与国防及网络安全建设发展不协调问题网络社会工程的价值。上述每一个网络社会工程的价值都体现在：在规律性认识成果的指导下（属于认识论层面的研究成果，主要是对某一发展不协调问题的原因进行分析、研讨），首先提出整体性、概括性的解决对策，即组成社会工程的社会技术体系（有的部分还论及了组成自然工程的自然技术体系），之后进一步概述构建网络社会工程的社会技术体系，构建网络社会工程的社会技术体系在第三章至第七章中得到了详细的阐述（属于方法论层面的研究成果）。这表明"应对中国发展不协调问题网络社会工程的价值分析"一节属于整体性、概括性的研究，而第三章至第七章则属于专项性、翔实性的研究。

第二章第四节"应对中国发展不协调问题网络社会工程所依据的社科理论及其他社科研究成果"对应于社会工程哲学学科体系中的认识论部分。在第二章第三节中对这部分内容有概要的提及，而在此节则做出了比较详细的论述。这一节首先概述了本研究中网络社会工程所依据的社科理论及其他社科研究成果，其次从整体上阐述了我国发展中出现不协调问题的成因，即通过阐述由不平衡、不协调到趋于平衡、协调的经济社会发展理论，解释经济建设和社会建设发展不协调问题的理论，网络技术的价值二重性理论对第三章至第七章所涉及的五个方面的发展不协调问题的成因进行了整体性、概括性的阐释。第三章至第七章在此节研究的基础上，对一些具体的发展不协调问题的成因，诸如"新东北现象"产生的原因、城乡数字鸿沟的成因、网络有害信息的致害原因、网络谣言的传播原因等，进行了专项性、翔实性的研究。

第二章第五节"应对中国发展不协调问题网络社会工程所应用的社会技术体系"对应于社会工程哲学学科体系中的方法论部分，是对第三章至第七章所构建的所有社会技术体系在方法论层面所做的整体性、概括性的研究。主要概括出以下四个带有规律性的研究成果：在遵循社会运动规律的基础上构建社会技术体系、社会技术体系一般是由分层次的个别社会技术构成的、针对网络技术负向价值提出伦理与法律协同防控的社会技术体系、在概述自然技术的基础上构建社会技术体系。这些带有规律性的研究成果，除了对本研究第三章至第七章构建社会技术体系有指导作用外，对其他研究中构建社会技术体系也有指导作用。比如，必须在遵循社会运动规律的基础上构建社会技术体系，适用于所有社会工程中社会技术体系的构建。

（三）第三章至第七章属于专项性、翔实性的研究

在第二章整体性、概括性研究的基础上，第三章至第七章针对五个方面的发展不协调问题展开了专项性、翔实性的研究。主要的研究思路和第二章是一样的，都是在社会工程哲学的学科体系指导下进行的。首先，阐述某一具体的发展不协调问题，诸如"新东北现象"、中国在"互联网＋"现代农业方面的发展现状与不足等；其次，分析该具体发展不协调问题的成因，获取规律性的认识成果，诸如"新东北现象"产生的原因分析、美国在"互联网＋"现代农业（农业信息化）方面的先进经验（本研究认为美国经验中暗含着规律）等；最后，在规律性研究成果的指导下，构建相应的社会技术体系，为该具体的发展不协调问题提供解决对策，诸如破解"新东北现象"的社会技术体系促进中国"互联网＋"现代农业发展的社会技术体系等。可以参考图0－2来理解第三章至第七章应对具体发展不协调问题网络社会工程的研究思路。

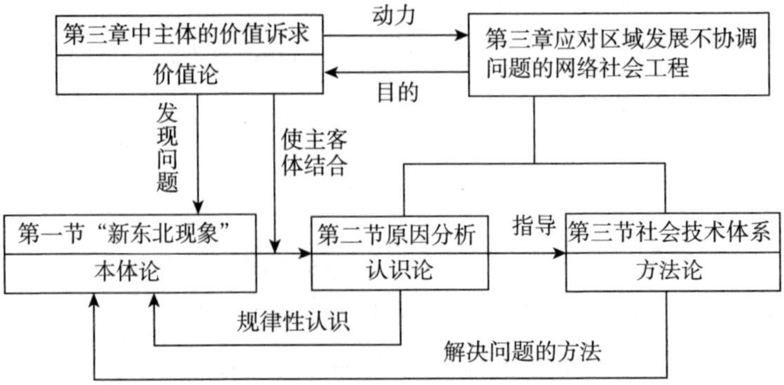

图0－2　以第三章为例，第三章至第七章的研究思路

三　本研究的理论意义和实践意义

（一）本研究的理论意义

本研究的理论意义主要体现在对社会工程哲学的研究，对我国发展不协调问题的成因分析和培根四假象说概述基础上的理论创新这三个方面。

在社会工程哲学的研究方面：①以科技创新与应用的价值二重性为视角，阐述了自然工程与社会工程的相互关系；②阐述了社会工程哲学的四项主要研究内容（本体论、价值论、认识论和方法论）及其相互关系所构成的学科体系；③以科技价值二重性为视角对"风险社会"的成因进行了分析，并阐述了社会工程和网络社会工程在应对"风险社会"所带来的问题，特别是发展不协调问题方面的价值；④对社会技术体系在方法论层面的研究中取得一些规律性认识成果，比如在遵循社会运动规律的基础上构建社会技术体系，社会技术体系一般是由分层次的个别社会技术构成的等。

在分析我国发展不协调问题的成因方面：①阐述了由不平衡、不协调到趋于平衡、协调的经济社会发展理论；②阐述了解释经济建设和社会建设发展不协调问题的理论；③阐述了网络技术的价值二重性理论；④在发展不协调问题的成因方面还取得了其他一些社科研究成果。

在培根四假象说概述基础上的理论创新方面：①对假象和真象的创新性界定；②第五假象——保守假象的提出与阐释；③基于两种成因的假象间的关系及假象问题的解决对策。

（二）本研究的实践意义

本研究的实践意义主要体现在：第三章至第七章所构建的社会技术体系在解决发展中不协调问题方面的实践指导意义和借鉴意义。

在第三章至第七章所构建的社会技术体系有：破解"新东北现象"的社会技术体系、促进我国"互联网＋"现代农业发展的社会技术体系、解决城乡数字鸿沟促进城乡协调发展的社会技术体系、提升我国网络文化产业自主创新能力的社会技术体系、网络有害信息的伦理与法律协同规制对策、借助网络舆论助力社会主义核心价值观宣教的社会技术体系、管理网络舆论促进经济社会协调发展的系统性社会技术体系、利用"互联网＋"

改善民生建设的社会技术体系及其保障措施、人类整体认识能力局限性成因下五种假象与相应的网络谣言治理对策（治理的社会技术体系）、人类个体认识能力局限性和价值偏好成因下四种假象与相应的网络谣言治理对策、应对网络经济安全问题的知识产权制度体系、网络个人信息保护的社会技术体系。

第一章　社会工程和社会工程哲学概论

在人类适应、利用和改造环境满足自身需求的过程中，需要同时利用自然技术、自然科学、自然工程和社会技术、社会科学、社会工程，所以，首先需要探讨这些概念之间的关系，才能认识社会工程。之后，从现象层面的社会工程研究上升到社会工程哲学层面的研究，使"应对我国发展不协调问题的网络社会工程的研究"成为在社会工程哲学指导下的研究，进而使网络社会工程在解决我国发展不协调问题方面的价值得到提升。

第一节　自然技术、自然科学、自然工程与社会技术、社会科学、社会工程概论

一　自然技术、社会技术及其相互关系概论

（一）自然技术概论

自然技术是人类适应、利用和改造自然世界所使用的工具、技能、知识等手段，体现为人类利用自然技术手段和自然世界所发生的能动实践关系。

根据与自然科学的关系，自然技术分为经验形态的自然技术和自然科学理论指导下的自然技术。

经验形态的自然技术就是人类在实践中探索出的能够解决生产、生活实际问题的自然技术，但是对于此类自然技术中的科学原理人类尚未搞清楚。比如，我国很多中药作为自然技术，能够对特定疾病起到治疗作用，但是为什么能够治疗特定疾病，人们至今还不能明确其中的科学原理。

自然科学理论指导下的自然技术就是在自然科学原理指导下人类研发出来的自然技术。现代的很多自然技术都是在自然科学成果基础上研发出来的。比如，核弹就是利用核科学成果研制出来的具有极大杀伤力的武器，转基因植物品种就是在基因科学成果基础上研发出来的新的植物品种。

经验形态的自然技术引导人们去探索其中的科学原理，一旦人们掌握了其中的科学原理，人们就有能力改进经验形态的自然技术，还可以研发出更多的自然技术。比如，人们探索出某种中药能够治疗某类疾病的科学原理后，人们就可以提取出其中的有效成分来制药，既可以节约成本，又可以减少其他成分的毒副作用。此外，了解了其中的科学原理后，还有助于其他新药的研发。

（二）社会技术概论

社会技术是人类在适应、利用和改造自然世界的过程中，处理人和人、个人和集体关系的组织形式、战略规划、政策措施、伦理规范、法律规范等手段，是人类利用社会技术手段构建各类组织形式、处理各种社会关系，适应、利用和改造社会环境的能动实践活动。

根据与社会科学的关系，社会技术分为经验形态的社会技术和社会科学理论指导下的社会技术。

经验形态的社会技术，主要是指人们在实践中探索出来的行之有效的社会技术，但是人们对其为什么行之有效还没有提炼出其中的社会科学原理，它是社会技术的一种低级形态。这类社会技术包括行之有效的管理经验、处理人际关系的规则、处理各类事务的组织形式等。提炼出来的社会科学原理能够说明该社会技术为什么行之有效、有效的范围、满足哪些条件就有效等。

社会科学理论指导下的社会技术，主要是指人们在社会科学原理指导下设计出来的社会技术，它是社会技术的高级形态。比如，在网络技术的价值二重性理论的指导下，根据网络技术负向价值产生的主体原因，提出伦理、法律层面的相关社会技术来应对网络技术的负向价值，就是社会科学理论指导下的社会技术。

人们可以从经验形态的社会技术中提炼出社会科学原理，利用提炼出来的社会科学原理改进原来的社会技术，也可以在该社会科学原理的指导下提出新的社会技术。比如，根据经验形态的社会技术探索网络技术负向价值产生的原因，包括技术客体方面的原因和技术主体方面的原因，提出网络技术负向价值成因理论，根据该理论提出相应的社会技术来解决网络技术负向价值问题。这其中，有的社会技术是改进以往的社会技术产生的，有的社会技术是新提出的社会技术。

根据是否符合国家法律和主流价值观的要求，可以将社会技术分为正向的社会技术和负向的社会技术。在徐玉玉案中，电信诈骗分子所使用的诈骗技术就是负向的社会技术，而防控电信诈骗的正向的社会技术是与负向的社会技术进行不懈斗争而产生和逐渐发展完善的。负向的社会技术对社会具有危害性，这是其消极的一面，但是负向的社会技术可以推动正向社会技术产生、创新发展和完善，它也有积极的一面。研究社会技术，需要从正负向社会技术的矛盾运动中去研究，才能发现社会技术产生、创新发展和完善的内在原因。

（三）自然技术和社会技术的关系概论

"技术是一个大概念，既包括社会技术，又包括自然技术，是自然技术和社会技术的统一。"① 无论是自然技术还是社会技术都是人造物，都是在人类认识世界，适应、利用和改造世界的生产、生活和生存竞争中产生的。生存竞争，比如为了占有、保护领土及领土之上的生产、生活资源，推动了自然技术创新活动的开展，而社会技术创新特别是其中的制度创新，体现为对自然技术创新不适应的现有制度的完善，而对能够适应自然技术创新要求的现有制度将继续得到应用。比如，网络技术创新成果应用于文化产业后，未经权利人授权通过网络传播作品给作品权利人的权利带来了损害，《著作权法》中已有规定不能适应新技术应用所产生新经济社会关系调整的需求，需要完善《著作权法》，创新制定出"信息网络传播权"对新经济社会关系进行规范、调整；而对他人发表在网上的作品（比如他人在中国知网上发表的作品）进行抄袭、剽窃，和抄袭、剽窃他人发表在纸质期刊上的作品，在侵权性质上没有本质上的不同，原有《著作权法》对抄袭、剽窃法律责任方面的规定可以继续得到应用。

---

① 田鹏颖：《社会技术和社会工程论》，中国社会科学出版社，2011，第275页。

人类的生产、生活和生存竞争不断进行和发展，自然技术创新也会不断进行和发展，原有制度（制度是社会技术的主要类型）不适应部分不断得到修改、完善，表现出自然技术和以制度为主要内容的社会技术交互作用是一个从不适应—适应—新的不适应—适应……这样的历史演化过程。

二　自然科学、社会科学及其相互关系概论

（一）自然科学概论

自然科学是研究无机自然界和包括人的生物属性在内的有机自然界的各门科学的总称。其认识的对象是整个自然界，即自然界物质的各种类型、状态、属性及运动形式，认识的目的在于发现自然现象背后的规律。[①]

（二）社会科学概论

社会科学是研究社会现象的各种学科的总称。社会科学包括的学科主要有：经济学、政治学、法学、伦理学、历史学、社会学、心理学、教育学、管理学、人类学、民俗学、新闻学、传播学等。[②] 社会现象是一种高级的自然现象，所以，社会科学研究的对象也是自然界中一种高级的物质形态——人类社会，研究的目的在于发现社会现象背后的规律。由于社会运动是由具有很强主观能动性的人参与的运动形式，社会运动系统又由很多可变因素组成，支配社会运动的规律大多都是通过很多具有偶然性、随机性的事件表现出的必然性。加之社会科学的研究者也是社会中的成员，不可能完全站在客观的视角来研究，这就使得揭示社会运动规律的研究成果，较之自然科学的研究成果，具有较强的主观性、意识形态性、阶级性，而其中客观性、实证性的成分相对较少。人们对社会运动规律的把握类似于盲人摸象，社会科学的研究者对社会运动规律的表述体现为多种研究成果的争论，研究成果都有真理成分但又都具有片面性，要在这些成果中去伪存真，研究出更为全面性的研究成果来指导实践，对后来研究者的学识水平、鉴别能力、智慧水平等方面提出了很高的要求。只有认识到人类认识

---

① 《自然科学》，百度百科，https://baike.baidu.com/item/自然科学/260539？fr=aladdin，最后访问日期：2017 年 7 月 7 日。

② 《社会科学》，百度百科，https://baike.baidu.com/item/社会科学/18904321？fr=aladdin，最后访问日期：2017 年 7 月 7 日。

能力的局限性和认识成果的片面性，才能很好地解释为什么会出现环境危机、经济危机、风险社会、经济社会发展不协调等问题。

（三）自然科学和社会科学的关系概论

古代自然科学和社会科学都存在于哲学之中，因为它们都是对规律的探索和由此所获得的规律性认识成果（知识）。15 世纪下半叶，科学首先在西方得到了较快发展，出现了自然科学学科和社会科学学科的分化。一些学科，比如物理学、天文学、化学、生物学等逐渐从哲学中分化出去，这些学科主要通过实验，借助数学进行定量研究，被人们划归自然科学；人文社会科学，比如社会学、法学、政治学等也从哲学中独立出去，不同于自然科学，人文社会科学主要采取定性研究、思辨性研究，因为社会运动往往比较复杂，目前还无法大范围做到定量研究。到了 19 世纪，特别是 20 世纪，一方面是学科分化还在继续进行，另一方面是自然科学学科和社会科学学科又出现了相互融合的趋势，比如环境科学、管理科学等，都是综合性的科学。

第二章第四节"应对中国发展不协调问题网络社会工程所依据的社科理论及其他社科研究成果"实际上应该是自然科学和社会科学原理的结合体，因为自然科学和社会科学是紧密结合在一起、不可分割的。之所以称之为"社科理论及其他社科研究成果"，主要是指探索社会运动规律的成分较大，探索自然运动规律的成分较小。在第二章第四节的"网络技术的价值二重性理论"中，包括网络技术价值二重性产生的客体原因和主体原因。客体原因属于生产力范畴，探讨的是自然科学领域中的原因；主体原因属于生产关系范畴，探讨的是社会科学领域中的原因。由此可见，即使是社会问题，产生的原因既包括自然科学领域中的原因，也包括社会科学领域中的原因，因为社会问题也是人们在适应、利用和改造自然过程中在社会关系层面出现的问题，这个问题产生的原因必然包括自然和社会两大方面。由于研究视角、研究能力所限，有的研究侧重自然科学方面，有的研究侧重社会科学方面，而综合起来看，对社会问题的研究则是既包括自然科学方面的研究，又包括社会科学方面的研究，两大方面研究成果的结合才会形成真理性成分较多或较为全面的认识。

三 自然工程、社会工程及其相互关系概论

(一) 自然工程及其与自然科学、自然技术的关系

探讨自然工程与自然科学、自然技术的关系，首先需要探讨自然科学与自然技术的关系，然后在此基础上探讨自然工程与自然科学、自然技术的关系。

自然技术和自然科学的关系体现在以下两个方面。一是古代经验的自然技术会给人们的实践活动带来益处，但是其中的科学原理人们还尚未搞清楚。比如，我国古代发明的指南针，人们可以用它来判别方向，但是对为什么能够指南指北却无法说明。我国的中药可以给人治病，但是为什么会有治疗效果，多数情况无法用科学予以说明。二是近现代以来科学走在了技术的前面，很多技术发明是在科学发现之后做出来的。比如，人们发现 X 射线具有穿透功能后，发明了 X 射线诊断仪来观察人体内部的情况。

借助给自然工程下定义，就可以通过定义的内容来把握自然工程与自然科学、自然技术的关系。自然工程是受自然规律约束或自觉在自然科学原理指导下，借助自然技术体系来构建人工物的人类实践活动过程及其结果。自然工程成功的标志在于人工物被建构出来。比如，桥梁工程建成后，能够正常投入使用。在古代社会，人们利用经验形态的自然技术体系也能进行工程建设，但是如果工程建设违背自然规律，那么就不会取得成功，就比如建设空中楼阁，由于违背自然规律，因此是不可能建成的，这就是自然规律对自然工程的约束。有些情况，工程建设取得成功，尽管人们没有意识到已经遵循了自然科学原理，但是其中暗含了对自然科学原理的应用，以后人们可以总结出其中的自然科学原理。现代社会，科学在很多情况下走在了技术和工程的前面，人们可以自觉地运用自然科学原理，通过自然技术的体系来构建人工物，满足人类的需求。

(二) 社会工程及其与社会科学、社会技术的关系

探讨社会工程与社会科学、社会技术的关系，首先需要探讨社会科学与社会技术的关系，然后在此基础上探讨社会工程与社会科学、社会技术的关系。

可以从哲学是关于世界观和方法论的理论体系，或解释世界和改造世

界的理论工具来研究社会科学和社会技术的关系问题。社会科学是对社会运动规律的解释和说明，社会技术是运用社会运动规律对社会结构、社会关系的调控、改造方法。改造方法包括宏观层面的理念、战略体系、战略，中观层面的制度体系、具体战略、指导原则、方针、政策，微观层面的具体制度、具体措施、伦理规范、法律规范等。从自觉还是不自觉遵循社会运动规律的角度，社会科学与社会技术的关系还体现在以下两个方面。一是社会科学成果向社会技术的转化。比如，从技术价值二重性理论审视文化产业政策，发现有促进发展方面的内容，而没有管理有害信息方面的内容，提出既要重视发展，又要重视管控的原则。二是从经验形态的社会技术中提炼出社会科学原理。比如，从马锡五审判方式中提炼出人民司法为人民的理论，从商品摆放方式会带来销售额增加的管理经验中提炼出管理心理学理论等。

田鹏颖教授将社会工程定义为："社会主体以社会理论为基础，以社会技术为中介，适应、改造、调整社会关系，建构社会体制的实践过程。"[①]从田鹏颖教授对社会工程所下定义可以了解社会工程与社会科学、社会技术的关系。社会工程是社会科学理论和社会技术在实践中的综合应用，是受社会运动规律约束或自觉遵循社会科学理论指导下构建社会技术体系，适应、改造、调整社会关系和建构社会组织形式的实践过程。"社会工程要受社会运动规律约束"，是指社会工程运用经验形态的社会技术体系来构建社会组织、调整社会关系，如果违背社会运动规律，社会工程的实践会带来失败的结果。比如，中国新民主主义革命早期采取城市暴动的社会工程屡遭挫败，就是违背中国社会运动规律所带来的失败后果。后来，在毛泽东提出的"农村包围城市"理论指导下，中国革命取得了成功，就是在"自觉遵循社会科学理论指导下构建社会技术体系"所形成的新民主主义革命这一社会工程的成功。

本研究中的很多研究工作，都是在认识社会工程与社会科学、社会技术关系的基础上进行的。比如第五章第三节"借助网络舆论助力社会主义

---

① 田鹏颖：《社会工程：风险社会时代的重要哲学范式——兼论哲学研究范式的历史转向》，《科学技术与辩证法》2007 年第 4 期。

核心价值观宣教的社会工程"，就是在探讨社会科学理论的基础上，构建出社会技术体系的，体现为社会科学理论和社会技术的综合应用。

（三）自然工程与社会工程的相互关系概论

人类适应、利用和改造环境满足自身需求的过程是自然工程和社会工程的统一体，人们遵循自然科学理论，运用自然技术体系构建人工物的自然工程，必然伴随构建社会组织、调整社会关系的实践活动。这一实践活动就是遵循社会科学理论，运用社会技术体系构建社会组织、调整社会关系的社会工程实践。

推动人类进行自然工程和社会工程实践活动的动力是人类的需求。从科技价值观的角度来看，人们追求符合自己价值取向的需求，比如经济利益、军事利益、政治利益等，如果得到满足，就是正向价值的实现；但是科技具有价值二重性，这一过程必然伴随负向价值的产生，比如环境污染、竞争对手的侵权、片面追求自身利益而对社会公共利益造成损害等。

以网络技术的创新与应用为例，正向价值的实现和负向价值的实现都会产生问题，需要科技创新和与之相配合的制度创新予以应对，进而推动低级形态的自然工程发展到高级形态的自然工程，低级形态的社会工程发展到高级形态的社会工程（见图1-1）。

正向价值实现所产生的问题，从国际层面来看，就是发达国家网络产业发展等方面做得比我国好，使我国面临竞争和生存的压力；从国内层面来看，就是经济发达地区网络产业发展得比落后地区好，出现发展的不平衡、不协调问题。要解决上述问题，需要通过科技创新和与之相配合的制度创新来应对，科技创新的结果就是自然工程1-1（遵循自然科学1-1的自然技术1-1）发展到自然工程2-1（遵循自然科学2-1的自然技术2-1），制度创新的结果就是社会工程1-1（遵循社会科学1-1的社会技术1-1）发展到社会工程2-1（遵循社会科学2-1的社会技术2-1）（见图1-1）。

负向价值实现所产生的问题，主要就是网络安全问题。比如，在网络产业发展过程中，出现的电子垃圾污染生态环境、网络知识产权侵权、网络个人信息侵权、网络有害信息损害公众利益等。要解决上述问题，需要通过科技创新和与之相配合的制度创新来应对，科技创新的结果就是自然工程1-2（遵循自然科学1-2的自然技术1-2）发展到自然工程2-2

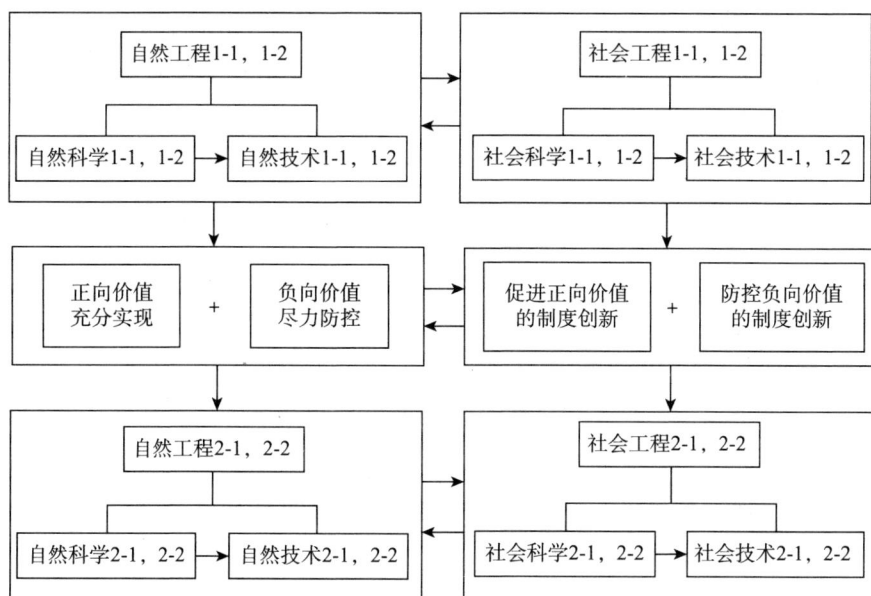

图 1 - 1 自然工程和社会工程的相互关系

（遵循自然科学 2 - 2 的自然技术 2 - 2），制度创新的结果就是社会工程 1 - 2（遵循社会科学 1 - 2 的社会技术 1 - 2）发展到社会工程 2 - 2（遵循社会科学 2 - 2 的社会技术 2 - 2）（见图 1 - 1）。需要说明的是，在图 1 - 1 中，"1 - 1"发展到"2 - 1"代表正向价值和促进正向价值的制度创新由低级阶段向高级阶段发展；"1 - 2"发展到"2 - 2"代表负向价值尽力防控贫困价值的制度创新由低级阶段向高级阶段发展。

　　人类要生存，人类对利益的追求，主要包括对经济利益、军事利益、政治利益等的追求，就不会停止，而追求的过程，从科技价值二重性来看，就是科技正向价值和负向价值问题的不断出现和解决。由于解决的手段主要就是科技创新和与之相配合的制度创新，也就是自然工程和与之相配合的社会工程，这样，自然工程和与之相配合的社会工程就如同一个双螺旋结构，呈现螺旋式上升的不断发展和完善的历史过程。

第二节　社会工程哲学概论

　　将现象层面的社会工程研究上升到社会工程哲学层面的研究，探讨了社会工程哲学的概念和社会工程哲学的主要研究内容（本体论、认识论、方法论、价值论等方面的问题）及其相互关系所构成的社会工程哲学学科体系。

一　社会工程哲学的概念

笔者认为，在哲学层面研究社会工程，或者从现象层面的社会工程研究上升到社会工程哲学层面的研究，主要有以下两方面的原因。一是需要在整个的环境系统中研究社会工程才能取得较为全面而深刻的认识成果，才能更加有效地指导实践。人类为了适应环境，利用环境系统中的资源来满足自己的需求，需要遵循自然规律，利用自然技术体系所构建的自然工程，还需要遵循社会运动规律，利用社会技术体系所构建的社会工程。这样看来，社会工程的研究必须进行宏观的、跨学科的研究，才能认识社会工程在整个环境系统中的地位和作用，所以需要在哲学层面研究社会工程。二是具体的社会科学，比如政治学、管理学、经济学、法学、社会学、新闻学、传播学等都研究各自领域中具体的社会工程。比如社会主义市场经济法律体系构建工程、利用新媒体传播社会主义核心价值观社会工程、振兴东北老工业基地的社会工程等，而具体社会科学中的社会工程都面临着一些深层次的具有共性的理论问题（主要包括本体论、认识论、方法论、价值论等问题）需要探讨和解决，而这些问题正是社会工程哲学所着重研究的问题。

根据以上论述，社会工程哲学的概念就是：从宏观层面、跨学科的视角，研究具体社会科学学科中社会工程所面临的一些共性理论问题的理论性学科。

二　社会工程哲学的主要研究内容及其学科体系

根据上面的论述，社会工程哲学的主要研究内容是具体社会科学学科中社会工程所面临的一些共性理论问题，主要包括本体论、认识论、方法论、价值论等问题。

社会工程哲学所研究的本体论问题源于传统哲学所研究的本体论问题，即主体和客体的关系问题。经过古代、近代唯物主义和唯心主义的争论，现代西方哲学比较主流的观点是主客体统一的本体论。田鹏颖教授认为：

"马克思主义经典作家历来不是从纯粹自然的意义上直观地理解包括自然科学对象在内的认识客体的,而是从人的感性的对象性活动和主体的本质力量方面,从与主体一起形成活动结构并发生相互作用的现实关系方面来理解的。"① 由于实践就是人的感性的对象性活动,可以认为马克思主义哲学的核心概念"实践",其实就是主客体的统一体。在前文中,笔者提出自然工程和与之相配合的社会工程呈现螺旋式上升的不断发展和完善的历史过程,这是为什么?用主客体统一的本体论就能说明这一观点。因为客体是主体认知结构中的客体,主体所认识的客体就是真理和假象的混合体,也可以说是相对真理。由于认识的片面性,不可避免地在实践中会出现各种问题,比如环境污染、片面追求自身利益而对社会公共利益造成损害、城乡区域发展不平衡等问题。主体追求的正向价值不可能完全实现,主体能够预见和不能够预见的负向价值也会产生,所以需要不断通过科技创新和制度创新或者自然工程和社会工程加以解决,这样就使得自然工程和与之相配合的社会工程呈现螺旋式上升的不断发展和完善的历史过程。

笔者在上文中提到了主体所追求的正向价值和主体能够预见和不能够预见的负向价值,这其实就是社会工程哲学所研究的价值论问题。推动自然工程和社会工程实践活动的动力和目的都是主体的价值观或价值诉求,而且主体在价值观或价值诉求方面有利益一致的一面,还有利益冲突的一面。目前的环境问题是一个人类共同面对的问题,所以需要各国共同研讨解决,但是环境保护对经济发展影响很大,承担较多的环境责任意味着经济发展要受到限制。这就出现了在环境保护问题上各个国家博弈的现象,而博弈现象背后实质是在处理经济发展和环境保护两种价值观的关系问题,这一全球性的、宏观的、战略性的问题推动了自然工程和社会工程的开展,而自然工程和社会工程所要达到的目的是经价值观或价值诉求博弈所达成的环境价值实现目标。

社会工程哲学所研究的认识论问题和本体论问题的关系十分紧密。主客体统一本体论在认识论上就会出现真善统一真理观。由于人类往往倾向于以认识成果在实践中的实际效果来评价其真理性,这就会出现以短期、

---

① 田鹏颖:《社会技术和社会工程论》,第180页。

局部利益的实现作为认识成果真理性的判断标准，而未能认识到认识成果在长期、全局方面还会带来负面的影响。这就可以解释上文所提到的科技的负向价值问题，也可以说明为什么自然工程和与之相配合的社会工程会是一个不断发展和完善的历史过程。社会工程的实践，即对社会结构和社会关系的改造、维护、运行、调整，都离不开社会科学理论的指导，而且在社会科学理论指导下的社会技术，比如法律手段也存在法学理论、法律实务技能的研究、学习与运用问题，在哲学层次的认识论研究成果可以指导社会科学理论和社会技术理论、技能的创新与运用。在上文中，笔者提出了社会科学研究方法和社会科学研究成果的一些局限性，这使我们认识到人类在社会运动规律的探索方面还存在很多不足，需要加强这方面的研究。伴随中国经济和科技的崛起，我国哲学社会科学要改变以往偏重介绍、解读西方研究成果的局面，要有信心在中国领先的研究领域提出自己的观点，成为引领者，而不能总是甘于扮演追随者的角色。

社会工程哲学所研究的方法论问题和认识论问题的关系十分紧密。社会科学理论主要解决认识论的问题，即探索社会运动的规律问题；而社会技术主要解决方法论的问题，即在遵循社会运动规律的基础上，采取各种方法来改造、维护、运行和调整社会结构与社会关系，以配合人类借助自然工程对自然环境的适应、利用和改造，进而满足人类在经济、军事、政治等方面的需求。本研究在解决网络时代经济社会发展的不协调问题时，探讨了运用社会技术体系来解决发展不协调问题的方法论方面的对策建议。例如，针对个人信息侵权问题，构建了伦理方法和法律方法相互配合的保护机制。

综上所述，社会工程哲学的主要研究内容及其相互关系所构成的社会工程哲学学科体系（见图1－2）是：本体论主要探讨认识和实践的对象（即作为客体的环境系统）问题；价值论主要探讨认识和实践的动力与目的问题，主体的价值诉求，推动人们构建自然工程和社会工程的结合体来解决认识和实践中所出现的问题（比如发展不协调问题），而自然工程和社会工程的目的与归宿又在于满足主体的价值诉求；认识论主要探讨认识和实践对象的运动规律问题，规律性认识成果体现为自然工程中的自然科学知识和社会工程中的社会科学知识的结合体；方法论主要探讨为了解决认识和实践

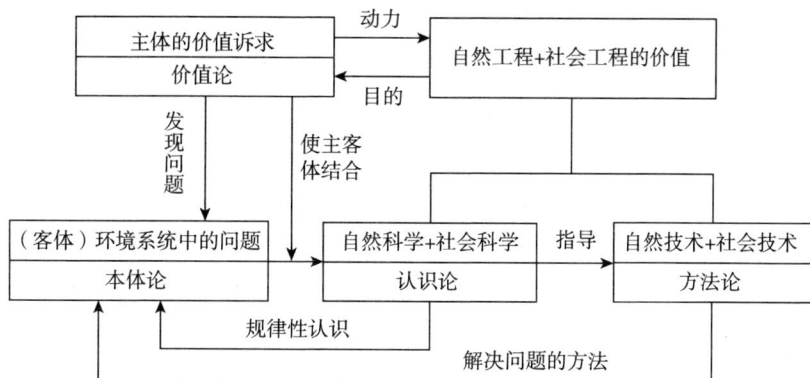

图1-2　社会工程哲学的主要研究内容及其学科体系

中所出现的问题，实现主体价值诉求所需采取的实践方法及其相互关系问题，体现为自然工程中的自然技术体系和社会工程中的社会技术体系的结合体。本体论和价值论的结合产生主客体统一本体论（人们往往倾向于关注和自己需求相关的事物，人们不关注的事物无法成为和主体相对的客体，客体一旦进入主体，就成为被主体所建构的客体），认识论和价值论的结合产生真善统一真理观，使得以认识论和方法论相结合的社会工程实践受主体局限性的影响（以实践中近期、局部利益的实现作为真理判断标准，而无力认识远期、全局的不利影响），会产生不足之处，而对不足之处的不断克服，推动了自然工程和社会工程实践的不断发展。

第三节　社会工程和网络社会工程的价值分析

针对科技正向价值实现和负向价值实现所带来的风险和实际损害，阐述了社会工程对解决该问题的价值。针对网络信息技术正向价值实现和负向价值实现所带来的风险和实际损害，阐述了网络社会工程对解决此问题的价值。

一　社会工程价值的一般性分析

科学技术作为生产力，在人类历史上发挥了重要的作用，特别是在现代社会，科学技术已经成为第一生产力，正在发挥举足轻重的作用。而无论是科技的正向价值实现还是负向价值实现，都会带来风险和实际损害。

首先，以鸦片战争为例探讨科技正向价值实现所带来的风险与实际损害。第一次鸦片战争发生在第一次工业革命的后期，经历了第一次工业革命洗礼的英国当时已经成为世界上第一工业强国。在鸦片战争中，只有七千名士兵组成的英国军队竟然打败了中国东南沿海地区几十万人的清朝军队。分析中国失败的原因，有自然工程、自然技术方面的原因，也有社会制度或社会工程、社会技术方面的原因。在自然工程、自然技术方面，这是工业自然工程、自然技术对农业自然工程、自然技术的一场胜利；在社会工程、社会技术方面，这是资本主义民主法治社会工程、社会技术对封建主义君主专制社会工程、社会技术的胜利。从英国的角度来看，科技的正向价值在于增强了英国的军事、经济实力，对于中国而言却加大了遭受侵略的风险（可惜腐败无能的清政府一直以天朝大国自居，没有意识到英国崛起会给中国带来如此大的风险），而且这种风险在鸦片战争之后，转化为对中国实际的损害。

其次，以网络游戏产业发展为例来说明网游的负向价值风险和实际损害。网络游戏产业较之传统产业，具有资源环境危害小、经济效益较高的特点，这是网络技术正向价值的体现。但是，网络游戏的负向价值也会给社会公众，特别是青少年带来身心健康等方面的风险，而且从已经发生的案例来看，这种风险已经转化为一个个令人惋惜的实际损害。比如，有些青少年由于没有钱买游戏里的装备，而实施盗窃、抢劫等违法犯罪行为，不仅危害了社会，而且也毁掉了自己的大好前程。

在上文中，笔者阐述了无论是解决科技正向价值实现还是解决科技负向价值实现所产生的问题，都会导致制度创新或社会工程从低级形态向高级形态发展。而从社会工程价值论的视角来看，制度创新或社会工程从低级形态向高级形态的发展正是社会工程的价值所在。下面就以新民主主义革命的社会工程和管控网络游戏负向价值的社会工程为例来阐述社会工程的价值。

针对中国近代以来所遭受的国耻，中国共产党带领中国人民，借助代表先进生产力的自然工程和代表先进生产关系的社会工程，取得了中国革命的胜利，建立了新中国，中国从此走向了民族复兴之路。在建立新中国的过程中，马克思主义的新民主主义革命理论指导下的社会技术体系就构成了新民主主义革命的社会工程。

针对网络游戏对青少年身心健康带来的风险和实际危害，需要在网络技术负向价值产生机理的指导下，在网游开发环节加强行政监管，尽量消除网游中的有害信息可能对青少年造成的危害；对于网游造成的实际危害，要通过行政手段责令网游企业整改，通过法律手段责令网游企业承担法律责任。在网络技术负向价值产生机理指导下的上述行政手段和法律手段所组成的技术体系，就组成了管控网络游戏负向价值的社会工程。

二　网络社会工程的价值分析

在本研究中，网络社会工程是指和"网络""互联网＋""网络信息技术""数字技术"相关的社会工程，主要包括解决网络信息技术创新与应用所产生发展不协调问题的社会工程和以"互联网＋"为手段来解决我国发展中不协调问题的社会工程两大类。例如，网络谣言治理的社会工程、应对网络经济安全问题的知识产权社会工程属于前者，大力发展"互联网＋"现代农业促进城乡协调发展的网络社会工程、借助网络舆论助力社会主义核心价值观宣教的社会工程属于后者。

"风险社会"是德国著名社会学家贝克（Ulrich Beck）在20世纪80年代首次系统提出的认知现代性社会的核心概念。贝克认为，当代中国社会正步入风险社会，甚至将可能进入高风险社会，主要表现在城市容纳问题、不均衡发展、社会阶层分裂、城乡对比度的持续增高等方面。[①] 由此可见，我国城乡、区域、经济建设与社会建设、经济建设与国防建设等方面的不均衡、不协调发展问题在国内外引起了较为广泛的关注。

结合上文的论述，第一次工业革命和第二次工业革命，科学技术在给发达国家带来正向价值的同时，却给落后的我国带来了遭受侵略的风险，并且已造成实际的损害。科学技术的负向价值实现，比如环境污染、对社会公众生命健康等方面的危害，对我国的负面影响也很大，当前还有发达国家把污染环境的落后产业和洋垃圾输送到我国，来污染我国生态环境的

---

① 田鹏颖：《社会工程：风险社会时代的重要哲学范式——兼论哲学研究范式的历史转向》，《科学技术与辩证法》2007年第4期。

情况。第三次工业革命，即信息革命，使人类进入了网络信息时代。由于我国实施改革开放的发展战略，因此在这次工业革命中，我国不再扮演落伍者和追随者的角色，在信息通信技术的一些领域已经居于世界先进水平。不过，国际竞争是综合国力的竞争，我国经济社会发展的不协调问题犹如木桶的短板，制约了我国的整体实力。田鹏颖教授指出："中国现代化发展战略一直实行的是一种不平衡的发展战略，这种不平衡发展战略导致了区域发展不协调、城乡发展不协调、物质文明建设和精神文明建设发展不协调、经济建设与社会建设（包括环境保护、收入分配公平等方面）发展不协调等发展不协调的问题。"[1] 他的观点使我们认识到，既然作为宏观层面社会技术的不平衡发展战略在我国经济社会不平衡、不协调发展方面能够起到如此大的作用，那么我国改变这种不平衡的发展战略为平衡的发展战略，我国发展中出现的不平衡、不协调问题是否就会在很大程度上得到解决？笔者认为，对这一问题的回答应该是肯定的。

认识到社会技术以及在社会科学理论指导下社会技术体系所构建的社会工程在解决我国发展不协调问题方面的重要价值，本研究结合"互联网＋"，探讨了如何借助网络社会工程来解决我国发展中的不协调问题，使网络社会工程的价值在解决我国发展不协调问题方面得到彰显。

本研究的第一章是理论部分；第二章是总论部分，属于整体性、概括性的研究；第三章至第七章是分论部分，属于专项性、翔实性的研究。在第二章中，针对我国经济社会发展五个方面的不协调问题，在社会科学原理的指导下，运用各种社会技术的体系，阐述了应对我国发展不协调问题的网络社会工程的价值。在第一章理论性研究成果的指导下，在第二章整体性、概括性研究的基础上，在第三章至第七章针对我国经济社会发展五个方面的不协调问题，结合"互联网＋"，探讨了借助网络社会工程解决我国发展中出现的不协调问题的解决对策（主要就是各种社会技术体系）。从社会工程价值论的视角来看，体现了社会工程在解决我国发展不协调问题中的价值，也就是把"应对中国发展不协调问题网络社会工程的价值分析"一节中的概括性论述加以展开并做出了详细的论述。

---

① 田鹏颖：《社会技术和社会工程论》，中国社会科学出版社，2011，第 234～235 页。

第二章　应对中国发展不协调问题的
网络社会工程概论

五大发展理念是中国共产党应对改革开放以来发展过程中的五个方面的难题适时提出的规律性认识成果，用以构建高端、平衡、可持续、全面、以人为本的发展战略，争取如期全面建成小康社会，促进我国经济社会又好又快发展。针对我国发展中出现的不协调问题，在协调发展理念的指导下实施协调发展战略，其中包括区域协调发展战略、城乡协调发展战略、经济建设和社会建设协调发展战略、物质文明建设与精神文明建设协调发展战略、军民融合协调发展战略等。本章探讨上述协调发展战略中网络社会工程的价值，就是在应对我国发展不协调问题的网络社会工程所依据的社会科学原理的指导下，分析不协调问题产生的原因，之后针对原因，提出解决不协调问题的社会技术体系，进而构建起网络社会工程，为我国发展中出现的不协调问题提供解决对策。

第一节　五大发展理念之协调发展理念概论

研究协调发展理念，需要在五大发展理念所构成的系统之中研究其定义及其内涵、落实途径，以及为了落实而需要认清的协调发展理念和其他四大发展理念的关系。五大发展理念构成一个系统，包括协调发展理念在内的每个发展理念都是这个系统中的要素，需要在系统中认识协调发展理念及其与其他发展理念之间的关系。

一 五大发展理念概论

2015 年 10 月，中国共产党第十八届中央委员会第五次全体会议审议通过了《中共中央关于制定国民经济和社会发展第十三个五年规划的建议》（下文简称《十三五规划建议》）和《中国共产党第十八届中央委员会第五次全体会议公报》（下文简称《十八届五中全会公报》），指出"十三五"这五年，是全面建成小康社会的五年。为了保证全面建成小康社会这一伟大社会工程的奋斗目标能够如期实现，十八届五中全会将创新、协调、绿色、开放和共享的五大发展理念作为全面建成小康社会这一伟大社会工程实践的思想指导和行动指南。要在全面建成小康社会这一伟大社会工程的实践中落实五大发展理念，需要领会五大发展理念提出的背景和五大发展理念的定义及其内涵。

（一）五大发展理念的提出背景

《十八届五中全会公报》指出，我国经济发展进入新常态，我国发展既面临可以大有作为的重大战略机遇期，也面临诸多矛盾相互叠加的严峻挑战。全会强调，实现"十三五"时期发展目标，破解发展难题，厚植发展优势，必须牢固树立并切实贯彻创新、协调、绿色、开放、共享的发展理念。

改革开放以来，我国走上了以经济建设为中心的发展道路。经过 30 多年的快速发展，2011～2014 年，我国经济年均增长超过 8%，经济总量稳居世界第二位，创造了令世界瞩目的中国奇迹。但是，正如邓小平同志所认同的、陈云同志所提出的"摸着石头过河"说，发展社会主义市场经济，走改革开放发展之路是在实践中不断探索的过程，不能完全照抄国外经验。改革开放以来，我国在发展过程中出现了诸多方面的发展难题，五大发展理念就是为了破解这些发展难题而适时提出的。

第一个方面的发展难题是，发展是一种重数量、低效益的发展，忽视了发展的质量和效益。主要靠资源、资金和廉价劳动力投入的发展具有不可持续性的风险，资源枯竭、环境污染、劳动力价格上升等因素会制约经济的持续快速发展。此外，我国大多数产业居于国际产业链的中低端，投入大、效益低、资源环境负荷大，大量的利润被处于产业链高端的掌握核心技术的发达国家所赚取。所以，我国必须走科技创新、管理创新、制度创新等创新之路，才能争取居于国际产业链的高端，走进重质量和重效益的发展之路。

第二个方面的发展难题是，在发展过程中，城乡差距、区域差距呈现逐步拉大的趋势，经济建设与社会建设、物质文明建设与精神文明建设（或经济建设与文化建设）等方面具有不协调、不平衡发展的特征。三农问题制约了城市化、农业现代化和全面建成小康社会的发展步伐，地方保护主义制约了地区之间的合作和资源、人才等生产要素在地区之间的优化配置，教育、医疗、社会保障等社会建设的滞后制约了发展所依靠的人力资源水平的提升和广大人民群众的主动性和积极性的发挥，文化建设的滞后也使发展缺乏科技文化的支撑和思想道德、法治环境的支持。

第三个方面的发展难题是，发展主要不是依靠绿色科技创新，而是依靠资源、廉价劳动力、资金等要素的投入，致使发展过程中资源、环境负担过重，发展的可持续性面临很大挑战。目前发达国家都已走出经济发展伴随环境污染加剧之路，走上了经济发展伴随环境污染下降的发展之路（如果把环境污染的发展趋势比作一条倒 U 曲线，发达国家已经越过拐点，走入下降之路），而我国则处于经济发展伴随环境污染加剧之路，环境污染状况还没有走到通往下降之路的拐点。所以，我国要积极推进绿色发展理念，早日步入经济发展伴随环境污染下降之路。

第四个方面的发展难题是，在经济全球化时代，我国的发展离不开国外资金、技术、人才等要素的支持，但是我国在对外开放区域布局、对外贸易布局、投资布局、国际营商环境等方面还面临一些难题。在对外开放区域布局方面"二八"现象明显，即东部地区在对外贸易、吸引外资方面都占全国的八成以上，而中西部地区则占比不到二成。在对外贸易布局上，我国是世界第一货物贸易大国，但"大而不强"，主要靠服装、玩具等劳动密集型商品在数量和价格上取胜，高附加值商品和技术贸易缺乏竞争力，在劳动力成本提高、其他新兴国家竞争力提升的形势下，低附加值出口商品面临巨大压力。在投资布局方面，"引进来"以资金为主，技术、人才、先进管理经验均不足；"走出去"也以资金投资为主，先进装备、技术、标准、服务等对外投资不足。在国际营商环境方面，在世界银行发布的《2015 年全球营商环境报告》中，我国在世界上 189 个经济体中排名第 90 位，中等偏下的营商环境在吸引外资、先进技术、先进管理经验等方面的国际竞争力存在不足。

第五个方面的发展难题是，我国以民生建设为主要内容的社会建设水平相对于经济建设的滞后情况比较严重。有专家指出，我国社会建设比经济建设差了 15 年，中产阶层占比较小，贫富差距较大，社会结构形态还是洋葱头型的，而一些发达国家社会结构形态则是橄榄型的。① 我国作为经济发展水平位居世界中上的国家（2016 年中国人均 GDP 在世界上 190 个国家和地区中排名第 69 位），国家财政在教育、医疗卫生等方面的投入却低于世界平均水平。2016 年农村贫困人口 4335 万人，国家财政对农村教育、医疗等方面的投入要少于城市，全面建成小康社会的难点在于农村贫困人口脱贫，以及农村居民享受和城市居民均等化的公共服务。我国从 2000 年进入老龄化社会，2010 年第六次人口普查数据显示，60 岁及以上人口占比 13.26%，但未富先老，养老方面的保障体系尚未健全，养老压力较大。总之，社会建设滞后，不利于调动全体人民建设社会主义的积极性，也有违我国的社会主义性质，给发展环境的稳定性也带来了风险。

为了破解上述五个方面的发展难题，第十八届五中全会适时提出了五大发展理念，即创新、协调、绿色、开放、共享。五大发展理念相互协作、相互配合，共同破解上述五个方面的发展难题。构建高端、平衡、可持续、全面、以人为本的发展战略，既有利于全面建成小康社会宏伟目标的如期实现，又有利于促进我国经济社会的又好又快发展。

（二）五大发展理念的定义及其内涵

柏拉图认为，理念是理智所认识的个别事物所分有的它所归属的普遍的型相或真相（比如美的东西之所以美，是因为它分有了美的型相），是决定个别的一般性的东西或本质性的东西。② 黑格尔所构建的庞大的理念世界（绝对精神演化发展的世界）也是对世界发展的规律、世界的本质的认识。《辞海》对理念的释义是：上升到理性高度的观念。而"理性高度的观念"应该理解为对事物规律性或本质的认识。我国学者颜晓峰认为："理念是认

---

① 陆学艺、高源：《我国社会建设比经济建设差了 15 年——陆学艺谈社会建设》，《人民论坛》2009 年第 19 期。

② 赵敦华：《西方哲学简史（修订版）》，北京大学出版社，2012，第 53～54 页。

识的结晶、规律的精髓。五大发展理念，是我们党对我国发展规律的重大认识结晶，集中反映了我们党对经济社会发展规律认识的深化。"[①] 所以，我们党提出的发展理念就是我们党关于发展的规律性的或本质性的认识成果。

五大发展理念的定义分别是：创新发展理念是对"创新发展"上升到理性高度的规律性认识成果的概括与总结，协调发展理念是对"协调发展"上升到理性高度的规律性认识成果的概括与总结，绿色发展理念是对"绿色发展"上升到理性高度的规律性认识成果的概括与总结，开放发展理念是对"开放发展"上升到理性高度的规律性认识成果的概括与总结，共享发展理念是对"共享发展"上升到理性高度的规律性认识成果的概括与总结。

在五大发展理念的定义中都提到了"规律性认识成果的概括与总结"，所以必须阐述"规律性认识成果的概括与总结"，才能使人们认识五大发展理念的内涵。《十八届五中全会公报》对五大发展理念的内涵，即"规律性认识成果的概括与总结"做出了表述。

《十八届五中全会公报》对创新发展理念内涵的表述，即规律性认识成果的概括与总结是："必须把创新摆在国家发展全局的核心位置，不断推进理论创新、制度创新、科技创新、文化创新等各方面创新，让创新贯穿党和国家一切工作，让创新在全社会蔚然成风。必须把发展基点放在创新上，形成促进创新的体制架构，塑造更多依靠创新驱动、更多发挥先发优势的引领型发展。"

《十八届五中全会公报》对协调发展理念内涵的表述，即规律性认识成果的概括与总结是："必须牢牢把握中国特色社会主义事业总体布局，正确处理发展中的重大关系，重点促进城乡区域协调发展，促进经济社会协调发展，促进新型工业化、信息化、城镇化、农业现代化同步发展，在增强国家硬实力的同时注重提升国家软实力，不断增强发展整体性。"

《十八届五中全会公报》对绿色发展理念内涵的表述，即规律性认识成果的概括与总结是："必须坚持节约资源和保护环境的基本国策，坚持可持续发展，坚定走生产发展、生活富裕、生态良好的文明发展道路，加快建

[①] 颜晓峰：《五大发展理念是党对经济社会发展规律认识的深化》，《党建》2016 年第 3 期。

设资源节约型、环境友好型社会，形成人与自然和谐发展现代化建设新格局，推进美丽中国建设，为全球生态安全作出新贡献。"

《十八届五中全会公报》对开放发展理念内涵的表述，即规律性认识成果的概括与总结是："必须顺应我国经济深度融入世界经济的趋势，奉行互利共赢的开放战略，发展更高层次的开放型经济，积极参与全球经济治理和公共产品供给，提高我国在全球经济治理中的制度性话语权，构建广泛的利益共同体。"

《十八届五中全会公报》对共享发展理念内涵的表述，即规律性认识成果的概括与总结是："必须坚持发展为了人民、发展依靠人民、发展成果由人民共享，作出更有效的制度安排，使全体人民在共建共享发展中有更多获得感，增强发展动力，增进人民团结，朝着共同富裕方向稳步前进。按照人人参与、人人尽力、人人享有的要求，坚守底线、突出重点、完善制度、引导预期，注重机会公平，保障基本民生，实现全体人民共同迈入全面小康社会。"①

二 协调发展理念概论

协调发展理念作为规律性的认识成果，需要在实践中通过宏观的协调发展战略予以落实。在落实过程中，还必须认清协调发展理念和其他四大发展理念的关系，才能实现我国经济社会的又好又快发展。

（一）落实协调发展理念的宏观协调发展战略

如前所述，《十八届五中全会公报》对协调发展理念内涵的表述，即规律性认识成果的概括与总结是："必须牢牢把握中国特色社会主义事业总体布局，正确处理发展中的重大关系，重点促进城乡区域协调发展，促进经济社会协调发展，促进新型工业化、信息化、城镇化、农业现代化同步发展，在增强国家硬实力的同时注重提升国家软实力，不断增强发展整体性。"协调发展理念的内涵，即有关协调发展的规律性认识成果对实践的指导或要求就是促进协调发展的宏观战略，具体包括城乡协调发展战略、区

---

① 以上见《中国共产党第十八届中央委员会第五次全体会议公报》，中国科学院，http://www.cas.cn/gj/201510/t20151030_4450644.shtml，最后访问日期：2017年6月6日。

域协调发展战略、经济建设和社会建设协调发展战略、新四化协调发展战略、物质文明建设与精神文明建设（或经济建设与文化建设）协调发展战略。

研究上述五个协调发展战略，首先，需要阐述这五个领域中发展不协调问题及其危害性；其次，借鉴国内外相关理论或学说来分析上述五个领域中发展不协调问题的原因；最后，根据原因提出对策，对策涉及的研究范围较大，本研究主要以"互联网＋"为手段的社会工程来探讨上述五个领域中发展不协调问题的解决对策，详细内容参见下文各个章节的论述。对新四化协调发展战略，本研究没有单独设章进行研究，将其放在第三章、第四章，与区域协调发展问题、城乡协调发展问题相结合进行了探讨，就是结合工业化和信息化探讨了利用"互联网＋"（即信息化）对传统优势产业升级改造、发展新兴产业问题，结合工业化、城镇化和信息化探讨了大力发展"互联网＋"现代农业促进城乡协调发展问题。

（二）协调发展理念与其他四大发展理念的关系

笔者认为，五大发展理念是一个相互作用、不可分割的整体，必须将其作为一个整体来指导我国发展的实践，构建高端、平衡、可持续、全面、以人为本的发展战略，推动我国经济社会又好又快发展。

协调发展理念与其他四大发展理念是相互作用、不可分割的关系，具体而言包括两个方面：一是其他四大发展理念对协调发展理念的作用，二是协调发展理念对其他四大发展理念的作用。

其他四大发展理念对协调发展理念的作用，体现在以下几个方面。①协调发展理念需要借助创新发展理念得到落实。具体来说，就是协调发展战略（包括区域协调发展战略、城乡协调发展战略、经济建设和社会建设协调发展战略、物质文明建设与精神文明建设或经济建设与文化建设协调发展战略等）需要借助理论创新、科技创新、制度创新、文化创新等得到落实。②协调发展理念需要借助绿色发展理念得到落实。具体来说，就是协调发展战略的成功实践需要协调经济建设和节能降耗、环境保护的关系，只关注经济指标，而忽视能耗指标、环境保护指标的发展不是协调发展。③协调发展理念需要借助开放发展理念得到落实。具体来说，就是协调发展战略的成功实践需要国际市场的开放、区域市场的开放、城乡市场的开放。如果没有开放的发展环境，资源、资金、人才等生产要素得不到高效、合理的配置，城乡协调发展、区域协调发展、经济建设和社会建设协调发展等都难以实现。④协调发展理念需要借助共享发展理念得到落实。具体来说，就是区域协调发展战略、城乡协调发展战略、物质文明建设与精神文明建设（或经济建设与文化建设）协调发展战略，特别是经济建设和社会建设协调发展战略，都需要贯彻共享发展理念才能得到落实。

协调发展理念对其他四大发展理念的作用，体现在以下几个方面。①创新发展理念需要借助协调发展理念得到落实。具体来说，需要协调引进吸收改造与自主创新的关系问题，需要协调知识产权的专有和社会共享问题，需要协调应用型创新和基础理论型创新的关系问题。如果这些关系协调不好，就会产生浪费资源、损害公共利益、由于缺乏原始创新能力而始终处于落后地位等不利影响。②绿色发展理念需要借助协调发展理念得到落实。具体来说，需要解决经济发展与自然环境承载能力的协调问题，在一定的科技发展水平和经济社会发展水平下，二者达到一个最佳组合是比较合理的。③开放发展理念需要借助协调发展理念得到落实。具体来说，需要协调对外开放与扩大内需的关系问题，需要协调东部地区和中西部地区在开放区域布局方面的关系问题，需要协调低附加值货物贸易和高附加值技术贸易的关系问题，需要协调引进设备和引进技术的关系问题等。④共享发展理念需要借助协调发展理念得到落实。具体来说，协调经济建设和以民生建设为主要内容的社会建设的关系，实施经济建设和社会建设的协调发展战略，就是落实共享发展理念的一个主要方面。

第二节　中国发展中出现的不协调问题

2015 年 10 月，十八届五中全会审议通过的《十八届五中全会公报》提出了协调发展理念，审议通过的《十三五规划建议》对协调发展提出了较为具体的战略性建议。根据《十八届五中全会公报》和《十三五规划建议》，提出协调发展理念和战略性建议的目的在于解决发展的不协调问题。发展的不协调问题主要体现在以下一些方面：区域发展不协调问题、城乡发展不协调问题、物质文明和精神文明发展不协调问题、经济建设和社会建设发展不协调问题、经济建设和国防等安全建设发展的不协调问题等。

一 区域发展不协调问题

根据国家统计局 2011 年 6 月 13 日的划分办法，我国的经济区域划分为东部、中部、西部和东北四大地区。东部地区包括北京、天津、河北、上海、江苏、浙江、福建、山东、广东和海南，中部地区包括山西、安徽、江西、河南、湖北和湖南，西部地区包括内蒙古、广西、重庆、四川、贵州、云南、西藏、陕西、甘肃、青海、宁夏和新疆，东北地区包括辽宁、吉林和黑龙江。

我国的区域发展不协调问题是指较之东部地区，在经济社会发展水平方面，中部地区、西部地区和东北地区处于相对落后的状态。整体表现就是区域发展的不协调问题，既不利于各区域自身的发展，也不利于国家的整体发展。

我国区域经济发展差异主要表现在 GDP 及其增长速度、产业结构比例关系、地方财政收入情况等方面。在 GDP 及其增长速度方面，2012 年东部地区 GDP 比重占全国的 51%，人均 GDP 是全国平均水平的 1.5 倍，但 GDP 增速为 9%，低于西部地区（13.6%）、中部地区（11.3%）和东北地区（11.2%）。在产业结构比例关系方面，2012 年四个地区三大产业 GDP 总量由高到低排列依次为东部地区、中部地区、西部地区和东北地区，但东部地区的增长幅度（66.6%）小于其他三个地区（中部地区为 84.0%，西部地区为 95.5%，东北地区为 79.0%）。在地方财政收入方面，2012 年东部地区地方财政收入占各地区地方财政收入总额的 53.5%，2012 年东部地区人均地方财政收入水平也同样高于其他三个地区，分别是东北地区、西部地区和中部地区的 1.3 倍、1.8 倍和 2.2 倍，但在人均地方财政收入增速方面，东部地区（82.1%）低于中部地区（131.4%）、西部地区（148.0%）和东北地区（111.4%）。[①] 这样看来，我国区域经济发展的不协调问题比较严重，但是趋势有减弱的倾向，这体现在虽然东部地区在 GDP 总量、三大产业 GDP 总量和财政收入方面在全国的比重都在 50% 以上，但是在 GDP 增

---

① 王曙光、金向鑫：《我国区域经济发展差异及其协调的财政政策研究》，《中国行政管理》2014 年第 9 期。

速、三大产业增幅和人均地方财政收入增速方面则低于其他三个地区。这一现象可以用"由不平衡、不协调到趋于平衡、协调的经济社会发展理论"来解释。

中部地区、西部地区和东北地区都有经济社会发展较东部地区的相对滞后性，本研究主要关注东北地区的问题。2003～2014 年，国家实施了第一轮振兴东北老工业基地战略，通过投资驱动，东北地区经济取得了较快增长，上面介绍的 2012 年东北地区 GDP 增速（11.2%）、三大产业 GDP 增幅（79.0%）、人均地方财政收入增速（111.4%）都高于东部地区（东部地区 GDP 增速为 9%、三大产业 GDP 增幅为 66.6%、人均地方财政收入增速为 82.1%）。但是，2014 年以来，东北地区出现了"经济增速下滑明显""居民收入增长乏力""企业效益下滑明显""人口长期净流出"等问题，被称为"新东北现象"。[①] 本研究针对"新东北现象"，分析了其成因并论述了破解"新东北现象"的社会技术体系。

二 城乡发展不协调问题

城乡发展不协调问题，是发展中国家在现代化过程中出现的城乡二元经济结构造成的。二元经济结构理论是由英国著名发展经济学家、诺贝尔经济学奖获得者刘易斯（W. A. Lewis）提出的，其主要思想是：发展中国家在现代化过程中，在农业还是应用传统技术的家庭式生产模式之时，基于现代技术的工业社会化大生产发展了起来，农业劳动生产率较低、农村经济社会发展水平落后，而工业劳动生产率较高、城市经济社会发展水平较高，进而形成城乡不平衡发展的二元经济结构。

城乡二元结构的好处在于，工业发展对农业发展会起到带动作用，农业劳动者可以向工业部门转移，进而使发展中国家逐步实现农业现代化、工业化和城镇化，最终实现城乡经济的一元结构。但是，城乡二元结构也有弊端，主要在于：像我国这样的发展中国家，城乡二元结构的存续期较长，农村劳动力大量涌入城市从事二产和三产，致使农业发展停滞不前，

---

① 贾立政、陈阳波、魏爱云等：《破解"新东北困局"——100 位著名专家为东北新兴支招（下）》，《人民论坛》2015 年第 31 期。

甚至出现倒退；农业不能为工业发展提供足够的粮食、原料等生产资料，农村人口收入水平低也无法为工业产品提供较大的农村消费市场；大量农村贫困人口涌入城市，给城市环境、社会稳定等造成不利影响。

城乡经济结构的二元性或者不协调问题可以通过比较劳动生产率、二元对比系数、城乡居民收入差距、由城乡恩格尔系数差所反映出的城乡消费差距，以及城乡居民在教育、医疗等方面的社会福利差距等进行定量化描述。

比较劳动生产率是一个部门的产值与此部门就业的劳动力比重的比率。农业部门比较劳动生产率 = 农业部门产值占 GDP 比重 ÷ 农业部门就业人员占社会就业人员比重，非农业部门比较劳动生产率 = 非农业部门产值占 GDP 比重 ÷ 非农业部门就业人员占社会就业人员比重。二元对比系数是农业部门比较劳动生产率与非农业部门比较劳动生产率的比率，即二元对比系数 = 农业部门比较劳动生产率 ÷ 非农业部门比较劳动生产率。二元对比系数越高则二元性越低，二元对比系数越低则二元性越高，当二元对比系数为 1 的时候，二元经济结构就变成一元经济结构了。有研究指出，发展中国家二元对比系数通常在 31% ~ 45%，而发达国家的则一般在 52% ~ 86%。[①] 根据《中国统计年鉴》，我国自改革开放以来，二元对比系数的波动范围是 16.4% ~ 24.7%。[②] 这表明，即使和发展中国家相比，我国经济结构的二元性也比较强，城乡发展的不协调问题是比较严重的。

从城乡收入比（城乡收入比 = 城镇居民人均可支配收入 ÷ 农民人均纯收入）来看，我国城乡收入比在 1978 ~ 2001 年处于 1.7 ~ 2.9，在 2002 ~ 2013 年处于 3.03 ~ 3.33，城乡收入差距呈加大趋势。[③] 根据一般经验，当城乡收入比大于 2 时，即农村居民人均纯收入不足城镇居民人均可支配收入的一半时，处于城乡二元结构状态。[④] 所以，我国当前处于城乡二元结构比较明显的状态。

2014 年，我国城镇居民恩格尔系数为 36.0%，农村居民恩格尔系数为

---

① 倪丹容：《中国二元经济的历史逻辑和结构刚性》，《经济问题探索》2004 年第 3 期。
② 赵颖文、吕火明：《改革开放以来我国二元经济结构的历史演变与发展对策》，《农业经济与管理》2016 年第 5 期。
③ 李劬来、王晓燕：《我国城乡二元经济结构变化特征与消解对策》，《青岛科技大学学报》（社会科学版）2015 年第 4 期。
④ 邓立丽：《城乡统筹融合，推进长三角城乡经济发展一体化研究——马克思城乡关系理论的应用》，《暨南学报》2013 年第 3 期。

40.0%。城乡恩格尔系数差，由 2005 年的 8.8 个百分点下降为 2014 年的 4 个百分点，城乡消费差距有所降低，但是，"从恩格尔系数值的大小来看，2014 年我国农村居民消费水平相当于 2000 年左右城镇居民消费水平"①，表明我国农村居民的消费水平较之城镇居民还有较大差距。

城乡居民在教育、医疗等社会福利方面的差距也很大。2014 年全国普通小学生平均公共财政预算教育事业费支出为 7681.02 元，其中农村为 7403.91 元；全国普通初中生平均公共财政预算教育事业费支出为 10359.33 元，其中农村为 9711.82 元。② 这表明较之城市，农村基础教育经费投入较少，未能达到全国平均值，而城市基础教育经费的投入则处于全国平均值以上。"在医疗卫生方面，目前中国医疗卫生资源的 80% 左右集中在城市"③，而且在先进医疗技术、设备和优秀医疗人才方面，城市医院要远远好于农村医院。近年来，城市每千人口卫生技术人员数量和每千人口拥有的床位数都是农村的 2 倍多。④

本研究着重以"互联网＋"为视角来探讨城乡发展不协调问题。根据《2016 年第 38 次中国互联网络发展状况统计报告》，城镇地区互联网普及率为 67.3%，农村地区互联网普及率为 31.7%，城镇地区互联网普及率超过农村地区 35.6 个百分点。目前农村网民中有近 90% 的人是手机上网用户，使"数字鸿沟"中的接入鸿沟问题得到基本解决，但使用鸿沟还十分突出，68% 的农村非网民因为"不懂电脑/网络"而不上网。我国农村网民在即时通信、网络娱乐等基础互联网应用使用率方面与城镇地区差别较小，即时通信、网络音乐、网络游戏应用上的使用率差异在 4 个百分点左右，但在网购、支付、旅游预订类应用上的使用率差异则在 20 个百分点以上。

三 物质文明和精神文明发展不协调问题

物质文明是人类改造自然所获得物质成果的总和，表现为生产力或经

---

① 万冬君：《我国城乡协调发展现状、问题与对策研究》，《现代商业》2015 年第 34 期。
② 《2014 年全国教育经费执行情况统计公告》，中华人民共和国教育部，http://www.moe.edu.cn/srcsite/A05/s3040/201510/t20151013_213129.html，最后访问日期：2017 年 6 月 25 日。
③ 魏后凯：《新常态下中国城乡一体化格局及推进战略》，《中国农村经济》2016 年第 1 期。
④ 万冬君：《我国城乡协调发展现状、问题与对策研究》，《现代商业》2015 年第 34 期。

济建设的发展、科技的进步和物质财富的积累。精神文明是人类改造自然、改造社会、改造自身所取得的精神成果的总和，表现在科技文化发展水平和思想道德建设水平两大方面。物质文明建设为精神文明建设提供物质基础，精神文明建设为物质文明建设提供智力支持、精神动力支持和道德、法律支持。

《十三五规划建议》提出，要推动物质文明和精神文明协调发展，坚持"两手抓、两手都要硬"。但现实的情况是，物质文明建设或经济建设抓得好，即表现为"一手硬"的情况；而精神文明建设或文化建设则相对滞后，即出现了"一手软"的情况。

在经济领域，诚信经营缺失问题严重，假冒伪劣商品、侵权盗版商品在市场上占有很大比例。有研究指出，世界海关组织估计有 65% 的假冒货物来自中国大陆。① 这反映出我国出口商品侵犯知识产权的现象比较严重，从商业道德层面来看就是诚信经营的严重缺失问题。在政府管理领域，权钱交易、权色交易、不作为、滥作为等问题比较严重。从郭美美事件、天价烟局长事件、女检察长豪车事件等热点网络舆论事件可以看出，有的当事人竟然毫不遮掩地将权钱交易、权色交易等腐败行径展示给公众，可见一些道德败坏的人有多么猖獗，而他们能够如此猖獗与反腐力度不够、社会风气不好是有很大关系的。在文化领域、生活消费领域，伴随经济全球化和网络交往的全球化，西方意识形态入侵和价值观多元化纷至沓来，对社会主义的信仰危机、极端个人主义、拜金主义、享乐主义、奢侈消费等出现在一些人的思想观念和言行举止之中。较之发达国家，我国的网络文化产业还没有成为支柱产业，网络文化产业发展过程中网络有害信息的社会危害性比较严重，网络谣言等网络虚假信息对社会生产、生活秩序也造成了较大危害。

四　经济建设和社会建设发展不协调问题

著名社会学家陆学艺教授对我国的社会建设进行了历史的回顾，他认为社会建设是一直在进行着的，原来叫"社会发展"，党的十六届四中全会

---

① Daniel C. Fleming, "Counterfeiting in China," *East Asia Law Review* 10 (2014): 14 – 35.

正式提出"社会建设"的新概念，十七大则进一步指出要加快推进以改善民生为重点的社会建设。他认为："我国社会建设比经济建设差了 15 年，加快社会建设的步伐非常重要。"[1] 既然社会建设以民生建设为重点，那么就可以把社会建设定义为以民生建设为主要内容的民众生活、社会福利、安全、消费等领域的建设事业，主要包括就业、收入、环保、教育、医疗、住房、社会保障、食品药品安全、社会治安等方面的建设事业。

党的十八大报告明确指出："发展中不平衡、不协调、不可持续问题依然突出，城乡区域发展差距和居民收入分配差距依然较大；社会矛盾明显增多，教育、就业、社会保障、医疗、住房、生态环境、食品药品安全、安全生产、社会治安、执法司法等关系群众切身利益的问题较多，部分群众生活比较困难。"[2] 据统计，在国家财政性教育投入上，目前世界平均水平为 7% 左右，其中发达国家为 9% 左右，经济欠发达的国家也达到 4.1%。根据《教育部　国家统计局　财政部关于 2015 年全国教育经费执行情况统计公告》（教财〔2016〕9 号），2015 年国家财政性教育经费占国内生产总值比例为 4.26%，低于世界平均水平。2016 年，中国医疗卫生占财政支出比重为 7%[3]，也低于世界平均水平（10.60%）。我国作为经济发展水平位居世界中上的国家，国家财政性教育经费投入和医疗卫生投入都未能达到世界平均水平，表明相对于经济发展水平，我国在教育、医疗卫生等社会建设方面的财政投入是偏低的。因此，在充分认识经济建设和社会建设发展不协调问题的基础上，加快社会建设步伐，推进经济社会全面协调可持续发展，应该成为我国当前发展战略的重要选择。

五　经济建设和国防等安全建设发展的不协调问题

经济建设和国防等安全建设发展的不协调问题主要体现在军民融合发

---

[1]　陆学艺、高源：《我国社会建设比经济建设差了 15 年——陆学艺谈社会建设》，《人民论坛》2009 年第 19 期。

[2]　胡锦涛：《坚定不移沿着中国特色社会主义道路前进　为全面建成小康社会而奋斗——在中国共产党第十八次全国代表大会上的报告》，人民出版社，2012，第 5 页。

[3]　财政部：《中国医疗卫生占财政支出比重提升至 7%》，搜狐网，http://www.sohu.com/a/127020806_139908，最后访问日期：2017 年 6 月 28 日。

展还不够深入，伴随经济建设发展而不断出现的安全问题的解决具有相对滞后性这两大方面。

（一）军民融合发展还不够深入

2016 年 3 月 25 日，中共中央政治局会议审议通过《关于经济建设和国防建设融合发展的意见》（下文简称《意见》），自通过之日开始实施。《意见》在肯定我国在探索中国特色的经济建设和国防建设协调发展之路取得了巨大成就的同时，也指出我国军民融合发展刚进入由初步融合向深度融合的过渡阶段，还存在思想观念跟不上、顶层统筹统管体制缺乏、政策法规和运行机制滞后、有共识难落实等突出问题，军民融合整体效益与巨大潜力亟待挖掘和进一步发挥。

"思想观念跟不上"的问题来源于两个方面。一是对军民融合发展的重要意义认识不清，对于发达国家军民融合发展所探索出的规律性认识成果和实践价值缺乏了解和研究。二是现有军民二元体制所形成的部门利益，阻碍了人们对基于长远利益的军民融合发展战略的实质性认同，也就是说虽然认识到军民融合发展战略的长远意义，但是基于眼前利益的考虑又无法实质性认同和落实军民融合发展战略，进而出现了"有共识难落实"问题。在中央政治局把军民融合发展上升为国家战略、成立了中央军民融合发展委员会之后，社会各界对军民融合已经形成了共识，但是在组织管理体系、工作运行体系、政策制度体系方面还存在滞后性，军民利益共享体系难以建立，政策激励和法律保障体系对军民融合缺乏激励和保障，这些因素都制约着军民的实质性融合，致使融而不合的问题长期难以破解。

"顶层统筹统管体制缺乏"的问题在于，虽然中央军民融合发展委员会于 2017 年 1 月 22 日成立了，但是破除改革开放以来形成的军民二元体制、建立军民体制的实质性融合是个系统工程，不是短期内就能解决的。

"政策法规和运行机制滞后"的问题表现在：缺乏规范军民融合的综合性法律，促进军民融合的政策环境尚未形成。[①]

（二）伴随经济建设发展而不断出现的安全问题的解决具有相对滞后性

《十八届五中全会公报》提出：要推动经济建设和国防建设融合发展，

---

① 刘晋豫：《当前统筹经济建设和国防建设面临的主要问题及对策》，《中国军转民》2013 年第 10 期。

坚持发展和安全兼顾。其实，安全建设除了国防安全建设以外，还包括其他方面的安全建设，其他方面的安全建设可以纳入社会建设中来研究，也可以从社会建设之中独立出来，研究经济建设和安全建设的协调发展问题。笔者之所以提出这样的观点，是因为在网络时代，网络安全成为伴随网络技术正向价值实现的主要的网络技术负向价值问题，现在已经成为一个专门研究的领域，从协调发展的角度来研究，就是研究网络经济建设和网络安全建设的协调发展问题。

之所以说网络安全现在已经成为一个专门研究的领域，主要是因为许多国家出台了国家网络安全战略并将重点放在公 - 私部门的合作上，这些国家包括澳大利亚、加拿大、法国、匈牙利、印度、日本、新西兰、南非、英国、美国等。[①] 以美国为例，美国是最早制定网络空间安全战略的国家，2003 年出台《网络空间安全国家战略》[②]，2011 年出台《网络空间国际战略》和《网络空间行动战略》。为了应对网络犯罪每年造成 1000 亿美元损失的严重局面，2014 年美国国会通过了五项网络安全立法建议，即国家网络安全保护法案、联邦信息安全现代化法案、网络安全劳动力评估法案、国土安全劳动力评估法案和网络安全增强法案。[③]

在现代社会，科学技术已经成为第一生产力，科学技术的价值二重性在社会生产、生活实践中有普遍的表现，也得到了广泛的社会认同。根据科技的价值二重性表现，科技既是第一生产力，也同样具有第一的破坏力，这一点在核科技上表现最为明显。例如，核电站可以为人类提供大量的清洁能源，而核武器又可以毁灭人类。从人类对科技的整体使用来看，科技在帮助人类改造自然、获取巨大经济效益和社会效益的同时，科技也对人类赖以生存的自然生态造成了严重的破坏。之所以会这样，笔者认为这源于人类认识能力的局限性，人类只能认识到科技使用所带来的眼前利益，

① Madeline Carr, "Public-Private Partnerships in National Cyber-security Strategies," *International Affairs* 92 (2016).

② "National Strategy to Secure Cyberspace," https://en.wikipedia.org/wiki/National_Strategy_to_Secure_Cyberspace.

③ Lawrence J. Trautman, "Cybersecurity: What about U. S. Policy?," *University of Illinois Journal of Law, Technology & Policy* 341 (2015).

而对科技造成的不利后果往往缺乏预见性。由于认识能力的局限性，人类对伴随经济建设发展而不断出现的安全问题往往缺乏预见性，因此对安全问题的解决较之经济发展就会出现相对的滞后性，从而出现经济建设和安全建设的不协调现象。

在网络时代，人类借助信息网络技术取得了经济、社会等方面的利益，但网络安全问题也带来了巨大损害，而且人们对网络安全问题的出现往往缺乏预见性，使这些问题的解决较之网络经济的发展就会出现相对的滞后性，从而出现网络经济建设和网络安全建设的不协调现象。网络安全问题主要包括：网络生态安全问题，主要是网络硬件设备成为电子垃圾所造成的环境污染问题；网络军事安全问题，包括网络战争威胁、网络恐怖主义、网络间谍等；网络经济安全问题，包括网络知识产权侵权、网络经济犯罪等；网络政治安全问题，包括负面网络舆论、网络政治类群体性事件等；网络文化安全问题，包括网络意识形态危机、网络文化侵略等；网络人本安全问题，包括网瘾、网络个人信息侵权等。

第三节　价值分析

针对我国发展中出现的不协调问题，即区域发展不协调问题、城乡发展不协调问题、物质文明和精神文明发展不协调问题、经济建设和社会建设发展不协调问题、经济建设和国防等安全建设发展的不协调问题，本节从整体、概要的视角首先分析了上述五个方面发展不协调问题的原因并阐述了相应的解决对策，其后概述了网络社会工程在应对这些发展不协调问题中的价值，并指出第三章至第七章的网络社会工程将对这五个方面发展的不协调问题进行专项性和翔实性的研究。

一　应对区域发展不协调问题网络社会工程的价值

应对我国区域发展不协调问题，需要根据不协调问题产生的原因构建相应的社会技术体系，进而形成一个系统性的与自然工程相配合的社会工程，而本研究所侧重研究的是这一系统性社会工程的一个重要组成部分——网络社会工程。

有研究指出我国区域经济发展不协调的原因主要有以下五点：第一，东部地区在地理位置、交通、地势等方面比中西部地区具有优势；第二，由于历史原因形成的，东部地区商品经济意识强于中西部地区；第三，改革开放以后，我国对东部地区提供了比中西部地区更加优惠的经济发展政策；第四，财政分权体制和以 GDP 为主要指标的政绩考核体制，使地方政府只关注本地区发展而忽视协调发展；第五，市场经济体制逐利性的负面影响在于，资金、资源、劳动力等生产要素纷纷向发达的东部地区聚集，而意在推进协调发展战略的宏观调控却缺乏力度，导致东部地区和中西部地区差距拉大。[①]

为了解决区域发展不协调问题，全面提高资源配置效率，实现兼顾效率和公平的可持续性协调发展格局。2000 年以来，我国实施了"四大板块"区域发展总体战略：推进新一轮西部大开发；全面振兴东北地区等老工业基地；大力促进中部地区崛起；积极支持东部地区率先发展。2014 年中央经济工作会议指出："要完善区域政策，促进各地区协调发展、协同发展、共同发展。西部开发、东北振兴、中部崛起、东部率先的区域发展总体战略，要继续实施。"

针对改革开放以后我国对东部地区提供了比中西部地区更加优惠的经济发展政策所导致的区域发展不协调问题，我国有研究以财政政策为视角提出了相应对策，该研究提出了"实施综合财政政策、改革现行财政体制、规范转移支付制度、集中使用财政资金和加大税收优惠政策力度等财政政策"[②]。

针对资金、资源、劳动力等生产要素纷纷向发达的东部地区聚集导致的区域发展不协调问题，笔者认为由不平衡、不协调到趋于平衡、协调的经济社会发展理论能够解释区域发展的不协调问题，并能指导这一问题解决方案的提出（据此构建社会技术体系）。根据该理论，东部地区发展到一定阶段后，生产成本、生活成本提高，资本利润率下降，资金、资源、劳动力等生产要素会向生产成本、生活成本较低的中西部地区、东北地区等较落后地区转移。较落后地区发展速度较快，而发达的东部地区发展速度

---

① 丁谦、曾庆均、郭韬：《我国区域经济发展不协调的基本形势分析》，《重庆工商大学学报》（西部论坛）2008 年第 3 期。

② 王曙光、金向鑫：《我国区域经济发展差异及其协调的财政政策研究》，《中国行政管理》2014 年第 9 期。

会放慢，区域经济社会发展会呈现出由不平衡、不协调到趋于平衡、协调的经济社会发展趋势或规律。上文所阐述的，2012 年东部地区在 GDP 增速、三大产业增幅和人均地方财政收入增速方面低于中西部地区和东北地区的情况，能够为这一发展趋势或规律提供证据支持。

在经济全球化的发展环境之中，包括相对发达的东部地区，我国整体上的发展模式具有重数量、轻质量的特点，处于国际产业链的中低端，科技在经济发展方面的贡献率低于发达国家（我国是 55%，而发达国家是 70% 以上），高能耗、高污染、低效益的问题比较严重。《国务院关于积极推进"互联网＋"行动的指导意见》中指出，"互联网＋"既有利于传统产业的升级改造，又有利于培育和壮大新兴产业，对提升我国产业的国际地位，解决高能耗、高污染、低效益问题具有十分重要的作用。以辽宁老工业基地振兴为例，一产和三产比重过低，二产比重过高，利用"互联网＋"既可以提升现代农业和现代服务业的发展水平，也可以对传统优势产业制造业进行改造升级，增强国际竞争力，走上绿色发展、可持续发展之路。构建以"互联网＋"为依托的振兴东北的网络社会工程，首先要争取做到在新一轮技术革命、产业革命的新形势下不掉队，其次要争取做到缩小和发达地区的差距，这样才会在新形势下振兴东北老工业基地并有效应对区域发展不协调问题。

二　应对城乡发展不协调问题网络社会工程的价值

应对我国城乡发展不协调问题，需要针对不协调问题产生的原因，构建相应的社会技术体系，进而形成一个系统性的与自然工程相配合的社会工程，而本研究所侧重研究的是这一系统性社会工程的一个重要组成部分——网络社会工程。

有研究指出，我国长期形成的一系列城乡割裂制度是导致我国城乡间巨大差距的重要原因。[①] 另有研究指出，我国长期以来重工业、轻农业和重城市、轻农村的发展政策，是我国城乡二元经济特征显著的原因。[②] 由此可

---

① 万冬君：《我国城乡协调发展现状、问题与对策研究》，《现代商业》2015 年第 34 期。
② 李勋来、王晓燕：《我国城乡二元经济结构变化特征与消解对策》，《青岛科技大学学报》（社会科学版）2015 年第 4 期。

见，我国的发展政策和制度是我国城乡二元性较强的主要原因。

由于政策和制度是我国城乡二元性较强的主要原因，以调整社会关系为己任的社会工程显然对解决我国城乡二元发展问题具有重要价值。政策和制度的主要功能就是调整社会关系，社会工程包含由政策和制度所组成的社会技术体系，在完善现有政策和制度的基础上提出更好的政策和制度，由这些更好的政策和制度所组成的社会技术体系构建而成的社会工程就会在解决城乡二元发展问题方面发挥作用。国内许多研究都提出由更好的政策和制度所组成的社会技术体系构建而成社会工程来消解我国的城乡二元结构问题。有研究提出的社会工程包含由以下政策和制度所组合的社会技术体系：建立城乡统一的户籍登记制度、建立城乡统一的土地管理制度、建立城乡统一的就业管理制度、建立城乡统一的社会保障制度、建立城乡统一的公共服务体系、建立城乡统一的社会治理体系。[①]

在解决城乡二元发展问题（即城乡发展不协调问题）方面，"互联网＋"属于技术手段，由技术手段组成自然工程，而自然工程和社会工程必须有机结合才能发挥作用，所以，本研究对应对城乡发展不协调问题的网络社会工程进行了探讨。本研究首先借鉴美国在"互联网＋"现代农业方面的先进经验，探讨了大力发展"互联网＋"现代农业促进城乡协调发展的网络社会工程建设问题，其次探讨了借助与自然工程相结合的社会工程来解决城乡间的数字鸿沟问题。

三　应对物质文明和精神文明发展不协调问题网络社会工程的价值

应对我国物质文明和精神文明发展的不协调问题，需要针对不协调问题产生的原因，构建相应的社会技术体系，进而形成一个系统性的与自然工程相配合的社会工程。由于网络媒体和传统媒体融合发展在精神文明建设中起到十分重要的作用，所以，应对物质文明和精神文明发展不协调问题的网络社会工程是这一系统性社会工程的重要组成部分。

有研究指出，"随着生产力的发展，生产关系可能出现不能适应生产力

---

① 魏后凯：《新常态下中国城乡一体化格局及推进战略》，《中国农村经济》2016 年第 1 期。

的状况，而此时就会出现精神文明与物质文明发展不平衡的现象"①，也就是出现了物质文明和精神文明发展的不协调问题。根据马克思主义哲学原理，科学技术作为第一生产力具有相对的活跃性，随着科技的发展，会产生许多新的社会关系需要道德和法律规范予以调整，但是道德和法律具有相对的滞后性，不能及时对这些关系进行调整，违法犯罪成本低、违法犯罪的被追究率低，就会出现精神文明领域中道德失范、违法犯罪增多的现象。以徐玉玉案为例，伴随信息网络技术应用所带来的积极社会影响，信息网络技术被不法分子利用所带来的负面影响，即侵权、犯罪也相伴而生。在徐玉玉案件中，黑客杜某某发现高考网上报名系统有漏洞，就利用黑客技术获取了报名网站的访问权限，窃取了高考网上报名系统中考生的个人信息，并将包括徐玉玉在内的许多考生的个人信息卖给了诈骗犯罪嫌疑人陈某某。诈骗犯罪嫌疑人能够精准说出徐玉玉的一些个人情况，使徐玉玉相信他们是办理助学贷款的国家工作人员，并按照他们的要求把家里省吃俭用攒下来的9900元汇给了他们用来"激活账号"，进而导致诈骗犯罪活动的得逞，徐玉玉也因为忧愤过度而心脏骤停失去了年轻的生命。在此案中，非实名的电话卡和银行卡也为诈骗分子实施诈骗提供了支持。这一案例表明，网络个人信息、非实名的电话卡和银行卡这些依附于新技术所产生的事物在给经济、社会带来好处的同时，也给犯罪分子实施犯罪提供了便利。而对网络个人信息、非实名的电话卡和银行卡加强管理和保护，却只有在出现徐玉玉案件所反映出的问题后，人们才通过技术防范措施、伦理规范、法律规范等手段来解决这些问题，表现为道德和法律在调整新出现社会关系方面的滞后性，也是包括道德建设和法律建设在内的精神文明建设相对于物质文明建设或经济建设滞后的原因。当人们利用技术防范措施、伦理规范、法律规范等手段提高了某类违法犯罪的被追究率，违法犯罪成本提高，此类违法犯罪就会减少，精神文明建设的相对滞后性问题也会相应减弱。总之，精神文明建设的相对滞后性，实际上就是物质文明和精神文明发展的不平衡性、不协调性，随着社会治理能力的逐步提升，物质文明和精神文明的发展具有由不平衡、不协调到趋于平衡、协调的发

---

① 王宝华：《精神文明发展与物质文明发展的异向性研究》，《产业与科技论坛》2017 年第 3 期。

展趋势。

根据物质文明和精神文明发展不协调问题产生原因的上述分析可知，解决相伴于物质文明建设或经济建设所出现的精神文明领域中的道德失范、违法犯罪增多等问题，需要采取技术防范措施、伦理规范、法律规范等手段。各种技术防范措施组成自然工程，各种伦理规范、法律规范等手段组成社会工程，二者有机结合所组成的精神文明建设工程可以解决我国当前新技术革命中出现的物质文明和精神文明发展的不协调问题。

本研究在第五章"应对物质文明和精神文明发展不协调问题的网络社会工程"中，针对我国网络文化产业落后于发达国家，还没有成为国民经济支柱产业的问题，在阐述我国网络文化产业发展现状、不足和成因的基础上，论述了提升我国网络文化产业自主创新能力的社会技术体系；针对伴随网络文化产业发展所出现的网络有害信息的社会危害性问题，论述了网络有害信息的伦理与法律协同规制对策，构建起一个网络文化产业发展中网络有害信息管控的社会工程；此外，为了发挥网络舆论在社会主义核心价值观宣教方面的积极作用，管控其消极作用，在研究取得网络舆论与核心价值观宣教互动关系的规律性认识成果的基础上，阐述了借助网络舆论助力社会主义核心价值观宣教的社会技术体系。

四 应对经济建设和社会建设发展不协调问题网络社会工程的价值

经济社会发展不协调、不平衡问题主要就是经济发展的成果没有充分惠及民生，经济发展步伐较大而民生（居民收入、教育、就业、医疗、社会保障、环境保护、社会治安等）改善步伐较小。形象的比喻就是经济建设这条腿长，以民生建设为主要内容的社会建设这条腿短而出现的瘸腿现象，而瘸腿现象表明当前社会是个生病的、需要医治的社会。医治的办法就是在认清经济社会发展不协调问题危害的基础上，分析其产生的原因，构建相应的社会技术体系，进而形成一个系统性的与自然工程相配合的社会工程，本研究第六章"应对经济建设和社会建设发展不协调问题的网络社会工程"就是这一系统性社会工程的重要组成部分。

经济社会发展不协调问题的危害主要体现在五个方面，即经济发展重数量轻质量、社会合作水平较低并且社会不够稳定、资源环境压力过大、

"引进来"和"走出去"都面临较大困难、内需不足导致市场疲软。

经济社会发展不协调问题产生的原因是:经济上的财政分权加之以经济建设为主要指标的晋升锦标赛官员考核体制,使我国的经济建设取得了持续 30 多年高速发展的惊人业绩;以经济建设为主要指标的晋升锦标赛官员考核体制削弱了民众通过选举("用手投票")和迁徙("用脚投票")来推进政府提升社会建设水平的影响力,最终导致了中国目前经济社会发展不协调的现状。

根据经济建设和社会建设发展不协调问题的成因,需要构建一个系统性的与自然工程相配合的社会工程来解决这一问题,这一系统性社会工程包括:在宏观层面提出政治体制改革和五大发展理念的顶层设计,在微观层面运用各种政策、制度、措施来实施政治体制改革和落实五大发展理念。本研究选取"互联网+"这一视角,来探讨经济建设和社会建设发展不协调问题的解决对策,在第六章第三节"'互联网+'促进经济社会协调发展社会技术体系的构建"中主要探讨了管理网络舆论促进经济社会协调发展的系统性社会技术体系和利用"互联网+"改善民生建设的社会技术体系及其保障措施。

五 应对经济建设与国防及网络安全建设发展不协调问题网络社会工程的价值

针对经济建设和国防等安全建设发展不协调的两个主要问题,即军民融合发展还不够深入,伴随经济建设发展而不断出现的安全问题的解决具有相对滞后性,需要构建相应的网络社会工程加以应对。

(一) 应对军民融合发展不够深入问题的网络社会工程

针对军民融合发展还不够深入的问题,借助"互联网+"构建军民融合的网络社会工程,可以推进军民融合逐步走向深入。

针对军民融合发展还存在"思想观念跟不上""有共识难落实"的问题,一方面需要借助网络和传统媒体的互动机制加强宣传教育,使社会各界都能了解军民融合发展战略的深远意义。目前主要发达国家的"军事专用技术比重越来越低,目前已不到 15%,军民通用技术已超过 80%,军队信息化建设主体技术均来自民用信息系统"[①]。我们必须认识到，在信息网络时代，战争已经成为军民融合的体系化、系统化战争，主要发达国家都已实施军民融合的发展战略，我国的军民二元分立体系已经不适应打赢信息化战争的需求。另一方面要根据中共中央"十三五"规划建议，健全军民融合发展的组织管理体系、工作运行体系和政策制度体系，为军民融合主体提供组织保障、利益保障和政策激励，变"要我融合"为"我要融合"，解决当前基于自身利益考虑的融而不合的问题。

针对"顶层统筹统管体制缺乏"的问题，根据中共中央"十三五"规划建议，在国家层面建立中央军民融合发展委员会之后，各省（自治区、直辖市）也要建立省级的军民融合发展委员会。当前军地各部门纵向联合较好，主要的问题在于横向联合，需要建立军地联合管理机制，建立能够实现信息共享的决策指挥、协调共建、兵员动员、物质保障、科技研发等方面的信息管理系统，为军地融合共建提供组织、技术和信息保障，力求实现平时能够做好准备工作、急时能够处理突发事件、战时能够攻防有力的军地共建目标。

针对"政策法规和运行机制滞后"的问题，首先，需要根据实践中出现的问题和不断产生的解决方案，不断完善中共中央、国务院、中央军委出台的《关于经济建设和国防建设融合发展的意见》；其次，要发挥政府在军民融合方面的主导地位，在市场机制无法解决的方面，利用财政、金融、税收、产业政策等激励政策，扶持军民融合的发展；最后，要"尽快研究出台军民融合促进法等综合性法律"[②]，并废止、修改完善已有法律法规，解决法律法规冲突、矛盾的问题。

（二）应对网络安全建设相对滞后性问题的网络社会工程

信息网络技术在经济领域广泛而深入的应用在促进了经济建设发展的同时，也带来了日益严重的网络安全问题，网络经济建设和网络安全建设必须协调推进已经成为一项基本原则贯彻于我国出台的许多促进网络经济

---

① 姜鲁鸣：《军民融合发展缘何上升为国家战略》，《解放军报》2017 年 2 月 3 日。
② 刘晋豫：《当前统筹经济建设和国防建设面临的主要问题及对策》，《中国军转民》2013 年第 10 期。

发展的政策性和战略性文件之中。解读这些文件会发现，网络安全建设实际上是一项在社会科学理论（主要是网络技术的价值二重性理论、协调发展理论）指导下，运用自然技术和社会技术的融合体、社会技术体系，力求实现网络经济建设和网络安全建设协调发展的社会工程。

1. 《国务院关于积极推进"互联网＋"行动的指导意见》所包含的网络安全社会工程建设方面的内容

2015 年 7 月出台的《国务院关于积极推进"互联网＋"行动的指导意见》（国发〔2015〕40 号，下文简称《指导意见》）有网络安全方面的内容，但是没有"国防安全"和"网络国防安全"方面的内容。网络安全包括网络国防安全（比如网络战争威胁、网络恐怖主义、网络间谍问题等）、网络经济安全（包括网络知识产权信息安全、网络经济犯罪对网络经济安全的危害等）、网络政治安全（包括网络负面政治舆论给中国共产党的领导、主流意识形态等提出的挑战，网络群体性事件、网络政治类谣言所带来的社会秩序混乱等）、网络人本安全（包括网络个人信息安全、网络有害信息危害与治理等）等，这样看来，"网络安全"是个上位的概念，包括"网络国防安全"这一下位概念。需要解决的问题，就是在发展网络经济的同时，关注网络安全问题，借助网络安全社会工程来协调二者的关系。

在《指导意见》"（二）基本原则"部分，提出坚持融合创新、坚持变革转型、坚持引领跨越和坚持安全有序四项原则。根据网络技术价值二重性理论这一社会科学原理，前三个原则是网络技术正向价值实现所应遵循的原则，具体要求是：通过信息化与工业化的融合创新，实现传统产业的变革转型和培育壮大新兴产业，引领新一轮科技革命和产业变革，实现跨越式发展。而第四个原则——坚持安全有序原则是管控网络技术负向价值应遵循的原则，具体要求是：采取法律、伦理、管理、技术等手段保障网络安全；建立科学有效的市场监管方式，促进市场有序发展。

在《指导意见》"保障支撑"部分下属的"（一）夯实发展基础"部分，提出"保障安全基础"作为保障各项"互联网＋"重点行动得以有效实施的基础，提出各项具体措施来保证网络安全。这些具体措施多数属于自然技术和社会技术的融合体，少数属于社会技术。"制定国家信息领域核心技术设备发展时间表和路线图"属于自然技术和社会技术的融合体，因为"国家信息领域核心技术设备"属于自然技术，而"制定时间表和路线图"则属于社会技术。此外，"实施国家信息安全专项"、"开展网络安全应用示范"、"网络安全国家标准"和"网络安全监测评估、监督管理、标准认证和创新能力体系"等也都属于自然技术和社会技术的融合体，而"信息安全等级保护制度""数据跨境流动管理制度"等则属于社会技术。

在"保障支撑"部分下属的"（三）营造宽松环境"部分，在加强法律法规建设方面，提出加快推动制定网络安全法律法规的建设，"网络安全法律法规的建设"属于社会技术。

综上所述，以社会工程哲学为视角，可以看出《国务院关于积极推进"互联网＋"行动的指导意见》中包括网络安全社会工程建设的内容，即在网络技术价值二重性理论这一社会科学原理指导下，遵循坚持融合创新、坚持变革转型、坚持引领跨越和安全有序原则，构建起由网络安全自然技术和社会技术融合体以及网络安全社会技术体系所组成的网络安全社会工程。

2. 《国家网络空间安全战略》提出了网络安全治理工程的研究内容

为了回应网络经济发展与网络安全建设不协调问题所提出的挑战，2014年中央成立了网络安全和信息化领导小组，习近平总书记任组长，李克强和刘云山任副组长。

由我国倡导的世界互联网大会已经成功举办了三届。这是每年在我国浙江乌镇举办的，由国家和地区政要、国际组织的负责人、互联网企业领军人物、互联网名人、专家学者广泛参与的世界性互联网盛会。第一届世界互联网大会以"互联互通·共享共治"为主题，第二届世界互联网大会以"互联互通·共享共治——构建网络空间命运共同体"为主题，第三届世界互联网大会以"创新驱动造福人类——携手共建网络空间命运共同体"为主题。网络安全及其国际共同治理是三届世界互联网大会都予以高度关注的重要议题之一，而且在以后的会议中还会继续得到关注。

2016年12月27日，经中央网络安全和信息化领导小组批准，国家互联网信息办公室发布了《国家网络空间安全战略》（下文简称《战略》）。《战略》分为机遇和挑战、目标、原则、战略任务四大部分，为网络安全治理工程的研究预设了很多需要深入研究的问题。《战略》中提到了网络内容建设工程、网络安全人才工程等，而这些工程都处于《战略》第四部分

"战略任务"之中。以工程哲学和社会工程哲学为视角，使笔者认识到"战略任务"是一个更大的工程，可以将其称为"网络安全治理工程"。《战略》在"严峻挑战"部分所列的六类安全风险启示我们，具体网络安全领域的研究主要包括对网络政治、经济、文化、社会、人本、军事等领域网络安全问题的研究。《战略》第一部分"机遇和挑战"表明伴随网络信息化的发展，网络安全问题必然会产生，启示我们需要研究网络安全问题的形成机理。笔者认为，可以根据网络技术价值二重性理论探讨网络安全问题的形成机理，构建网络经济建设和网络安全建设协调发展的理论。根据《战略》组成"网络治理体系"的若干治理手段确立网络安全治理工程中自然技术和社会技术的具体种类并据此展开研究（见图 2 - 1）。

在本研究的第七章"应对网络经济建设与网络安全建设发展不协调问题的网络社会工程"中，笔者选取涉及网络政治安全、网络经济安全、网络社会安全等多个网络安全领域的网络谣言治理的社会工程，涉及网络经济安全领域的应对网络经济安全问题的知识产权社会工程和涉及网络经济安全、网络社会安全、网络人本安全等多个网络安全领域的网络个人信息保护的社会工程进行了研究，其他网络安全问题，笔者将在以后的研究工作中逐步完成。

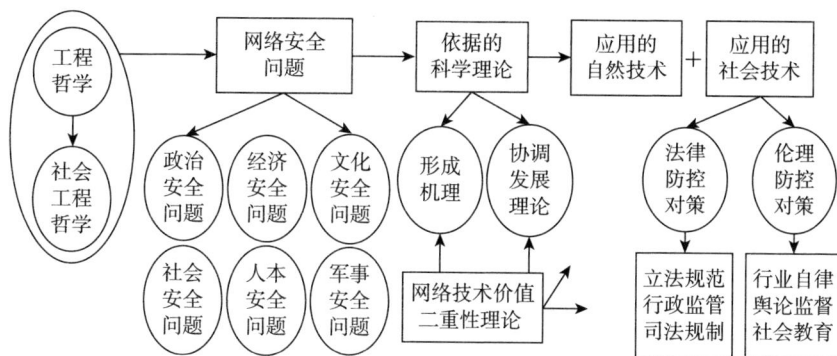

图 2 - 1　"网络安全治理工程"的研究内容和研究思路

第四节　相关社科理论及其他社科研究成果

社科理论及其他社科研究成果都是在分析我国发展中出现的不协调问题形成原因方面产生的研究成果。社科理论主要是分析宏观层面发展不协调问题成因、研究时间较长、影响范围较大的研究成果，而其他社科研究成果则主要是分析中微观层面发展不协调问题成因、研究时间较短、影响范围较小的研究成果。宏观层面发展不协调问题主要指区域发展不协调问题、城乡发展不协调问题、物质文明和精神文明发展不协调问题、经济建设和社会建设发展不协调问题、经济建设和国防等安全建设发展的不协调问题这五个方面的发展不协调问题；中微观层面的发展不协调问题主要指上述五个方面发展不协调问题下属的发展不协调问题，比如区域发展不协调问题下属的"新东北现象"问题、城乡发展不协调问题下属的城乡数字鸿沟问题等。

一　本研究中网络社会工程所依据的社科理论及其他社科研究成果概述

本研究在构建具体的解决我国发展中不协调问题的网络社会工程时（第三章至第七章中所阐述的各个社会工程），都是在遵循社会运动规律的基础上提出社会技术体系的。本研究中的社会运动规律都是社科研究成果，是对经济社会发展环境中相关要素关系（主要包括因果关系、互动关系等）的社科研究成果。这些社科研究成果有的以"社科理论"的形式出现，有的以"成因分析"的形式出现，有的以"规律性认识"的形式出现，有的以"关系"的形式出现，有的以暗含社会运动规律的"先进经验"的形式出现。以"社科理论"形式出现的有：由不平衡、不协调到趋于平衡、协调的经济社会发展理论，解释经济建设和社会建设发展不协调问题的理论，网络技术的价值二重性理论，经济发展与知识产权制度的互动关系理论，知识产权权利人利益和公共利益的协调理论，网络个人信息保护社会工程所依据的社科理论。以"成因分析"的形式出现的有："新东北现象"产生的原因分析、城乡数字鸿沟的成因分析、我国网络文化产业自主创新能力不足的成因、网络有害信息的致害原因、人类整体认识能力局限性以及人类个体认识能力局限性和价值偏好会导致网络谣言的产生。以"规律性认识"的形式出现的有：对网络舆论与核心价值观宣教互动关系的规律性认识。以"关系"的形式出现的有：网络言论自由与网络安全的关系。以暗含社会运动规律的"先进经验"的形式出现的有：美国在"互联网＋"现代农业（农业信息化）方面的先进经验。

下文对能够解释第三章至第七章具体的我国发展中不协调问题的以下三个社科理论进行重点论述，其他社科理论和社科研究成果参见具体章节中的内容。这三个社科理论是：由不平衡、不协调到趋于平衡、协调的经济社会发展理论，解释经济建设和社会建设发展不协调问题的理论，网络技术的价值二重性理论。

二 由不平衡、不协调到趋于平衡、协调的经济社会发展理论

（一）该理论对经济社会由不协调到协调发展趋势的解释

由不平衡、不协调到趋于平衡、协调的经济社会发展理论，是从库兹涅茨倒 U 学说和对其予以解释的二元经济发展理论、部门不平衡发展理论和地区不平衡发展理论中归纳得出的，主要含义就是：如同很多发达国家所走过的道路一样，发展中国家由传统农业社会向工业社会转变的过程中，会出现从前期城乡、区域、产业等发展的不平衡、不协调，到中期的趋于平衡、协调，再到后期的基本平衡与协调的发展规律。需要指出的是，由于出现过中国台湾等少数地区和一些国家的反例情况，这一发展规律是否适用于我国或其他一些发展中国家和地区还存在争议。

库兹涅茨倒 U 学说是由俄裔美国著名经济学家、1971 年诺贝尔经济学奖获得者库兹涅茨于 1955 年提出的。该学说提出："收入分配不平等的长期趋势可以假设为：在前工业文明向工业文明过渡的经济增长早期阶段迅速扩大，尔后是短暂的稳定，然后在增长的后期逐渐缩小。"[1]

综合三个理论，即二元经济发展理论、部门不平衡发展理论和地区不平衡发展理论[2]，可以得出一个理论，即城乡、部门和地区发展的不平衡理论，该理论是收入分配差距扩大和趋于平衡发展趋势的原因。但是该理论也有其弊端，也就是在工业部门、主导部门和发达地区内部也存在收入分

---

[1]　Kuznets, "Economic Growth and Inequality," *American Economic Review* 1（1955）：18.

[2]　郭熙保：《从发展经济学观点看待库兹涅茨假说——兼论中国收入不平等扩大的原因》，《管理世界》2002 年第 3 期。

配不平等问题。比如，企业高层收入和工人收入的差距会高达几十倍，而且"二八"现象主要存在于工业部门、主导部门和发达地区内部之中。所以，笔者认为，城乡、部门和地区发展的不平衡理论能解释城乡之间、部门之间和地区之间的发展从不平衡到趋于平衡的发展规律，但是无法解释城乡、部门和地区内部的分配不均问题。

库兹涅茨倒 U 学说是关于发展中国家在工业化过程中经济发展而收入分配差距由扩大到平稳再到缩小的发展规律假说。这一假说是从发达国家的经济社会发展历程中归纳出来的，这一假说是否适用于发展中国家和地区还存在争议，特别是我国台湾地区在 20 世纪 50 年代到 70 年代出现了公平增长的情况，基尼系数从 50 年代的 0.5 到 70 年代末期的 0.27[1]，使这一争议一直持续至今。就中国目前贫富分化加剧的情况，既有城乡、部门和地区发展的不平衡理论为此提供理论依据，认为是符合库兹涅茨倒 U 学说的解释[2]，又有观点认为权力经济（主要指权力寻租）、非法经营（主要包括伪劣假冒、坑蒙拐骗、走私贩毒、行贿逃税等）等情况是中国贫富分化加剧的主要成因[3]。而笔者认为，根据马克思主义哲学关于生产力与生产关系相互关系的理论，科技生产力是一个活跃因素，而生产关系领域的分配机制调控具有相对的滞后性，这样就使得收入分配不平等向平等的调控和转化要经历一个过程，而且这个过程与政府处理科技、经济发展与贫富分化加重问题方面的能力相关。我国台湾地区在 20 世纪 50 年代到 70 年代出现了公平增长的情况，基尼系数从 50 年代的 0.5 降到 70 年代末期的 0.27，表明台湾较之其他三小龙（韩国、新加坡和中国香港），在处理科技、经济发展与贫富分化问题加重方面的能力较强。

总之，当前经济发展和民生发展的不协调状况是存在的，既有合理合法的科技创新、市场公平竞争等因素，又有不合理不合法的权力经济、非法经营等因素。通过加强依法治理，消除不合理不合法的因素，保留合理

---

① Feietal, *Growth with Equity*: *the Taiwan Case*, Oxford University Press, 1979, p. 35, 转引自纪玉山《库兹涅茨倒 U 理论质疑》，《社会科学战线》1997 年第 3 期。

② 郭熙保：《从发展经济学观点看待库兹涅茨假说——兼论中国收入不平等扩大的原因》，《管理世界》2002 年第 3 期。

③ 纪玉山：《库兹涅茨倒 U 理论质疑》，《社会科学战线》1997 年第 3 期。

合法的因素，才能显示中国基尼系数的实际情况，也才能判断库兹涅茨倒 U 学说是适用于还是不适用于中国。

就笔者的分析来看，城乡二元结构的存在，使农业劳动生产率低于工业和服务业；区域发展不平衡，使中西部地区劳动生产率低于东部地区；产业发展不平衡，使原材料、重化工等传统产业的劳动生产率低于信息业、先进制造业、金融业等主导产业。这些情况造成了城乡发展、区域发展的不平衡、不协调问题。根据瑞典经济学家、诺贝尔经济学奖获得者冈纳·缪尔达尔提出的地区不平衡发展理论，发达地区发展到一定阶段后，会出现生产成本、生活成本升高和资本收益率降低的情况，促使人才、资金向生产成本、生活成本较低的不发达地区流动，使不发达地区也得到发展，最后出现区域经济发展由不平衡到平衡的发展趋势或发展规律。这一理论，为解决城乡、区域发展不平衡、不协调问题提供了理论依据和解决思路。我国农村地区、中西部地区、东北地区等经济相对落后地区，要借助生产成本、生活成本较低的优势，改善营商环境，吸引资金、人才等发展要素，争取尽快走上振兴之路，缩小和东部地区的差距，最后步入经济社会协调发展的社会主义和谐社会。

（二）该理论新解及其对经济社会由不协调到协调发展趋势的新解释

根据卢梭关于人类不平等起源的学说，科技的进步在提高社会生产力的同时也会导致贫富分化，这是人类从自由平等的原始社会进入不平等的奴隶社会的主要成因，也是前工业社会进入工业社会、工业社会进入后工业社会（信息社会）、收入分配出现不平等的主要成因。库兹涅茨的倒 U 学说提出，前工业社会进入工业社会，收入分配会出现不平等，但不平等在步入拐点之后会逐步缩小，呈现倒 U 型发展趋势，该学说还认为科技进步促使新兴行业出现对传统富裕阶层有瓦解作用。综合上述两者的观点来看，基于科技进步的先进生产力的拥有者会取得优势地位，社会会重新洗牌，原来的平等状态或者不平等状态都会被打破，会产生新的不平等状态。社会低层次发展阶段的相对平等状态会被科技进步所打破，进入高级阶段的不平等，不过社会底层民众的社会福利水平和生活水平较之低层次发展阶段是有所提高的，这就是历史发展的辩证过程。人为地压制不平等，社会缺乏积极性，整体发展会受阻；人为地放任竞争而导致贫富分化过于严重，社会合作水平过低以至于社会动荡，社会发展也会受阻。所以，只有平衡效率（基于科技创新、管理创新等的合法竞争）和分配公平的关系，社会才会在相对公正、稳定的状态下较快发展。根据马克思主义所提出的螺旋上升式的历史发展规律，库兹涅茨倒 U 理论应该理解为，经济发展和贫富差距逐步缩小的社会低层次的发展阶段（图 2-2 中 C1 阶段和 D1 阶段的发展进程），会在科技进步和生产力发展的推动下逐步被打破，进入下一轮的倒 U 发展模式，即进入高层次的社会发展阶段，表现为不平等逐步加剧的新一轮社会发展过程（图 2-2 中 A2 阶段和 B2 阶段的发展进程）。可以这样理解，图 2-2 中 A1 到 D1 的发展阶段对应于前工业社会进入工业社会的相对低层次的社会发展阶段，A2 到 D2 的发展阶段对应于工业社会进入后工业社会（信息社会）的相对高层次的社会发展阶段。

美国作为世界上经济发展水平最高的国家，其贫富差距从基尼系数来看是偏高的，为 0.45[①]。从笔者的上述观点来看，美国进入了一个更高层次的收入不平等状态（图 2-2 的 B2 阶段）。原因有两个方面：一是美国为市场公平自由竞争提供了较好的法治环境，科技创新能够有力促进经济增长，而基于科技创新所带来的优势竞争地位会带来收入不平等的状态；二是美国较之欧洲（特别是北欧）一些国家，没有对科技创新企业征收较高的税，也没有在社会福利方面投入过多资金，采用偏重发展效率而不是偏重民生公平的经济社会发展政策。

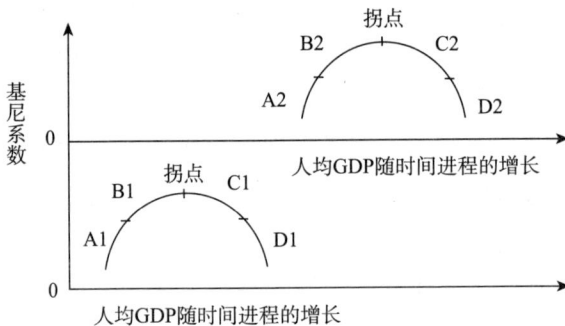

图 2-2　由社会低层次发展阶段进入高层次发展阶段的倒 U 曲线

---

① 《中美两国的基尼系数"一般黑"》，360doc 个人图书馆，http://www.360doc.com/content/11/0428/18/404696_112983358.shtml，最后访问日期：2017 年 5 月 9 日。

评价美国社会的公平性，不仅要着眼于其在高层次发展阶段的收入不平等状态，还要从低收入人群的社会福利水平是否高于低层次发展阶段来看，较之美国以前的低层次发展阶段（图2-2的D1阶段和A2阶段），现在高层次发展阶段（图2-2的B2阶段）的美国低收入人群的社会福利水平肯定是提高了。此外，从国与国的比较来看，如果中国属于低层次发展阶段（图2-2的B1阶段），美国低收入人群的社会福利水平高于我国，即使其基尼系数比我国还高（中国是0.41），也表明美国的社会建设或民生建设要好于像我国这样的处于低层次发展阶段的国家。所以，不能仅根据基尼系数一个指标来评价一个社会的公平性，还需要从社会发展是否处于更高阶段和社会低收入人群的实际福利水平是否提高来衡量。

信息网络技术的发展以及在产业中的广泛应用引发了一场新的技术革命和产业革命，信息网络技术具有改造传统产业和催生新兴产业的作用。在市场竞争环境下，运用信息网络技术改造传统产业的部门或企业和新兴产业获得竞争优势的部门或企业较之处于竞争劣势的部门或企业，财富收入方面的差距肯定会拉大。如果政府过多干预，利用行政手段使优势部门或企业得不到发展，会影响发展的效率和速度，新东北现象可能就是政府过多干预的结果。传统产业没有通过信息技术的改造而产生竞争力，新兴产业和国内外其他企业竞争也缺乏优势，这体现了生产关系对生产力的阻碍作用。政府营造自由平等的市场竞争环境，信息网络技术会带动产业发展，竞争会使贫富分化加剧，但是这是社会高层次发展阶段的贫富分化加剧，这要好于贫富分化比较严重和不太严重的社会低层次发展阶段。举例来说，图2-2中，B2阶段要好于C1阶段和D1阶段。社会高层次发展阶段的贫富分化加剧（图2-2中A2阶段向B2阶段的发展进程），通过资金、技术等生产要素从资本收益率逐步降低的发达地区向资本收益率较高的不发达地区转移也可以缩小社会高层次发展阶段贫富之间的差距（图2-2中B2阶段向C2阶段的发展进程）。此外，通过政府的调控会增加公共福利和公共服务水平（比如加大"互联网+"民生方面的投入），贫富分化加剧情况会被逐步削弱（图2-2中C2阶段向D2阶段的发展进程）。在效率和公平的关系能够得到较好处理的情况下，图2-2中B2阶段进入C2阶段以及C2阶段进入D2阶段的步伐就会加快，社会高层次发展阶段中的贫富差距逐步缩小（图2-2中的C2阶段）、平等协调与和谐共享阶段（图2-2中的D2阶段）就会早日到来。

（三）该理论对物质文明和精神文明发展不协调问题的解释

就笔者根据马克思主义哲学关于生产力与生产关系相互关系理论对库兹涅茨倒U学说的解释来看，人们借助科技进步促进生产力的发展，正如物质财富的增长与环境污染相伴而生，精神财富的增长也会与道德滑坡、违法犯罪相伴而生。

人们通过科学技术创新及其在生产上的应用提高生产力之时，由于认识能力的局限性，对于科学技术的应用对生态环境和人文环境的负面影响往往缺乏预见性，即使有预见性，也往往倾向于经济利益而放任环境污染和科技成果的不当应用。科技发展促进经济发展，而科技不当应用所带来的伦理失范、违法犯罪由于在社会关系层面的伦理防控和法律防控的滞后性，伦理失范与违法犯罪事件会在一段时期内出现上升的趋势。随着时间的推移，科技的负面影响逐渐被人们所认识，人们的伦理防控和法律防控水平得以提升，科技不当应用所带来的伦理失范与违法犯罪事件的数量经过一段时间的平稳期后会出现下降的趋势，而此时科技应用所带来的财富增长程度较之前也有所下降。比如，媒体技术的创新与运用曾使盗版率大幅上升，经过一段时间的治理后，又呈平稳以至逐步下降的趋势，而此时媒体技术所带来的财富增长程度较之前也有所下降。网络技术被称作第四媒体，网络盗版率伴随法律治理能力的提升，现在呈现下降趋势。综上所述，如果把精神文明界定在科技不当应用所导致的伦理失范和违法犯罪这样一个较小的范围之内，科技进步所带来的物质财富增长趋势和科技不当应用所带来的伦理失范与违法犯罪的增长趋势大致符合倒U曲线所描述的发展规律，即物质财富加速增长的同时，由于社会对技术负面影响的治理能力相对滞后，伦理失范与违法犯罪也呈加速增长的趋势（类似于图2-2中A1到B1、A2到B2的发展趋势）；物质财富减速增长的同时，由于社会对技术负面影响的治理能力逐步提升，伦理失范与违法犯罪也呈减速增长的趋势（类似于图2-2中C1到D1、C2到D2的发展趋势）。

在上文中笔者对"由不平衡、不协调到趋于平衡、协调的经济社会发展理论"进行了新的解读，提出社会低层次发展阶段中的经济社会平衡发展阶段（比如图 2－2 中的 D1 阶段），社会低收入人群的福利水平要低于社会高层次发展阶段中的经济社会不平衡发展阶段（比如图 2－2 中的 B2 阶段）的观点。根据这一观点，在社会高层次发展阶段，即使伦理失范与违法犯罪行为呈上升趋势，但是社会低收入人群的精神产品消费水平也会高于社会低层次发展阶段中低收入人群的精神产品消费水平。比如，人类进入网络时代时间不长而且网络技术发展较快，由于社会对网络技术负面影响的治理能力相对于网络技术的创新和应用较滞后，网络伦理失范和网络违法犯罪呈上升趋势。不过，社会低收入人群的（数字）精神文化产品消费水平肯定还是高于前网络时代低收入人群的精神文化产品消费水平的。（数字）精神文化产品的复制成本很低、网络具有平民性、网络信息具有很高的共享性等，都会使（数字）精神文化产品的消费成本大幅降低甚至是零成本。比如，社会低收入人群在网上可以免费欣赏很多影视、音乐、文字等方面的作品，而且由于网络的互动性，还可以发表评论和参与作品的再创作，而如此丰富的文化消费在前网络时代是无论如何也做不到的。

总之，随着社会治理能力的逐步提升，物质文明和精神文明的发展具有由不平衡、不协调到趋于平衡、协调的发展趋势。人的主体能动性在于缩短不平衡、不协调阶段到趋于平衡、协调阶段的时间间隔，而主要的手段在于加强对科技创新与应用所带来负面影响的伦理防控和法律防控的能力和水平。

三 解释经济建设和社会建设发展不协调问题的理论

对于我国的经济建设和社会建设发展不协调的问题，国内有的学者借鉴国外学者提出的财政分权理论来解释我国改革开放以来经济建设高速发展而社会建设发展相对滞后的现象或经济社会发展不协调问题[1]，还有的学者借鉴国外学者提出的锦标赛激励机制提出了晋升锦标赛理论来解释上述现象或问题[2]。在这些研究成果基础上，国内有学者运用经济上的财政分权

---

[1] G. Montinola, Yingyi Qian and Berry Weingast, "Federalism, Chinese Style: the Political Basis for Economic Success in China," *World Politics* 48 (1995): 50－81；黄国平：《财政分权理论对中国经济与社会发展失衡的解释及反思》，《理论月刊》2013 年第 2 期。

[2] 周黎安：《中国地方官员的晋升锦标赛模式研究》，《经济研究》2007 年第 7 期。

与政府间竞争①，分析了上述经济社会发展不协调问题的成因。笔者认可以经济上的财政分权与政府间竞争为分析工具的观点，认为经济上的财政分权，加上以经济建设为主要指标的晋升锦标赛体制，是我国改革开放以来经济高速发展的动力来源，同时认为这种模式不仅为以经济建设为主要指标的晋升锦标赛体制提供了支持，而且也削弱了民众基于选举（"用手投票"）和迁徙（"用脚投票"）来推动以民生建设为主要内容的社会建设的影响力，从而导致经济建设一条腿长而社会建设一条腿短的发展不协调问题的出现。

（一）西方财政分权理论

1956年，美国学者蒂布特（C. Tiebout）发表的《地方支出的纯理论》标志着财政分权理论的兴起。20世纪90年代之前的发展阶段，被称作第一代财政分权理论；20世纪90年代以后，在对第一代财政分权理论批判完善的基础上，又产生了第二代财政分权理论。

第一代财政分权理论代表人物马斯格雷夫（Richard Abel Musgrave）将财政职能划分为资源配置、收入分配和经济稳定三项职能。一般认为，经济稳定由中央政府承担；收入分配职能主要由中央政府承担，地方政府承担补充责任；资源配置职能主要由地方政府承担。②

较之中央政府，地方政府对本地方的情况更为了解，中央赋予其使用财政资源提供公共服务产品，有利于提高公共服务水平。在西方发达国家，公民有权通过选举决定地方官员的任免，因此"用手投票"可以影响地方官员关心以民生建设为主要内容的社会建设；公民在辖区间也有权自由流动，可以迁徙到公共服务好的地区，即"用脚投票"来督促地方官员重视社会建设。所以，财政分权制度，特别是其中的资源配置职能主要由地方政府承担，在"用手投票"和"用脚投票"的压力下，有利于不同地区政府之间展开竞争，通过提高社会服务水平来留住或吸引资金、人才等经济社会发展要素促进本地区的发展。由此可见，在西方发达国家，地方政府

---

① 于长革：《财政分权、政府间竞争与经济社会发展失衡》，《地方财政研究》2010年第8期。
② 黄国平：《财政分权理论对中国经济与社会发展失衡的解释及反思》，《理论月刊》2013年第2期。

的主要职能是提供民生服务产品，而财政分权制度和民主制度相结合有利于促进地方政府通过竞争来改善民生服务的水平。

（二）中国式的财政分权理论与晋升锦标赛理论

我国的国情不同于西方，属于经济上的财政分权与政府间竞争①，基于此来解释我国经济建设快速发展而社会建设相对滞后的现象或经济社会发展不协调问题，可以称作中国式的财政分权理论。

改革开放以后，我国进行了财政分权制度的改革，地方政府主要承担了发展地方经济的职能，而本应着重承担的地方教育、医疗、就业、环境保护、社会保障等社会建设职能则处于次要地位。在西方发达国家，财政分权制度具有促进社会建设的作用；而我国的财政分权制度，其作用则是在促进经济高速发展的同时，出现了社会建设相对滞后的发展不协调问题。这是因为，经济上财政分权使地方政府有了发展地方经济的职权、职责，也有了发展的积极性，这使我国自改革开放以来的经济高速发展一直持续了30多年。而在中国的政治体制下，地方政府官员是由上级政府部门任命的，地方居民无法通过选举（即"用手投票"）来督促地方政府提高民生建设水平，加之我国的户籍制度限制了居民在辖区间自由流动，居民通过迁徙（即"用脚投票"）来督促地方政府提高民生建设水平的影响力也很小，所以，以民生建设为主要内容的社会建设水平相对于经济建设就出现了滞后的情况，也就是出现了经济建设这条腿长、社会建设这条腿短的发展不协调问题。

我国学者周黎安虽然认同财政分权体制是激励地方政府行为的一个重要动力，但是他认为以 GDP 增长率为主要考核指标的晋升锦标赛体制是激励我国地方政府发展经济行为的更为重要的动力，并且认为这一体制的负面影响就是社会建设发展的滞后问题。② 根据周黎安的上述观点，笔者认为，需要将中国式财政分权体制与以 GDP 增长率为主要考核指标的晋升锦标赛体制（也可称作晋升锦标赛理论）相结合，才能更加全面地说明改革开放以来中国经济高速增长及其负面影响问题。负面影响主要包括：增长方式重数量轻质量，科技创新水平较低，产业结构不合理；资源环境负担

① 于长革：《财政分权、政府间竞争与经济社会发展失衡》，《地方财政研究》2010 年第 8 期。
② 周黎安：《中国地方官员的晋升锦标赛模式研究》，《经济研究》2007 年第 7 期。

过重，可持续发展能力不强；区域经济社会发展不平衡；城乡二元结构有加剧趋势；经济社会发展不协调等。

（三）过度重视经济建设的发展理论及五大发展理念

根据中国式财政分权体制，笔者认为，重经济建设而轻社会建设的发展模式是我国经济社会发展不协调问题的根本原因。

我国是还未进入后工业化时代的社会主义国家，以经济建设为中心的发展观，会产生重经济建设而轻社会建设的发展模式。社会公众，特别是政府官员，即使认识到需要通过五大发展理念来克服过度重视经济建设的发展模式，但过度重视经济建设的发展模式具有很强的维护性，再加上惧怕被撤职、被免职、失去晋升机会、受到惩罚、被孤立等不利后果，往往不敢公开将自己的观点发表出来。在过度重视经济建设发展模式的情况下，经济发展指标就会成为晋升锦标赛考核指标的主要指标，环境保护、收入公平、教育、医疗、社会保障等社会或民生指标则会相应地处于从属地位，经济社会的发展不协调问题就在这种过度重视经济建设的发展模式中自然产生了。

在认真听取和研究社会各界对经济社会发展不协调问题所提出的方方面面意见的基础上，党的十八届五中全会认识到经济社会的发展不协调问题将会带来严重的后果，也就是自然环境被污染、社会不稳定，经济建设由于失去自然和社会两方面的保障必将遭遇重创，因此适时提出了五大发展理念。笔者认为，五大发展理念能够克服过度重视经济建设的发展模式所带来的弊端，预计经过一段时间的不懈努力，我国经济社会的发展会逐步进入协调、平衡的发展模式之中。

四 网络技术的价值二重性理论

科学技术是把双刃剑，具有价值二重性的表现，在古代就被人们所认识和论述。孔子作为教育家，他的教育内容"六艺"中的"数"相当于现代的自然科学知识，"书"相当于现代的社会科学知识，"御"和"射"相当于现代的实用技术和军事技术，表明孔子十分重视科技的正向价值，并将科学技术知识纳入自己的教育内容之中。而同一时期的老子则认为"民多利器，国家滋昏；人多技巧，奇物滋起"，论述了技术的负向价值。近代许多哲学家都在大谈科学技术的正向价值时，卢梭则认为："我们发现，随着科学的光辉升起在地平线上，我们的道德便黯然失色了。这种现象，在各个时代和各个地方都可看到。"① 现代社会，科技的价值二重性表现更为明显，人们更加关注科技的价值二重性问题，很多思想家都论述了科学技术的价值二重性问题，出现了比较系统的科技价值二重性理论。比如法兰克福学派思想家、后现代主义思想家等，对科技价值二重性理论做了比较系统的论述，大体的研究内容包括科技价值二重性的表象、原因分析和管控对策这三大部分。网络时代的到来，信息网络技术在人类的生产、生活中被广泛应用，也产生了价值二重性现象，分析其原因并据此提出管控对策也会产生网络技术的价值二重性理论。②

本研究中的一些章节，研究城乡发展不协调问题，研究物质文明和精神文明发展不协调问题，研究经济建设和社会建设发展不协调问题（主要是经济建设和环境保护的不协调问题），研究网络经济发展与网络安全建设不协调问题，都涉及人们利用科学技术在从事物质文明建设或经济建设力图实现科技的正向价值之时，科技的负向价值，诸如"数字鸿沟"问题及道德滑坡、环境污染、网络安全问题等相伴而生。需要借助科技价值二重性理论特别是网络技术的价值二重性理论来研究科技价值的二重性表象，分析其产生的原因（体现为社科理论或其他社科研究成果），并据此提出相应的管控对策（体现为社会技术体系）。

笔者认为，网络技术价值二重性产生的原因包括网络技术本身的原因（客体原因）和网络技术主体本身的原因（主体原因）。前者属于生产力层面的原因，因为科技属于生产力而且是第一生产力；后者属于生产关系方面的原因，因为需要运用政策、伦理、法律等手段来协调网络技术主体利益和公共利益的关系问题。下面就从网络技术价值二重性产生的客体原因及负向价值的应对策略，以及主体原因及负向价值的应对策略两个方面来探讨一下网络技术价值二重性理论的主要内容。

---

① 〔法〕卢梭：《论科学与艺术的复兴是否有助于使风俗日趋纯朴》，李平沤译，商务印书馆，2011，第 14 页。

② 笔者在借鉴其他学者在网络技术价值二重性理论的已有研究成果的基础上，也探讨了网络技术价值二重性理论的主要内容，即网络技术价值二重性的表象、产生原因和消解对策。参见毛牧然、陈凡《论网络技术的价值二重性》，中国社会科学出版社，2008。

（一） 网络技术价值二重性产生的客体原因及其应对策略

1. 网络技术价值二重性产生的客体原因

第一，网络技术应用对自然生态环境的正负向影响。

人类由于认识能力和实践能力的局限性，目前还无法模仿自然界构建循环经济的体系，科技产品应用后所产生的废弃物还难以在下一个环节被完全应用，科技应用对自然生态环境的负面影响难以全面克服，而且在有些地区或领域还呈加重趋势。

较之传统资源能耗较高的产业，比如冶金、石化等，网络产业属于资源能耗较低的产业，特别是网络文化产业更是资源能耗很低的绿色产业，这是网络技术应用在自然生态环境方面的正向价值体现。

虽然网络产业属于资源能耗较低的产业，网络信息也不可能污染生态环境，但是网络技术的广泛应用所产生的废弃网络硬件设备对自然生态环境必然会造成负面影响。"电子产品更新周期越来越短，世界各国每年被淘汰的电脑、电视机等已成为电子垃圾，达到上千万吨，并且电子垃圾产出以大大高于其他生活垃圾产出的速度在快速增长。"[①] 电子垃圾现已成为固体废物中最大的重金属污染源。这表明网络技术的应用在自然生态环境方面也会有负向价值的实现。

第二，网络媒体的特性。

网络媒体是继报刊、广播、电视之后出现的第四媒体。较之传统媒体，网络媒体传播具有开放性、交互性、即时性、全球性、无中心性、虚拟性等特点。这些特点在文化建设、经济建设、社会建设、政治建设等方面既会带来正向的效应，也会带来负面的效应。

在文化建设或精神文明建设领域，网络媒体的上述特点，既有利于网络文化产业的发展，也会有利于网络有害信息的传播。网络舆论在社会主义核心价值观宣教方面，既有利于符合社会主义核心价值观所倡导精神的网络舆论主流意见的传播和发挥正向的社会影响力，也会有利于不符合社会主义核心价值观所倡导精神的网络舆论主流意见的传播和发挥负向的社会影响力。

---

① 张旭明：《冲出电子垃圾之"困"——国外电子垃圾处理政策及启示》，《中国计算机用户》2004 年第 20 期。

在经济建设、社会建设、政治建设等方面，网络媒体的上述特点，既可以助力网络言论、网络知识产权信息、网络个人信息在经济建设、社会建设、政治建设等方面发挥积极的作用，也使得网络谣言、网络知识产权侵权、网络个人信息侵权的破坏力较之前网络时代更为严重，而且更加难以防控和治理。

第三，信息化水平的高低。

城乡发展不协调问题，从信息网络技术的创新和应用水平来看，就是城乡之间的"数字鸿沟"问题。导致城乡"数字鸿沟"问题的原因有很多，最主要的原因就是城乡经济发展水平的差距，这一差距决定了城乡在信息化水平方面的差距，具体表现在网络基础设施建设、研发投入、网络设备的应用能力等方面。城市在网络基础设施建设、研发投入、网络设备的应用能力等方面的水平高，信息化带动工业化的水平高，劳动生产率高，城市居民的收入和福利待遇就高；农村在网络基础设施建设、研发投入、网络设备的应用能力等方面的水平低，信息化带动现代农业的水平低，劳动生产率低，农村居民的收入和福利待遇也就会低于城市。

2. 针对客体原因的网络技术负向价值的应对策略

第一，应对网络技术应用对自然生态环境负面影响的各种手段。

针对网络技术应用对自然生态环境的负面影响，可以通过技术手段、法律手段和伦理手段来解决。技术手段包括：通过绿色技术创新尽量减少网络硬件设备中有毒有害物质的含量，回收再利用废弃的网络硬件设备，利用"互联网＋"提高废弃网络硬件设备的回收利用能力，利用"互联网＋"提高废弃网络硬件设备的在线交易水平等。法律手段包括：借鉴发达国家立法经验，修改完善我国《废弃电器电子产品回收处理管理条例》，将利用"互联网＋"提高废弃网络硬件设备的回收利用能力、利用"互联网＋"提高废弃网络硬件设备的在线交易水平等内容纳入该条例或该条例的实施细则之中。伦理手段包括：利用网络媒体和传统媒体的互动机制，提升正规电子垃圾回收处理企业的责任意识，提升广大社会公众应对电子垃圾危害的环保意识。

第二，针对网络媒体的特性采取技术方法应对各类问题。

对于网络有害信息问题，需要采取技术方法加以应对，当前网络内容过滤技术是网络有害信息过滤的主要手段，需要通过人工智能技术的不断创新和发展来提高过滤的质量。对于负面网络舆论问题，目前主要通过设置关键字的技术手段对信息进行过滤和筛选，屏蔽或删除一些违法的舆论信息，正在研发的是"自然语言理解"软件技术，该技术可以提高信息筛选的精确性。对于经济建设、社会建设、政治建设等领域的网络安全问题，需要运用各种网络安全技术来应对这些领域中的网络安全问题，传统的技术数据加密技术、数字签名技术、漏洞扫描技术、识别与认证技术、访问控制技术、VPN 技术和防火墙技术等，新近研发的技术有入侵检测技术、入侵容忍技术、云安全技术等。

第三，应对农村信息化水平较低的社会工程。

针对信息化水平较低而出现的城乡之间的"数字鸿沟"问题，需要构建和实施一个应对城乡数字鸿沟的网络社会工程来应对。这一网络社会工程中的社会技术体系由以下具体社会技术构成：一是大力实施工业现代化和农业现代化的协调发展战略，二是实施提升农村教育水平和农村居民文化程度的战略措施，三是制定并实施政策、法规、机制、标准等方面的社会技术。

（二）网络技术价值二重性产生的主体原因及其应对策略

1. 网络技术价值二重性产生的主体原因

"互联网＋"应用于经济社会建设，根据科技价值二重性理论，会产生正负向价值。人们在应用互联网技术促进经济社会发展时，追求的是其相对自身而言的正向价值，对于可预见的负向价值，有的主体会想办法削弱其负面影响，而有的主体为了自身利益而放任负向价值的危害。比如为了使网络游戏对玩家有吸引力而放任其中色情、暴力信息的存在，从而产生网络有害信息对社会的负面影响。而不可预见的负向价值，人们只能在其负面影响显现时，才有可能想办法解决。

举例来说，2017 年 5 月 12 日开始，一个名为 Wanna Crypt（永恒之蓝）的勒索蠕虫在短短的一天时间内就攻击了近百个国家的超过 10 万家的企业和公共组织，我国被感染的组织和机构几乎覆盖了所有地区，影响范围遍布高校、火车站、自助终端、邮政、加油站、医院、政府办事终端等领域。[①] 而这

---

① 《国内近 3 万机构感染勒索病毒》，《沈阳晚报》2017 年 5 月 15 日。

个蠕虫病毒据以发动攻击的技术薄弱环节就是微软"视窗"操作系统 445 端口的漏洞，对一些部门属于可预见的技术负向价值问题，而对另一些部门则属于不可预见的技术负向价值问题。前者在 2017 年 4 月封掉了 445 端口，没有遭受攻击，而后者则遭受了攻击，只能在遭受攻击后，想办法解决文件被加密的问题（这一网络安全问题属于网络社会安全问题）。微软"视窗"操作系统存在漏洞，说明人类认识能力、实践能力的局限性，技术人工物在给人类带来符合其价值取向的正向价值时，往往会带来可预见和不可预见的负向价值。对不可预见的负向价值，只有当此种负向价值逐步显现并被人们认识到之后（比如上例微软"视窗"操作系统中存在的漏洞，是在一段时间后才被人们发现的），人们才会通过科技创新等手段尽量管控此类负向价值。对可预见的负向价值，比如针对网络游戏软件中的色情、暴力信息危害社会问题，有的主体能够根据道德、法律的要求予以删除、修改，协调经济利益和社会利益、网络经济发展和网络安全、物质文明建设和精神文明建设的关系；而有的主体，片面追求网游所带来的个体或小集体利益，而放任网游中有害信息对社会公共利益的损害；又如网络硬件设备生产者、销售者，为了片面追求经济利益，而不履行回收废弃网络硬件设备的法定义务，放任电子垃圾对环境的污染，致使网络技术的生态负向价值产生。

综上所述，网络技术的负向价值产生的主体性原因主要有两个方面。一是人类认识能力、实践能力的局限性，对网络技术的负向价值无法预见，导致负向价值的产生。二是虽然人们对网络技术的负向价值有所预见，但是一方面网络技术本身必然会带来负向价值，只能尽量减小其负向价值，而不能彻底根除；另一方面基于失当的价值观和个人、小集体利益而放任负向价值的危害，不予管控，从而导致负向价值的产生。

2. 针对主体原因的网络技术负向价值的应对策略

对于不可预见的网络技术负向价值，可以通过技术评估的办法尽量缩短不可预见的期限，包括我国在内的很多国家都建立了技术评估机构，来研究、解决技术可能带来的社会影响问题。技术评估主要包括觉察性技术评估和建构性技术评估两种。觉察性技术评估的目的在于预测新技术对社会、自然生态等可能产生的近期或远期的影响；建构性技术评估是在政府主导下发挥民主参与的作用，通过对技术创新过程的社会建构来尽量减少对技术负向价值的试错成本。觉察性技术评估和建构性技术评估都有其不足之处，需要在实践中不断改进，才会发挥更大的作用。

对于虽然有所预见但是又无法避免出现的网络技术负向价值，需要通过绿色科技创新，使网络技术正向价值充分实现的同时负向价值得到尽量管控，也可以说是走一条经济指标（正向价值充分实现）和环境、社会指标（环境危害和社会危害降至最小）兼顾的绿色科技创新之路。

对于虽然有所预见但是基于失当价值观而产生的网络技术负向价值，需要通过伦理规范和法律规范的方法来应对。比如，上文提到的网络游戏中的有害信息对公共利益的损害问题、废弃网络硬件设备对自然生态环境的污染问题，都可以通过伦理规范和法律规范的手段来予以应对和尽量管控。

第五节　相关社会技术体系

根据前文可知，社会技术主要处于方法论的层面，所以，需要在遵循社会运动规律的基础上提出社会技术体系，也就是需要以认识论为基础来研究方法论层面的社会技术问题。此外，结合本研究，还会发现：社会技术体系一般是由分层次的个别社会技术构成的，根据伦理方法和法律方法关系的理论可以针对网络技术负向价值提出伦理与法律协同防控的社会技术体系，根据自然技术和社会技术关系的理论可以在概述自然技术的基础上构建社会技术体系。

一　在遵循社会运动规律的基础上构建社会技术体系

如同自然工程一般都是在遵循自然运动规律的基础上借助各种自然技术的集成得以完成，社会工程也需要在遵循社会运动规律的基础上借助各种社会技术的集成才能完成。解决网络时代经济社会发展的不协调问题，需要遵循社会运动规律（一般体现为社科理论或社科研究成果对社会运动规律的揭示，但也不完全是这种情况。比如，经验形态的社会技术，虽然没有上升到理论高度，没有揭示出社会运动的规律，但是暗含社会运动规律，对构建社会技术体系也有借鉴意义），这体现了认识论研究成果对处于方法论层面的社会技术的指导作用。比如，要依据网络技术的价值二重性理论中对网络技术价值二重性产生主体原因方面的认识成果，提出相应的应对策略，具体包括技术评估、绿色科技创新、伦理规范和法律规范协同防控等应对策略，这些应对策略都属于社会技术，它们构成了社会技术的体系。本研究在构建具体的解决我国发展中不协调问题的社会工程时，都是在遵循社会运动规律的基础上提出社会技术体系的，本研究中探讨社会运动规律的社科研究成果前文已有概述。

二 社会技术体系一般是由分层次的个别社会技术构成的

解决具体某个我国发展中不协调问题的社会工程，其中的社会技术体系一般是由分层次的个别社会技术构成的。社会技术从宏观、中观、微观角度可以分为宏观层面的理念、战略体系、战略，中观层面的制度体系、具体战略、指导原则、方针、政策和微观层面的具体制度、具体措施、伦理规范、法律规范等。举例来说，第三章第三节"破解'新东北现象'的社会技术体系"包括四项宏观层面的社会技术：利用"互联网＋"对传统优势产业升级改造，发展新兴产业；改善民生环境，推进人才振兴东北工程；摆正政府与企业的关系，发挥企业的主动性和能动性；改革政府管理体制，营造良好的营商环境。在改善民生环境，推进人才振兴东北战略的宏观战略体系中包括三项宏观战略，它们是：借鉴罗尔斯的理论，提出改善民生环境的宏观战略；营造有利于创新型人才成长的社会环境、人才培养环境；借鉴先进地区的人才保障措施，出台和完善辽宁省的人才保障措施。三项宏观战略又由若干低层次的社会技术，诸如原则、策略、措施等做支撑，以保证各个宏观战略得到具体落实。构建网络个人信息保护的社会技术体系是由若干宏观层面的社会技术组成的，其中之一的社会技术"在伦理理论和伦理原则指导下构建网络个人信息保护的法律体系"属于宏观层面的战略，而《个人信息保护法》的总则部分属于中观层面的原则，《个人信息保护法》的分则部分的具体权利义务规范则属于微观层面的法律规范。宏观层面的战略指导中观层面原则的制定，而中观层面的原则又指导微观层面法律规范的制定。

三 针对网络技术负向价值提出伦理与法律协同防控的社会技术体系

网络技术负向价值的消极影响是我国发展中不协调问题出现的主要原因之一，伦理手段和法律手段是两类主要的解决网络技术负向价值消极影响的社会技术。伦理手段和法律手段在解决网络技术负向价值消极影响方面，各有优缺点，需要相互配合、取长补短，构建伦理与法律协同防控的社会技术体系，应对网络技术负向价值的消极影响①，进而有助于我国发展中不协调问题的解决。本研究主要在以下部分构建或运用了伦理与法律协同防控的社会技术体系：网络有害信息的伦理与法律协同规制对策、德法并用督促主流媒体（指传统媒体和依托传统新闻媒体建立起来的新闻网站）履行新闻媒体的社会责任、构建伦理与法律相互配合的个人信息保护模式、构建行业自律保护与法律保护相结合的个人信息保护模式、在伦理理论和伦理原则指导下构建网络个人信息保护的法律体系。

四 在概述自然技术的基础上构建社会技术体系

由于在人类适应、利用与改造环境满足自身需求的实践活动中，自然工程与社会工程、自然技术与社会技术是不可分割的结合体，研究应对我国发展不协调问题的网络社会工程、社会技术必然离不开自然工程和自然技术，所以作为社科研究成果，本研究有时是在概述自然技术的基础上构建社会技术体系的。比如，在概述自然技术手段解决网络有害信息危害社会问题的基础上，本研究着重探讨了综合运用伦理和法律方法来防控网络有害信息的危害问题，即构建了针对网络有害信息危害的伦理与法律协同防控的社会技术体系。

---

① 毛牧然：《网络技术负向价值及其成因与应对研究》，东北大学出版社，2017，第46页。

第三章　应对区域发展不协调问题的
网络社会工程

在上文已经提到，中部地区、西部地区和东北地区的经济社会发展都有较之东部地区的相对滞后性，而本研究主要关注东北地区的问题。本章在概述"新东北现象"主要表现的基础上，分析了"新东北现象"产生的原因，获取了规律性的认识成果，之后，在规律性认识成果的指导下，探讨了破解"新东北现象"的社会技术体系，进而构建起一个应对区域发展不协调问题（主要是应对东北地区发展滞后问题）的网络社会工程。应对区域发展不协调问题的网络社会工程不仅包括"互联网＋"方面的社会技术，还包括其他方面的社会技术，这是由于"新东北现象"产生的原因既有"互联网＋"方面的原因，也有其他方面的原因。

第一节　区域发展不协调的主要表现形式之一
——"新东北现象"

20 世纪 90 年代出现的"东北现象"和自 2014 年以来出现的"新东北现象"都体现为东北地区较之东部发达地区，在经济社会发展方面所产生的经济滑坡、居民就业章及社会福利水平较低的区域发展滞后问题。

一　何谓"新东北现象"

全面建成小康社会必须解决我国区域发展不协调问题。作为"共和国长子"的东北老工业基地，在 20 世纪 90 年代出现了经济滑坡，国有企业纷纷破产，工人大批失业下岗的"东北现象"。2003～2014 年，国家实施了第一轮振兴东北老工业基地战略，主要采取投资拉动的方式，依托能源工业和重工业的粗放式发展，使东北地区的经济取得了较快发展。"2008～2012年，东北地区经济增长率平均为 12.5%，高于全国平均水平 3.3 个百分点，尤其在 2008 年，东北地区 GDP 的增长速度更是高于全国各地区平均水平3.7 个百分点。"[①] 但这些成绩主要是通过投资驱动取得的，东北地区并没有走上依靠科技创新的振兴之路。在当前知识经济和可持续发展的新形势下，产品和服务要获得市场的青睐，"价廉物美"有了新的含义。"价廉"不是指无品牌的价格便宜的地摊货，而是指买方认为能够以较低价格买到知名品牌商品而感觉的"价廉"；"物美"不仅要求商品质量好，而且还要满足绿色环保等新的指标。此外，无形资产（如专利、软件著作权、商业秘密、品牌等）成为企业盈利和获得市场认可的主导因素。而新形势下，东北地区在通过科技创新、品牌战略升级改造传统优势产业，增强新兴产业的市场竞争力方面显然缺乏先见之明和取得优势的有效之举，加之外部需求减弱、国家固定资产投资放缓等因素的影响，2014 年以来，东北地区出现了"经济增速下滑明显""居民收入增长乏力""企业效益下滑明显""人口长期净流出"等问题，[②] 被称为"新东北现象"。

二 "新东北现象"在经济增速垫底方面的表现

自 2014 年第 1 季度开始，辽吉黑三省经济增速开始低于全国平均增速，并且区域内经济增速出现明显分化。根据国家统计局 2015 年 3 月份公布的数据，2015 年 1～2 月工业增加值同比增长 6.8%，有 12 个省份的工业增加值低于全国增速，东北三省均列其中，吉林为 5.1%，黑龙江仅为 0.8%，辽宁更是以 -4.5% 位列末席。[③] 辽宁经济形势最为复杂严峻，虽然经过一轮新的调整，但在 2016 年的前两个季度，经济增速度仍为负（-1.0%），远低于同期全国 6.7% 的平均增长水平，位居全国倒数第一。黑龙江和吉林

---

① 张天维：《辽宁应如何建设好营商环境》，《东北之窗》2016 年第 23 期。

② 贾立政、陈阳波、魏爱云等：《破解"新东北困局"——100 位著名专家为东北新兴支招（下）》，《人民论坛》2015 年第 31 期。

③ 张墨宁：《"新东北现象"预警中国经济》，《南风窗》2015 年第 10 期。

也不乐观，分别以 GDP 增速 5.7% 和 6.7% 位列倒数第三和倒数第五位。①

第二节 "新东北现象"产生的原因分析

本研究在中央文件和专家学者对"新东北现象"成因分析的基础上，总结出四个方面的原因并阐述了它们之间的关系，此外，还运用一些经济发展理论结合生产力和生产关系相互关系的理论进一步深入分析了"新东北现象"的成因。

一 中央文件和专家学者对"新东北现象"产生的原因分析

对于"新东北现象"产生的原因，中共中央、国务院在《关于全面振兴东北地区等老工业基地的若干意见》（中发〔2016〕7号）中指出了四个方面的原因：①市场化程度不高，国有企业活力仍然不足，民营经济发展不充分；②科技与经济发展融合不够，偏资源型、传统型、重化工型的产业结构和产品结构不适应市场变化，新兴产业发展偏慢；③资源枯竭、产业衰退、结构单一地区（城市）转型面临较多困难，社会保障和民生压力较大；④思想观念不够解放，基层地方党委和政府对经济发展新常态的适应引领能力有待进一步加强。

2015 年 8 月，人民论坛杂志社邀请国内外 100 余位著名专家学者，共同为"东北振兴"把脉开方、出谋划策。"面对着当下的'新东北困局'，专家们普遍认为原因是多方面的，产业结构不合理、国企改革推进缓慢、计划经济思维重是得票率最高的三项，分别为 76.4%、74.6% 和 67.3%"②。

二 本研究总结出的四个方面原因及其相互关系

综合中共中央、国务院在《关于全面振兴东北地区等老工业基地的若干意见》中分析的原因、国内外专家所分析的原因和笔者对该问题的认识，

---

① 张天维：《辽宁应如何建设好营商环境》，《东北之窗》2016 年第 23 期。
② 贾立政、陈阳波、魏爱云等：《破解"新东北困局"——100 位著名专家为东北新兴支招（下）》，《人民论坛》2015 年第 31 期。

认为"新东北现象"产生的原因主要源于以下四个方面。①思想观念保守。没有认识到或者虽然有所认识但没有顺应知识经济、绿色发展等新形势对地区经济、企业发展提出的新要求，固守偏资源型、传统型、重化工型的产业结构和产品结构，没有走绿色科技创新振兴东北经济之路。传统产业缺乏市场竞争力，新兴产业也发展偏慢，导致传统优势产业（制造业等）和新兴产业（主要指生产性服务业和其他现代服务业）都缺乏营利能力，而且资源环境负荷较大。②民生环境较差。表现为就业、收入、住房、医疗、教育、环境等民生问题因受经济低迷、高能耗式发展、陈旧而混乱的政府管理模式等因素的影响而没有得到有效解决，"居民收入增长乏力""企业效益下滑明显""人口长期净流出"等问题①难以吸引人才、留住人才。缺乏人才，科技创新、制度创新等方面自然比不上发达地区，这也是导致经济滑坡的主要原因之一。③没有摆正政府与企业、政府与市场的关系。没有按照市场经济规律安排经济活动，政府过分干预企业经营；企业没有真正成为市场的主体，没能根据市场来安排科技创新、商品生产和经营销售；国有企业比重过大，混合所有制经济和民营经济不发达，民营经济或依附于国有企业或受到国有企业的排挤，而国有企业又缺乏市场竞争力或者产能过剩，这样就造成所有鸡蛋都放在一个篮子里的高风险局面，一旦经济形势发生变化，就很容易陷入困境。④国有企业所沿袭的计划经济管理模式，形成东北地区广受诟病的"大政府、小市场"②的营商环境。表现在权力寻租事件频发、政府审批事项繁杂、政务审批效率低、政府招商不讲诚信、特定行业服务设定霸王条款等方面③，这些致使民营企业、中小企业和外地企业在本地的经营活动举步维艰，人才、资金、技术等不愿进入东北地区而流向其他营商环境较好的地区。缺乏人才、缺乏优秀企业、缺乏投资、缺乏先进技术，自然会造成经济发展的相对滞后。

上述原因中，第一个原因（没有走绿色科技创新振兴东北之路）和第

---

① 贾立政、陈阳波、魏爱云等：《破解"新东北困局"——100 位著名专家为东北新兴支招（下）》，《人民论坛》2015 年第 31 期。

② 张天维：《辽宁应如何建设好营商环境》，《东北之窗》2016 年第 23 期。

③ 《辽宁 666 人因破坏营商环境被问责 今年重点开展 7 项专项活动》，《沈阳晚报》2017 年 5 月 23 日。

二个原因（民生环境较差所导致的人才相对匮乏）属于生产力方面的原因，而第三个原因（没有摆正政企关系）和第四个原因（陈旧而混乱的市场管理模式）属于生产关系方面的原因。综上所述，"新东北现象"产生的原因既有生产力方面的因素，又有生产关系方面的因素。笔者认为，第一、第二两个原因的产生和第三、第四个原因有关系，体现为生产关系对生产力的阻碍作用。

包括人类社会在内的物质世界是处于不断运动、发展变化之中的，而运动的规律也会随着物质系统中各要素力量对比关系的变化而发生变化，这就会使原来的规律发生变化或者原来规律出现了新的表现形式（系统中构成要素的组合不同，会使规律的表现形式发生变化，比如敌我之间出现了新的力量对比关系）。如果没有把握这种新的规律或者规律新的表现形式而依然遵循原来的规律或者规律的原有表现形式，就会由于没有把握本质而是把握了假象，在实践中处于不利地位。这种假象就是培根"四假象"（种族假象、洞穴假象、市场假象和剧场假象）之外的保守假象。

东北地区思想观念保守，计划经济思维重，没有顺应绿色科技创新和信息网络技术所带来的产业革命的新形势，显然是保守假象在实践中的一种体现。而政企关系没有摆正对思想观念保守（陷入保守假象）有直接影响。2003～2014 年的东北振兴，实际上是传统制造业、原材料等低科技产业的投资拉动型增长，并没有走绿色科技创新振兴东北之路。而此时世界经济已经步入知识经济时代，可持续的绿色发展理念也已兴起，东北的传统产业投资拉动型、高能耗高污染型经济增长模式与新的形势是不相符的。但是由于受计划经济所形成的僵化的政企关系影响，企业的市场主体地位缺失，企业没有基于自身生存发展的紧迫感而根据形势的发展及其所形成的新的规律或规律新的表现形式来安排科技创新、生产、销售等经营活动，没能高效利用信息网络技术等新科技、绿色科技创新改造升级传统产业，并开拓发展基于信息网络技术等新科技的新兴产业。

笔者认为，第一个原因导致了第二个原因的产生，因为东北地区思想观念保守（计划经济思维重，没有顺应绿色科技创新和信息网络技术所带来的产业革命的新形势）会导致生产力水平低下，而生产力水平的低下又会导致民生环境较差并进而导致人才相对匮乏。第一、第二两个原因的产生和第三、第四个原因有关系，体现为生产关系对生产力的阻碍作用。思想观念保守所导致的生产力水平低下、民生环境较差所导致的人才相对匮乏与市场主体地位缺失以及陈旧而混乱的市场管理模式有关。

市场主体地位会带来多样性的发展，先进而有序的市场管理模式又会为多样性的发展提供环境保障。在多样性发展过程中，有的市场主体能够顺应知识经济、可持续绿色发展的要求而走向成功之路，而其成功经验很快会带来辐射作用，很多企业纷纷成为效仿者以追求本企业的成功，从而推动东北地区的发展。如果这样，当前的"新东北现象"就可能不会出现。

没有摆正政企关系使东北地区的企业无法成为真正的市场主体，陈旧而混乱的市场管理模式使企业不能完全按照市场经济规律来进行经营活动。在政府扶持下，应该被淘汰的企业遏制了优势企业的发展，使东北地区的优势企业也无力和外地企业、外国企业竞争，必然会导致经济低迷；经济低迷会导致民生环境较差，民生环境较差又会导致人才匮乏，而人才匮乏反过来又会加速经济低迷和民生环境的恶化，从而形成恶性循环。在经济形势不好的情况下，比如市场对原材料、重化工产品需求不旺，"新东北现象"就出现了。

三 对"新东北现象"成因的进一步深入分析

本研究还运用一些经济发展理论结合生产力和生产关系相互关系的理论进一步深入分析了"新东北现象"的成因，这些理论主要是地区不平衡发展理论、中国式的财政分权理论与晋升锦标赛理论。

瑞典经济学家、诺贝尔经济学奖获得者冈纳·缪尔达尔提出了地区不平衡发展理论[1]。根据该理论，区域经济发展会呈现由不平衡到平衡的发展趋势或发展规律。由于中国的生产成本和生活成本低于发达国家，国外资本在我国有更高的投资回报率，这成为改革开放以来中国经济快速发展的一个重要原因。但是地区之间存在发展环境和发展能力的差距，较之中西部地区、东北地区，东部地区在地理环境、人文环境等方面对外资更具有

---

[1] 郭熙保：《从发展经济学观点看待库兹涅茨假说——兼论中国收入不平等扩大的原因》，《管理世界》2002 年第 3 期。

吸引力，东部地区优先发展起来，导致中西部地区、东北地区资金、人才等向东部地区流动。由此，东北地区因为缺乏资金、人才、技术等发展要素，"东北现象"和"新东北现象"就在地区不平衡发展中体现出来了。

学者还用中国式的财政分权理论与晋升锦标赛理论分析了改革开放以来中国经济快速发展和相关的负面影响问题。2003~2014年，国家实施了振兴东北老工业基地战略，2008~2012年，东北地区经济增长率平均为12.5%，高于全国平均水平3.3个百分点，但负面影响也相伴而生。主要表现为依托能源工业和重工业的粗放式、重数量轻质量的发展模式，并没有走绿色科技创新式发展道路，在新一轮产业变革中成为落后者，产品和服务缺乏市场竞争力。

不过，东北地区和中国其他地区的不同之处在于："黑龙江和辽宁的一些地区出现了大面积的'买官卖官'现象，导致这些地区经济长期不振。"[①]以经济发展为主要考核指标的晋升锦标赛体制在东北地区难以发挥作用，也就是陈旧而混乱的市场管理模式所造成的较差的营商环境对东北地区经济社会发展的阻碍作用要大于其他地区。从生产力和生产关系相互作用的理论来看，就是东北地区生产关系对生产力的阻碍作用较其他地区要大。以上结论使以经济增速垫底为主要特征的"新东北现象"得到了解释。

根据区域经济发展由不平衡到平衡的发展趋势或发展规律，在发达国家、国内发达地区生产成本、生活成本升高，投资回报率降低而资金、技术、人才等生产要素向国内外生产成本、生活成本较低地区转移的时机到来之际，如果东北地区的营商环境与其他地区（比如国内中西部地区）相比依然较差，对资金、技术、人才等生产要素还是缺乏吸引力，而且资金、技术、人才等继续外流，那么"新东北现象"是难以破解的。反之，如果东北地区的营商环境要好于其他相对落后地区，那么就会吸引资金、技术、人才等生产要素落户东北，资金、技术、人才等外流问题也会得到解决，"孔雀"（主要指人才，但也可以包括资金、技术等生产要素）东南飞的不利局面会转变成"孔雀"往东北飞的良好局面。如果"孔雀"往东北飞的良好局面能够形成，那么"新东北现象"就基本上可以得到破解了。

---

① 周黎安：《中国地方官员的晋升锦标赛模式研究》，《经济研究》2007年第7期。

第三节 破解"新东北现象"的社会技术体系

针对"新东北现象"产生的四个主要方面的原因，破解"新东北现象"是个自然工程和社会工程所组成的系统工程。本研究主要探讨破解"新东北现象"的社会工程构建问题，该社会工程主要包括以下 4 项宏观层面的社会技术（亦即 4 项宏观战略）：利用"互联网＋"对传统优势产业升级改造，发展新兴产业；改革民生环境，推进人才振兴东北战略；摆正政府与企业的关系，发挥企业的主动性和能动性；改革政府管理体制，营造良好的营商环境。

一 利用"互联网＋"对传统优势产业升级改造，发展新兴产业

由于科技创新能力、商品的附加值低，东北地区（比如辽宁）的传统优势产业和新兴产业都缺乏营利能力。辽宁社会科学院副院长梁启东指出，辽宁的装备制造业利润率太低，"卖一台机床几千万元，利润也就几千元；卖一台自有品牌的汽车也就挣几百元钱"。[1] 而且市场竞争能力不行，在供过于求的市场形势下，还会导致产能过剩情况的加剧。所以，利用"互联网＋"对传统优势产业和当前转型升级的接替产业——制造业[2]进行升级改造，同步拉动新兴产业的发展成为振兴东北经济（特别是辽宁经济）的必然选择。

（一）加快两化融合，优化产业结构

2015 年 5 月 8 日，国务院正式印发《中国制造 2025》，提出中国到 2025 年迈入制造强国行列。2015 年 7 月 4 日，《国务院关于积极推进"互联网＋"行动的指导意见》发布；2016 年 5 月 13 日，国务院又发布了《国务院关于深化制造业与互联网融合发展的指导意见》，明确了通过制造业与互联网融合建设制造业强国的战略布局。

---

[1] 《辽宁四大支柱产业面临瓶颈 经济结构不合理》，中研网，http://www.chinairn.com/news/20140812/101409886.shtml，最后访问日期：2017 年 5 月 7 日。

[2] 王勇、霍经纬、姜晓婧：《新常态下辽宁经济转型升级的接替产业选择》，《东北财经大学学报》2016 年第 2 期。

为响应国务院的战略布局，2015 年 12 月、2015 年 12 月 30 日、2016 年 11 月 15 日，辽宁省政府先后发布了《中国制造 2025 辽宁行动纲要》《辽宁省积极推进"互联网＋"行动实施方案》《辽宁省深化制造业与互联网融合发展的实施方案》，提出充分发挥制造业与互联网融合发展所形成的叠加效应、聚合效应、倍增效应，加快制造强省的建设目标。

"知名经济学者易鹏指出，实现'中国制造 2025'，东北系之一半。东北制造业实现全面转型升级，不仅可以再次重振东北经济，而且对于实现我国在十年内成为制造业强国的战略目标具有重要意义。"[①] 为了发挥东北地区制造业在建设世界制造业强国方面的重要作用，东北地区制造业必须走工业化和信息化融合（两化融合）之路。为此，东北地区需要根据中共中央、国务院《关于全面振兴东北地区等老工业基地的若干意见》的要求，加快信息化和工业化深度融合。推进制造业智能化改造，促进工业互联网、云计算、大数据在企业研发设计、生产制造、经营管理、销售服务的综合集成应用，建立老工业基地产业转型升级示范区和示范园区，促进产业向高端化、集聚化、智能化升级。

根据英国经济学家克拉克和美国经济学家库兹涅茨的研究成果，产业结构的演变大致可以分为三个阶段：第一阶段是以农业为主的阶段，第二阶段是工业化阶段，第三阶段是后工业化阶段。在第三阶段，制造业在国民经济中的地位由快速上升逐步转为下降，第三产业则经历上升、徘徊、再上升的发展过程，最终将成为国民经济中最大的产业。[②] 根据产业发展的这一规律，辽宁在发展制造业的同时，需要带动生产性服务业和其他现代服务业的发展。生产性服务业、其他现代服务业一般都是依托信息网络技术的新兴业态，特别是生产性服务业中的电子商务、物流、信息服务、研发服务等对于所有产业的发展都有促进作用，是必须努力发展的方向。虽然目前我国较之国外在利用信息网络技术发展生产性服务业和其他现代服务业方面存在差距，但是在改革开放的新形势下，我国在信息网络技术领

---

① 贾立政、陈阳波、魏爱云等：《透析"新东北现象"——100 位著名专家为东北新兴支招（上）》，《人民论坛》2015 年第 24 期。

② 《现代服务业》，搜狗百科，http://baike.sogou.com/v5294801.htm? fromTitle＝现代服务业，最后访问日期：2017 年 5 月 11 日。

域与国外的差距不大。把握住研发投入、人才、优惠政策等方面，东北地区较之国内外其他地区在这一领域的发展，不一定会处于落后地位，而且还有可能在某些领域中处于领先地位。比如，东软医疗系统有限公司拥有中国数字化最多的医院客户，是中国医院信息化行业标准的制定者，在国内相同行业中已经处于领先地位。

"根据国际惯例，地区三次产业结构最理想的比例为 10∶40∶50。而辽宁省 2013 年前三季度三产比例为 6.5∶53.8∶39.7，一产和三产比重过低，二产比重过高。"① 针对第三产业比重较低问题，辽宁省在争取重振传统制造业优势地位的同时，必须重视生产性服务业和其他现代服务业的发展，因为只有保持制造业和生产性服务业的良性互动，才能振兴辽宁制造业，同时拉动生产性服务业和其他现代服务业的同步发展。对于第一产业比重较低问题，辽宁省需要针对农产品产业链条过短问题，发展农产品加工工业，并借助传统销售模式与农产品电子商务模式相结合的营销策略尽力扩大市场份额。

（二）完善相关指导意见或实施方案

与国务院、其他省份的产业发展指导意见或实施方案相比，笔者发现辽宁省出台的相关指导意见或实施方案还存在一些不足，有完善的必要。①与《国务院关于深化制造业与互联网融合发展的指导意见》相比，《辽宁省深化制造业与互联网融合发展的实施方案》没有分析辽宁省在制造业与互联网融合发展方面存在的问题，导致"重点任务"和"保障措施"的提出缺乏针对性。《国务院关于深化制造业与互联网融合发展的指导意见》指出当前存在的问题，即平台支撑不足、核心技术薄弱、应用水平不高、安全保障有待加强、体制机制亟须完善等，值得辽宁省参考和借鉴，并根据辽宁省的实际情况，提出本地区当前面临的问题，并在"重点任务"和"保障措施"两大部分着手予以解决。②《辽宁省积极推进"互联网＋"行动实施方案》与《吉林省人民政府关于促进互联网经济发展的指导意见》、《江苏省政府关于加快互联网平台经济发展的指导意见》相比，也有以下几

① 《辽宁四大支柱产业面临瓶颈 经济结构不合理》，中研网，http://www.chinairn.com/news/20140812/101409886.shtml，最后访问日期：2017 年 5 月 7 日。

方面的不足：第一，对于"互联网＋"的作用没有阐述，第二，对现状、问题和未来5年内的发展目标没有定量化的阐述，第三，没有提出"重点工作"和"保障支撑"需要贯彻的基本原则。对于这三方面的不足，辽宁省可以借鉴吉林省和江苏省的上述指导意见，做出完善。第一，明确"互联网＋"的作用，推动传统产业转型升级，培育新的经济增长点，加强和创新社会管理，提升产业的集聚程度。第二，统计辽宁地区互联网普及程度、电子商务交易额、网络零售交易额、互联网经济税收贡献率、重点互联网平台企业数量、互联网经济集聚区数量等，结合本省实际情况，提出未来5年这些方面的定量化的发展目标，向社会传达担当精神和政府的责任意识，只有这样才会将压力转化为振兴辽宁的动力，努力工作，争取完成发展目标。第三，提出"重点工作"和"保障支撑"需要贯彻的基本原则：市场主导、政府引导、人才激励、公平竞争、促进融合、创新发展、协调发展、绿色发展、集聚发展。

二 改善民生环境，推进人才振兴东北战略

在国务院出台的若干指导意见和东北三省出台的若干行动纲要和实施方案中，都有"保障措施"（或"保障支撑""发展环境"等）这一部分，其中包括体制机制改革、财政支持、税收优惠政策、金融扶持政策、国际合作交流、人才培养激励政策等。东北地区经济低迷，居民收入等民生方面表现不佳，人口长期净流出，缺乏人才，而缺乏人才又是经济低迷问题产生的主要原因，这就形成了一种恶性循环。所以，鉴于人才的重要性，本研究着重探讨改善民生环境、推进人才振兴东北战略。

（一）借鉴罗尔斯的理论、提出改善民生环境的宏观战略

市场竞争优胜劣汰，其负面影响就是导致民生问题和社会稳定问题的产生。市场竞争会使一部分人先富起来，但是也会出现贫富分化问题，这与全面建成小康社会、构建社会主义和谐社会，以及中国社会的社会主义性质是背道而驰的，也是东北地区居民收入较低和其他民生保障能力较弱，导致人才外流、外来人才不愿在东北就业的主要原因之一。

美国政治哲学家罗尔斯提出了社会正义的两个原则，即基本自由平等原则（第一个原则）和受到最少受惠者最大利益限制和机会公平平等限制

的差别原则（第二个原则，亦即经济和政治地位不平等原则）。① 根据基本自由平等原则，政府需要提供给每个公民平等的社会福利和政治上平等的基本自由权利，使商品供给和社会公众的购买力尽量处于一种平衡状态，社会矛盾尽量通过协商方式得到化解，这样可以应对生产过剩的经济危机、社会不稳定等问题。根据受到最少受惠者最大利益限制和机会公平平等限制的差别原则，在经济和政治地位的竞争参与者具有平等竞争的机会、中低收入者社会福利水平随经济社会发展能同时提高的前提下适用第二个原则，可以应对大锅饭的弊端，能够通过成果共享提高社会合作水平，在贫富差距不是过大的前提下使社会财富能够较快增长，也为适用基本自由平等原则提供经济和政治保障。

罗尔斯提出的社会正义的两个原则，对于改善东北地区民生环境的宏观战略的提出具有借鉴意义。首先，在经济发展战略中贯彻最少受惠者利益最大化原则。第二个原则遵循了市场竞争优胜劣汰的规律，但是对不平等进行了限制，即最少受惠者最大利益限制和机会公平平等限制，要求竞争的结果对竞争中处于最不利地位的最少受惠者的利益最大化有帮助，所以，在振兴东北的经济发展战略中需要贯彻最少受惠者的利益最大化原则，提高民生水平和社会成员间的合作水平。其次，在经济社会发展战略中贯彻东北经济振兴和民生同步改善原则。根据第一个原则给每个社会成员平等的社会福利（通过二次分配、三次分配来实现）和政治上平等的基本自由权利，而且随着经济的发展，每个社会成员的基本社会福利和政治权利会逐步提高和完善。贯彻和落实这一原则，无疑可以实现东北经济振兴和民生同步改善的协调问题，有助于东北地区构建共享与和谐的社会，增强东北地区对人才的吸引力，从而为东北经济社会发展提供人力资源保障。

（二）营造有利于创新型人才成长的社会环境、人才培养环境

科学在近代西方兴起，与其社会环境中基于科学观的平等观具有很大关系。古希腊斯多葛学派认为，神赋予包括奴隶、野蛮人在内一切人平等的理性，人们都可以依据自己的理性来理解自然的秩序和规律②；后来，基

---

① 〔美〕罗尔斯：《正义论》，何怀宏等译，中国社会科学出版社，2009，第237页。
② 何勤华：《西方法学史》，中国政法大学出版社，2000，第25页。

督教关于"上帝面前人人平等"的宣传在教义上填平了学者与工匠之间的鸿沟。[①] 由于科学研究在西方具有广泛的群众基础,许多人热衷投身于探索上帝所安排的自然法则(即规律)的科学研究之中,通过量的积累,又在资本主义商品经济的推动下,近代科学在西方兴起。我国古代没有在认识自然法理性方面平等的思想,"学而优则仕"的价值观占据主导地位,最优秀的人才都热衷于通过科举考试去做官,从事科学研究的往往是科举不第的文人,科学研究缺乏广泛的群众基础;加之重农抑商的经济环境对科技的需求较小,使我国古代一度居于世界领先地位的实用技术没有进一步探究出其背后的科学原理。当近代科学在西方兴起后,我国的科技就处于落后的地位了。中西方古代在科学观、平等观方面的差异如图 3-1 所示。

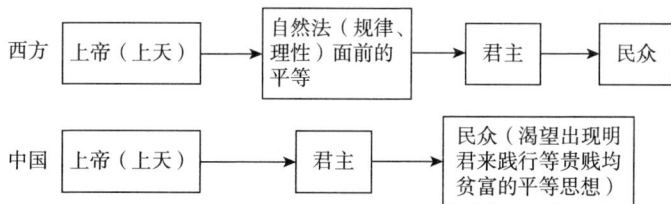

图 3-1 中西方古代在科学观、平等观方面的差异

所以,为了国家富强,助力科技强国建设,通过科技创新、制度创新振兴东北老工业基地,把"科学"确立为一种价值观并置于核心价值观这一社会层面价值观序列的首位是十分必要的,这有利于崇尚科学、崇尚创新的社会环境的营造。营造有利于创新型人才成长的社会环境,首先,需要将科学观作为平等观的基础,逐步扩大全体公民平等接受教育的范围,并在此基础上享有平等探索自然、社会和人类思维规律的权利,进而为科研自由奠定基础。对于科研自由,可以用习总书记在"科技三会"讲话中提出的"允许科学家自由畅想、大胆假设、认真求证"来理解其含义。其次,要依法打击权力寻租、欺诈、暴力、垄断、侵犯知识产权等非法获利手段,营造平等、自由竞争的市场经济环境,为科技提供应用的领域、发展的动力和物质的保障,使科技与经济能够良性互动、协同发展。此外,还需要营造有

---

① 郝宁湘:《基督教与西方近代科学的兴起》,《青海师范大学学报》(哲学社会科学版),1996年第1期。

利于创新型人才培养的教育环境。在思想政治教育——"传道"和讲授知识和技能——"授业"的基础上，需要对"解惑"予以重新理解和践行。虽然有些前沿疑难问题仍处于研讨之中，即使是大学教师也无法做出正确或全面的解答，但是教师必须从事科研活动，这样不仅能够了解自己所讲授学科的前沿疑难问题，而且能够将前沿疑难问题呈现给学生，鼓励他们研讨、质疑和敢于对前人、他人的已有研究成果提出批判和改进意见，即注重学生的质疑、批判思维和创造性思维的培养。中小学教师和幼儿教师除了传授知识以外，要加强探索性教学环节的设计与实践，注重学生质疑、研讨、创新意识和能力的培养。改革传统的人才培养理念和做法，有利于营造尊重个体创造性的创新文化环境和教育环境，使具有首创精神的优秀人才脱颖而出，进而推动我国科技创新和制度创新，加速我国建设世界科技强国的步伐，这也是通过科技创新、制度创新振兴东北老工业基地的重要保障。

（三）借鉴先进地区的人才保障措施，出台和完善辽宁省的人才保障措施

在辽宁省出台的指导意见和实施方案中，都提出了人才保障方面的措施。主要的措施包括：支持省内高等院校设置"互联网＋"、大数据分析、网络与信息安全等相关专业，建设一批产学研用相融合的专业人才培训基地，开展互联网创业培训，以创新的培养模式进行复合型人才培养，引进海外研发团队，加强境外考察培训，深入实施引智工程等。2017年3月1日，辽宁省政府印发的《辽宁省沈大自主创新示范区"三年行动计划"（2017 - 2019）实施方案》提出，沈阳要打造"人才特区"，设立每年不低于5000万元的人才专项资金；自创区内高等院校、科研院所科技成果转化收益，分配给研发团队和转化贡献人员的比例不低于70%。

《辽宁省积极推进"互联网＋"行动实施方案》可以借鉴《江苏省政府关于加快互联网平台经济发展的指导意见》中"加强智力建设"部分增加的引进人才的优惠政策。引进国内外高端人才来辽宁省发展，产生的有关住房货币补贴、安家费、科研启动经费等费用可列入成本核算，高端人才在住房、家庭成员就业、子女入学、医疗养护等方面可享受当地居民待遇，并可酌情给予优惠政策；与互联网企业签署3年以上劳动合同的员工可在户籍落地方面加分，并优先安排入住廉租房、公租房和人才公寓。

三 摆正政府与企业的关系，发挥企业的主动性和能动性

东北振兴，需要摆正政府和企业的关系，使企业成为真正的市场主体，政府成为市场秩序的维护者、产业政策的引领者、改善民生的服务者。这样才有助于解决"国企改革推进缓慢、计划经济思维重"的问题，国有企业利用国家政策压制其他企业发展、本该淘汰出局的企业继续浪费国家投入的资源、优秀人才离开东北等新东北现象才会得到扭转，东北的营商环境才会是符合市场竞争优胜劣汰规律的，才会有更多优秀企业、优秀人才乐于落户东北，参与到东北振兴的伟大事业之中。

（一）听取专家意见，约束政府权力，激发企业自生能力

对于"新东北现象"产生的原因之一，专家都提出了大致相同的观点，即没有摆正政府与企业、政府与市场的关系，导致东北经济缺乏内生动力。国有企业缺乏主动性和能动性，过多依靠政策扶持；而民营经济或依附国有企业或遭遇排挤，无法按照市场经济规律发展本地经济，自然难以适应知识经济、绿色发展的新形势，在激烈的市场竞争中获取优势地位。

有专家认为，东北应突破既得利益集团的阻挠和掣肘，确立企业的市场主体地位，让企业按照市场规律而不是靠政策的优惠来获得竞争优势。对于东北而言，只有通过不断的深化改革，促进技术进步和人才、资本的流动，将投资拉动的经济外生增长转变为创新驱动的经济内生增长，才有可能实现东北地区的振兴和长期发展。[1]

还有专家指出，东北在计划经济时期的经济优势，在市场经济环境中已成为劣势，成为导致"东北现象"和"新东北现象"产生的元凶。国有企业长期享受政府扶持的"等、靠、要"的惯性心理阻碍了其彻底革新，企业自生能力形成慢，创新动力小；民营企业往往受到歧视，得不到扶持和保护，只能自生自灭；政府部门权力过大，容易滋生腐败。因此，专家建议通过政府简政放权，破解"新东北现象"。[2]

---

[1] 贾立政、陈阳波、魏爱云等：《破解"新东北困局"——100位著名专家为东北新兴支招（下）》，《人民论坛》2015年第31期。

[2] 于红：《破解"新东北现象"之简政放权重要措施盘点——以辽宁为例》，《延边党校学报》2015年第5期。

（二）借鉴西方经验改革政府管理体制，增强企业的主动性和能动性

信息网络技术加快了经济的全球化，全球化市场的竞争制约了东北经济的振兴，比如，沈阳机床集团已经是国内做得最好的了，但是与进口机床相比还有差距，而创新又需要大量资金，使机床销售陷入困境。[1] 因此，只有增强制造业和现代服务业的国际竞争力，东北地区才能走出经济低迷的困境。而要增强企业的国际竞争力，就必须根据发达国家处理政府和企业、政府和市场关系的先进经验来改革中国的政府管理体制，增强企业的主动性和能动性，在政府营造的良好营商环境中求生存、求发展。

西方近代启蒙思想家在社会契约论中提出公民将其自身不易行使的权利，比如追究侵权人、犯罪人法律责任的权利，转移给政府来行使，根据宪法和法律，公民还留有广泛的各种政治、经济权利。被西方人誉为 19 世纪英国"理性主义圣人"的著名思想家密尔在其著作《论自由》中阐述了个体首创性的重要社会价值，提出了社会自由理论，认为欧洲基于个性自由的多样性发展，是欧洲走上资本主义道路而领先几千年来固守封建制度中国的主要原因。现代英国著名思想家波普尔提出了"最小政府原则"[2]，并且指出政府的职能不是"最大限度地增加最大多数人的幸福"，而是"最大限度地排除痛苦"。[3] 波普尔这一思想启示我们应正确处理政府和企业的关系，政府不是企业的管理者和经营者，政府是市场公平竞争秩序的维护者，这是政府帮助企业排除的最大痛苦；企业经营活动是企业追求自身幸福的事情，即使追求幸福的经营活动遭遇破产，那也是市场竞争的结果。政府需要通过破产程序帮助企业重整或者退出市场，而不是违背优胜劣汰的竞争法则维持其生存，而使竞争优胜者遭受不应有的损失。

依靠法制来界定政府和企业各自的权限，是现代西方市场经济管理的主要经验。政府的权限由宪法、行政法律来界定，行政机关必须依法管理，法律没有明确授权的事项不可为；而企业的权利由宪法、民事法律来界定，法制的主要作用在于维护企业的权利，法律没有明确禁止的事项就是可以

---

① 张墨宁：《"新东北现象"预警中国经济》，《南风窗》2015 年第 10 期。
② 赵敦华：《现代西方哲学新编》，北京大学出版社，2001，第 250 页。
③ Karl Popper, *Conjectures and Refutations* (London: Routlege, 1969), p. 361.

作为的事项。我国目前依靠法制来界定政府和企业权限的立法状况是：法律还很不健全，建国 60 多年来，一共立法 250 部左右，国务院的行政法规 700 多项（其他一般国家都是 2000 多部），只是初步建立了社会主义的法制体系，还在使用大量的"红头文件"来填充法律的空白。① 所以，针对政府过度干预企业经营活动的现状，还需要大量行政法规把权力关进制度的笼子，让政府扮演市场秩序维护者、产业政策引领者、改善民生服务者的角色；企业的很多经营自主权还需要宪法和法律加以保障。东北地区的企业要解放思想、放开手脚，在法律没有明确禁止的情况下，发挥主动性和能动性，根据市场的实际情况来安排商品的研发创新、生产和营销活动。

四 改革政府管理体制，营造良好的营商环境

东北地区广受诟病的"大政府、小市场"的计划经济管理体制及其所形成的营商环境（作为落后生产关系）严重阻碍了东北地区经济（生产力）的发展，是造成东北经济低迷的主要原因之一。针对这一问题，可以从以下几个方面改革现有的管理体制。

（一）把握区域经济发展由不平衡到平衡的发展规律，顺势而为

瑞典经济学家、诺贝尔经济学奖获得者冈纳·缪尔达尔提出了地区不平衡发展理论。② 他认为，发达地区基于自然条件、历史偶发事件、倾斜政策等首先发展起来，进而吸引人才、资金、技术等得到快速发展，而落后地区由于人才、资金、技术等流入发达地区而愈加落后。但是发展到一定阶段，由于发达地区出现生产成本、生活成本升高，资本收益率降低的情况，促使人才、资金、技术等向不发达地区流动，因为不发达地区的生产成本、生活成本较低，资本收益率较高，这样就使不发达地区发展起来而且发展速度较快，而此时发达地区的发展速度逐步减缓，最后出现区域经济发展由不平衡到平衡的发展趋势和发展规律。这一发展规律可以从发达国家和发展中国家的 GDP 年增长率得到印证，目前发达国家的 GDP 年增长

---

① 于红：《破解"新东北现象"之简政放权重要措施盘点——以辽宁为例》，《延边党校学报》2015 年第 5 期。

② 郭熙保：《从发展经济学观点看待库兹涅茨假说——兼论中国收入不平等扩大的原因》，《管理世界》2002 年第 3 期。

率能够达到3%就已经很高了，而我国、印度等发展中国家的GDP年增长率一度都在10%左右。

根据区域经济由不平衡到平衡的发展规律，我国东南沿海地区借助地理环境、人文环境等优势吸引资金、人才、技术等并优先得到发展，导致东北地区出现了"孔雀"东南飞的问题。而在我国东南部发达地区发展到一定程度后，其生产成本、生活成本会升高，资本收益率会下降，此时生产成本、生活成本较低的中西部地区、东北地区以及其他欠发达地区对于人才、资金、技术等就有了吸引力，此时"孔雀"往东北飞也就出现了可能性。但是人才、资金、技术等是否乐于进入东北地区，东北地区的营商环境就起到了决定性作用。为了与我国的中西部地区和国外的一些欠发达地区争夺人才、资金、技术等经济社会发展要素，吸引"孔雀"往东北飞，东北地区首先要做的就是改善营商环境，打破"投资不过山海关"这一魔咒，形成人才、资金、技术等乐于落户东北的良好局面，使东北振兴成为顺势而为的必然选择及必然结果。

（二）在混合所有制公司中强化国有股管理者的责任制

根据功利主义哲学的研究成果——个人功利与社会功利关系的原理，社会功利（比如振兴东北经济与提升社会发展水平）必须通过个人功利的追求来实现。也就是说，政策或制度的设计必须保证人们在追求个人功利的同时也在促进社会功利的实现，而且追求个人功利的实现程度与社会功利的实现程度越成正比关系越好。

对东北的国有企业进行混合所有制改造，同时强化国有股管理者的责任制，其理论依据就是上述个人功利与社会功利关系的原理。在混合所有制模式下，国家投入资金所形成的股份是国有股份，企业的其他股份包括企业职工、其他企业和个人投资所形成的股份。国家投入东北振兴的资金需要转化为企业的国有股份，国有股份的管理者的报酬是国有股份获取红利的一定比例，如果企业经营不善、出现亏损，那就意味着国有股份的管理者将面临只有最低工资保障的待遇。此外，还要通过立法和合同的形式来督促或约束国有股份管理者依法、依合同履行管理责任，如果违反法律或合同约定，要承担侵权责任或违约责任。这样，国有股份的管理者、企业职工、其他企业和个人都十分关心企业的生存和发展，企业的经营决策就会更加关心市场需求，更好地根据市场规律进行经营活动，参与市场竞争。只有企业充分发挥市场主体的主动性和能动性，东北振兴才会有更大的可能性。

强化国有股管理者的责任制还有助于东北地区企业克服"等、靠、要"的思想。因为国有股份的管理者基于个人利益和责任会十分关注、珍惜国家投入资金的使用情况，根据市场需求把握经营方向，高效运营国家投入的资金。

（三）改革东北地区政府部门的官僚主义作风

《官僚主义是怎么毁了东北经济》[1] 一文，阐述了东北一些政府官员因素质低下、任人唯亲、滥用职权给东北经济带来的危害。官员素质低下表现为：辽宁官员竟然找不到理由来承接中央为振兴辽宁而打算拨付的资金，专家的合理化建议（比如建立自由贸易区）无法被理解和采纳，黑恶势力猖獗而无力打击。任人唯亲表现为：有能力的比不过有关系的，导致辽宁人才流失或者人才不愿意来辽宁求职。滥用职权表现为：与民争利致使干群关系紧张，无法通过有效管理来振兴经济和维护社会秩序稳定，无法为振兴东北营造良好的市场竞争环境。

孟德斯鸠在《论法的精神》中指出："自古以来的经验表明，所有拥有权力的人，都倾向于滥用权力，而且不用到极限决不罢休。"[2] 为此，他提出了权力制衡的思想。后来他的思想被法国、美国等国付诸实践。东北地区政府管理中出现的官僚主义作风问题，需要通过建立权力制衡和监督制约的机制来解决。涉及经济社会发展的重大事项的决策以及重要的人事任免都要提交人民代表大会表决，党政机关执行重大工程建设、履行行政管理职责都要受到人大及其常委会的监督，公务员的公务活动需要接受司法机关的监督，权力越大受到的监督也越多。东北地区的政治体制中存在着权力制衡和监督制约机制，但主要的问题在于完善和落实。需要在遵守宪法的前提下，借鉴美国、法国等发达国家和国内先进地区的成功经验，对

---

[1] 《官僚主义是怎么毁了东北经济》，搜狐网，http://mt.sohu.com/20160417/n444535905.shtml，最后访问日期：2017 年 2 月 28 日。

[2] 〔法〕孟德斯鸠：《论法的精神》上卷，许明龙译，商务印书馆，2012，第 185 页。

东北地区政治体制中的制衡和监督机制加以完善和落实。

（四）弘扬雷锋精神、改善东北地区的营商环境

2017 年 3 月，《中共沈阳市委关于开展"弘扬雷锋精神共建幸福沈阳"行动的指导意见》（沈委发〔2017〕6 号）出台，提出要全力打造国际化营商环境，扎实推进幸福沈阳共同缔造行动，真正把雷锋精神培育成沈阳的城市精神，加快实现沈阳老工业基地的全面振兴。上文提到的《官僚主义是怎么毁了东北经济》一文，阐述了辽宁一些政府官员因素质低下、任人唯亲、滥用职权给东北经济带来了严重的危害。弘扬雷锋精神有助于解决上述问题吗？答案是肯定的。如果能够弘扬雷锋刻苦钻研的"钉子"精神，把推杯换盏、寻欢作乐的时间都用来学习，素质低下的问题还能那么严重吗？如果能够弘扬雷锋"对待敌人要像严冬一样残酷无情"的精神，黑恶势力还敢如此猖獗吗？如果能够学习雷锋永远把集体利益置于个人利益之上，还能够做出任人唯亲的勾当吗？如果能够学习雷锋把省吃俭用攒下来的钱都拿出来支援国家建设，还会滥用职权与民争利吗？可见，弘扬雷锋精神能够改善政府部门公务员的工作作风，让敬业精神、全心全意为人民服务的宗旨体现在公务员的日常工作之中；有助于克服官僚主义作风和解决权力寻租频发问题，进而使东北的营商环境得到改善，破除"投资不过山海关"这一魔咒，形成资金、人才乐于落户东北的良好局面。借助弘扬雷锋精神改善东北地区营商环境也是一项战略举措，这一战略举措主要包括以下三个方面的具体措施。

第一，对"雷锋精神没有过时"要有明确的认识和坚定的信念，并据此发挥雷锋精神在改善东北地区营商环境方面的积极作用。雷锋精神产生于国家比较贫穷落后、价值观比较单一的 20 世纪 50、60 年代。现在人们的物质生活有了很大的改善，改革开放和信息网络时代的到来也使价值观呈现多元化，那么雷锋精神是不是就不适应新时代要求了？答案应该是否定的。首先，通过上文对弘扬雷锋精神在改善东北地区营商环境积极作用的论述，可以看出雷锋精神不但没有过时，而且还能发挥积极和正面的作用。其次，党的十八大提出了 24 字的社会主义核心价值观，虽然雷锋精神不可能涵盖三个层面的所有价值观，但雷锋精神与公民个人层面的价值准则，即爱国、敬业、诚信、友善是比较契合的。雷锋甘愿把自己的一切包括生

命都无私地奉献给祖国和人民，体现出强烈的爱国主义精神；雷锋干一行、爱一行、钻一行，甘愿做一颗永不生锈的"螺丝钉"，表现出高度的敬业精神；周恩来总理对雷锋精神的四点概括①中包括"言行一致的革命精神"，而言行一致当然就是诚信的体现；而雷锋全心全意为人民服务、助人为乐的思想无疑是对友善价值观的诠释。树立"雷锋精神没有过时"的坚定信念，在工作中像雷锋那样发扬无私奉献、刻苦钻研、艰苦奋斗的精神，通过科技创新改造传统优势产业、发展新兴产业，通过制度创新营造良好的营商环境，让东北地区在国家建设中发挥更加重要的作用；营造爱岗敬业、诚实守信、友爱良善的营商环境，吸引优秀人才、国内外资金等生产要素落户东北地区，助力东北地区经济社会的快速发展。

第二，要借助传统媒体和新兴媒体的交互作用来弘扬雷锋精神，并将雷锋精神作为改善东北地区营商环境的精神动力。"在网络事件的形成和发展过程中，网络媒体提供了网络事件放大的平台，传统媒体成为网络事件最终'落地'的助推器，二者相互作用、相互借力。"② 在网络中传播弘扬雷锋精神的先进事迹可能有很多，但多数被淹没在网络信息的汪洋大海之中，只有少数能够借助传统媒体的采访、报道引起广泛的关注，并经网络得到进一步的放大和传播，最终发展成为具有强烈社会影响力的网络舆论事件。所以，需要在网络中挖掘具有很高宣教价值的雷锋式人物的先进事迹，通过传统媒体的助推作用和网络媒体的放大作用，努力使之成为网络舆论，并充分发挥网络意见领袖和网络宣传员的作用，使网络舆论的主流意见符合雷锋精神，进而引领广大社会公众以雷锋式人物为榜样，认同并积极践行雷锋精神，将雷锋精神作为改善东北地区营商环境的精神动力。以郭明义先进事迹为例，借助传统媒体和新兴媒体的交互作用，郭明义"帮助别人、快乐自己"的高尚价值观借助网络得到了广泛的推广，"郭明义微博"自2011年3月25日开通后，仅仅一年多时间，粉丝已达970多万。通过网络，有5000多人报名加入郭明义爱心团队，1000多位遇到困难的人得到了网友

---

① 周总理把雷锋精神全面而精辟地概括为"爱憎分明的阶级立场、言行一致的革命精神、公而忘私的共产主义风格、奋不顾身的无产阶级斗志"。

② 李彪：《谁在网络中呼风唤雨》，人民日报出版社，2011，第61页。

的救助。① 此后，辽宁 120 名道德模范相继开通了微博，组建了一个道德模范微博群，郭明义一个人的"单出头"变成了"大合唱"，形成了一个网络引领道德风尚的"辽宁现象"。② 有如此众多的弘扬雷锋精神的道德模范在辽沈大地爱岗敬业、无私奉献、助人为乐、诚实守信，辽沈的营商环境一定会得到改善，辽沈的经济也会加速发展起来。

第三，要与背离雷锋精神的道德失范和违法犯罪行为作坚决的斗争，为东北地区经济社会快速发展营造良好的营商环境。弘扬雷锋精神，改善东北地区的营商环境，需要两手抓，两手都要硬。一手是借助雷锋式先进人物的带动作用，如郭明义对弘扬雷锋精神的带动作用；另一手就是通过与背离雷锋精神的道德失范和违法犯罪行为作坚决的斗争，进而为弘扬雷锋精神扫除障碍。弘扬雷锋精神，改善东北地区营商环境，就是在处理个人利益和集体利益的关系方面，表扬、奖励为了集体利益而宁愿牺牲个人利益的人（第一种人），认同、鼓励那些获取个人利益而不损害或者促进集体利益的人（第二种人），道德谴责或法律制裁那些为了个人利益而损害集体利益的人（第三种人）。两手抓的目的就是让第一种人和第二种人的比例变大，且第二种人更加倾向于转变为第一种人；让第三种人的比例变小，且第二种人不愿或不敢转变为第三种人。需要通过伦理、法律的引导和规制功能使上述三种人的比例和转化情况更加有利于社会风尚和营商环境的改善。有研究指出，世界海关组织估计约有 65% 的假冒货物来自中国大陆，没有人确切知道为什么在中国有如此众多的知识产权侵权，这可能出自经济方面的原因，也可能出自文化方面的原因。③ 从道德层面来看，知识产权侵权反映的就是不诚信经营问题；从法律层面来看，就是侵犯权利人受法律保护的知识产权问题。上述研究所提供的数据表明，我国在诚信经营方面，第三种人的比例实在有些太高，这种情况在东北地区大体也是如此。所以，弘扬雷锋精神，不仅要从道德层面谴责这种不诚信行为，尽量杜绝假冒伪劣损害消费者的行为；还要从法律层面严格执法，让侵权人根据侵

---

① 毕玉才、刘勇：《"郭明义微博"》，《光明日报》2012 年 6 月 4 日。

② 毕玉才、刘勇：《"郭明义微博"背后的故事》，《光明日报》2012 年 6 月 15 日。

③ Daniel C. Fleming，"Counterfeiting in China，"*East Asia Law Review* 14（2014）：15 – 19。

权情节承担民事责任、行政责任甚至刑事责任。通过道德谴责、法律制裁在东北地区营造出良好的知识产权文化环境，而这种良好的知识产权文化环境又是东北地区良好营商环境的一个重要组成部分。相对于知识产权文化环境不好的地区，良好的知识产权文化环境会使东北地区在吸引先进技术、优秀人才和创新创业资金等方面具有更强的竞争力，能够助力东北地区经济社会的快速发展。除了知识产权文化环境，东北地区的营商环境还包括其他许多组成部分，改善这些部分的营商环境，都需要在雷锋精神的指引下，在伦理与法律的协同引导和规制之下得到改善与提升。

（五）建立公务员决策失误责任追究制度

《辽宁的"五点一线"缘何成了一线"鬼城"》一文，阐述了辽宁的绥中滨海经济区、葫芦岛、锦州滨海新区、锦州龙栖湾新区、盘锦市辽滨沿海经济区、营口北海新区、丹东新城区、东港市等地大搞房地产、旅游等建设项目却变成入住率极低"鬼城"的决策失误问题，指出其危害在于大量资金投入不见效益却背负了几百亿的沉重债务负担。

笔者认为，需要建立公务员决策失误责任追究制度来减少或杜绝此类事件的发生。建立该制度可以使决策活动慎之又慎，在广泛调研、专家论证的基础上出台政策意见稿，之后提交人大经三分之二多数表决通过，然后先试点后推广，尽量减少因决策失误所带来的巨大损失。对于集体决策导致的失误比照法人犯罪的双罚制追究责任，参与决策的集体成员减少收入和提职机会，主要责任人和直接责任人给予党内纪律处分、承担行政责任或者刑事责任；在集体决策中，对错误决策提出反对意见或投反对票的人，不承担责任。在网络时代，要充分发挥网络舆论监督的作用，通过强大的舆论压力，督促党的纪律检查部门和行政、司法部门严格履行对决策失误公务员的责任追究制度。

第四章　应对城乡发展不协调问题的
网络社会工程

　　在上文"应对城乡发展不协调问题网络社会工程的价值"部分指出，应对我国城乡发展的不协调问题，需要针对不协调问题产生的原因，构建相应的社会技术体系，进而形成一个系统性的与自然工程相配合的社会工程，而本研究侧重研究的是这一社会工程的一个重要组成部分——网络社会工程。本研究着重探讨了两大网络社会工程，即大力发展"互联网＋"现代农业促进城乡协调发展的网络社会工程和应对城乡数字鸿沟的网络社会工程，以应对我国城乡二元性较强的问题。

第一节　大力发展"互联网＋"现代农业促进城乡
协调发展的网络社会工程

　　"互联网＋"现代农业（农业信息化）在促进城乡协调发展方面具有十分重要的作用，不过较之发达国家，我国在"互联网＋"现代农业方面还比较落后。美国在"互联网＋"现代农业方面的一些先进经验可以视为经验形态的社会技术。虽然本研究未能上升到理论高度，揭示出其中的社会运动规律，但是美国农业信息化的成功经验暗含着社会运动规律，对构建我国"互联网＋"现代农业发展的社会技术体系具有借鉴意义。因此，在借鉴美国"互联网＋"现代农业方面的一些先进经验基础上，本研究构建了促进我国"互联网＋"现代农业发展的社会技术体系。

一 "互联网＋"现代农业在促进城乡协调发展方面的积极作用

我国城乡二元结构是由于工业发展起来后,传统农业并没有接受工业化的改造,仍然处于自给自足的以家庭为单位的经营模式下而形成的。土地生产率、农业劳动生产率以及农产品的市场化率都很低;与此形成鲜明对照的是,城市工业的生产率、工人的劳动生产率以及工业品的市场化率都很高,这样就出现了城市经济发展水平远远高于农村的城乡二元结构。

日本和韩国分别于 20 世纪 60 年代中期和 70 年代初期实行了对农业的反哺政策,从而使农业迅速强大起来。我国作为走共同富裕之路的社会主义国家,为了贯彻全面建成小康社会的宏伟目标,必须走现代农业、现代工业和信息产业协调发展以及城乡协调发展之路。

"现代农业不再局限于传统的种植业、养殖业等农业部门,而是包括了生产资料工业、食品加工业等第二产业和交通运输、技术和信息服务等第三产业的内容,原有的第一产业扩大到第二产业和第三产业。"[①] "互联网＋"现代农业本质上是信息服务业在现代农业生产各环节中的应用,而且是在现代工业和农业相结合基础上的应用,使现代农业表现为工业化、信息化的特征。现代工业技术成果和信息技术成果在农业生产中的应用,能够"提高农业发展质量,增强城乡之间、工农之间的交流与互动,实现城乡协调发展"。[②]

破解城乡二元结构、实现城乡协调发展,关键在于借助现代工业和信息产业的科学技术来改造传统农业的生产方式,提高土地生产率、农业劳动生产率,实现农村经济的发展,并进一步推动农村各项事业的发展。

信息通信技术("互联网＋")有助于生产价廉物美的农产品,它的应用不仅能够增强农产品的市场竞争优势,而且能更好地让利和服务于消费者。"价廉"的实现主要依靠农村电子商务和物联网技术。农村电子商务能够降低交易成本、库存成本、中间环节成本等成本支出,使产前的农用生

---

① 《现代农业》,百度百科,https://baike.baidu.com/item/现代农业/7936554,最后访问日期:2017 年 6 月 23 日。
② 《现代农业》,百度百科,https://baike.baidu.com/item/现代农业/7936554,最后访问日期:2017 年 6 月 23 日。

产资料购买价格和产后的农产品成本价格降低；在产中借助物联网技术的精确施肥、灌溉等精细化管理，也可以降低成本，使农产品在充分获利的基础上还具有"价廉"的市场竞争优势。"物美"指借助农副产品质量安全追溯体系，通过上下游追溯体系对接和信息互通共享，实现农副产品"从农田到餐桌"全过程可追溯，保障"舌尖上的安全"[1]。此外，利用大数据、云计算等新技术，不仅可以为中高端客户或消费者提供个性化的农产品如手工农产品或者服务（具有审美、艺术价值的手工农产品，绿色农产品，优质、特色农产品或者服务等），还可以减轻各种自然灾害给农业生产带来的损失。"互联网+"在促进农民增收方面效果明显。据相关统计，使用过农业电子商务网站的农民比未使用过的农民经营收入高70%，查询农业信息的农户比不查询信息的农户经营收入要提高45.8%，使用过农业信息技术的农户比未使用过的农户收入高出14.3%。[2]

总之，农业信息通信科技与农业物理科技、农业生物科技等现代农业科技相结合，将传统农业改造升级为现代农业，不仅大大提高了农业生产率，而且使现代农业、现代工业和新兴的信息产业（现代第一、第二和第三产业）相互依赖、相互促进地协调发展，为城乡二元结构的破解、迈入城乡一体化的协调发展之路提供了科技动力。

二 我国在"互联网+"现代农业方面的发展现状与不足

（一）我国在"互联网+"现代农业方面的发展现状

我国政府自改革开放以来一直重视农业的信息化发展。2011年国务院发布了《全国农业农村信息化发展"十二五"规划》，加大了对农业信息化的支持力度；2015年《国务院关于积极推进"互联网+"行动的指导意见》提出了"互联网+"现代农业的发展战略，具体包括以下四个方面：构建新型农业生产经营体系、发展精准化生产方式、提升网络化服务水平和完善农副产品质量安全追溯体系。

在网络基础设施和网络使用规模方面，全国100%的乡镇和87.9%的行

---

① 《国务院关于积极推进"互联网+"行动的指导意见》，国发〔2015〕40号文件。
② 夏青：《信息化成现代农业发展重要支撑》，《农经》2015年第2期。

政村安装了宽带。农村村民以手机上网为主，截至 2015 年 12 月，农村网民使用手机上网的比例为 87.1%。根据 2016 年第 38 次《中国互联网络发展状况统计报告》，截至 2016 年 6 月，农村互联网普及率为 31.7%。

在农业信息化资源建设方面，全国 31 个省（区、市）均设有农业农村信息化主管部门及专职机构，97% 的地市级、80% 以上的县级农业部门设有信息化管理和服务机构，70% 以上的乡镇成立了信息服务站，村级信息服务点逾 100 万个。[①] 农业部和各地农业部门开发并应用了农情调度、动物防疫、农业遥感、渔政指挥、测土配方、病虫害防治、基本农田管理等信息系统。[②]

在农业电子商务方面，2014 年全国涉农电子商务平台已超 3 万家，其中农产品电子商务平台达 3000 家。[③] 根据阿里研究院发布的《阿里农产品电子商务白皮书（2013）》，2013 年阿里平台上，农产品销售同比增长 112.15%。根据《阿里农产品电子商务白皮书（2015）》，2015 年阿里平台上，卖家数超过 90 万个，完成农产品销售额 695.5 亿元，农资产品销售额将近 50 亿元，同比增长 83.24%。[④]

在精准农业方面，我国目前正处于研究与示范试点阶段。如国家物联网示范工程智能农业项目和农业部物联网区试工程项目，开始将物联网技术运用于大田作物滴灌、设施园艺环境监控、畜牧水产养殖环境监测等农业生产领域。[⑤]

（二）我国在"互联网＋"现代农业方面存在的不足

虽然我国政府十分重视"互联网＋"现代农业建设，但是由于起步较晚、软硬件条件较差，与先进的美日等发达国家相比，还有较大差距。

在网络使用规模和网络应用能力方面，根据 2016 年第 38 次《中国互联网络发展状况统计报告》，城乡互联网普及率差距仍然较大，城镇地区互联网普及率超过农村地区 35.6 个百分点，为 67.3%，"不会上网"和"不愿

① 夏青：《信息化成现代农业发展重要支撑》，《农经》2015 年第 2 期。
② 闫树：《论我国农业信息化建设存在的问题及对策》，《华中农业大学学报》2011 年第 3 期。
③ 李国英：《大互联网背景下农业信息化发展空间及趋势——借鉴美国的经验》，《世界农业》2015 年第 10 期。
④ 《阿里研究院：2015 年阿里农产品电子商务白皮书》，中商情报网，http://www.askci.com/news/hlw/20160416/1519453396.shtml，最后访问日期：2017 年 5 月 20 日。
⑤ 夏青：《信息化成现代农业发展重要支撑》，《农经》2015 年第 2 期。

上网"仍是农村人口上网的主要障碍，68.0%的农村非网民因为"不懂电脑/网络"不上网，认为"不需要/不感兴趣"的农村非网民比例为10.9%。目前农村网民中有近90%的人是手机上网用户，使"数字鸿沟"中的接入鸿沟问题得到基本解决，但使用鸿沟问题还十分突出。利用互联网从事信息农业、实现提质增效的意识和能力亟待提高。

在农业信息化资源建设方面，我国还没有形成政府主导和社会力量广泛参与的较理想状态。在政府主导下的农业信息采集、二次开发、广泛共享、法治化管理等方面，和美国等发达国家相比，还有很大差距。目前，在农业信息化资源建设方面，我国还处于政府重视程度高但社会力量参与度不高①的状态，这与农业生产率低、效益不高有关。查找农业信息主要借助农业部信息中心主办的中国农业信息网，一些大的门户网站，比如新浪、搜狐、网易等，在其官网的首页中都找不到"农业""现代农业""三农"等一类的栏目；中国农业信息网上发布的信息也无法通过链接方式在主要的门户网站中访问或查询。

在农业电子商务方面，根据商务部数据，2013年中国农产品交易总额约为4万亿元，其中80%以上通过传统市场实现，电子商务流通占比较小；进入流通领域的生鲜农副产品价值总额达到2.45万亿元，其中电子商务流通占比仅为1%左右。② 这表明，互联网技术的潜力及其在农业电子商务方面的积极效应，诸如降低交易成本，减少中间环节，减少库存成本，促进信息、物流等服务业发展等，在我国还没有被充分挖掘出来。

在精准农业方面，较之美国的大范围使用和技术的先进与成熟，我国物联网技术在精准农业方面的应用还处于研究和示范试点阶段（主要指国内各地建立起来的一些示范基地，比如北京市昌平区小汤山现代科技示范园内精准农业示范工程项目），虽然在节约资源、改善环境、提质增效方面效果明显，但是还没有大范围地推广应用。而美国有200多万个农场主，他们通过及时、完整、连续地获得市场信息进而准确调整农业生产和农产品

---

① 吴贵英、罗银树、罗群胜：《我国农业信息化建设存在的问题及对策》，《现代农业科技》2014年第12期。

② 李国英：《大互联网背景下农业信息化发展空间及趋势——借鉴美国的经验》，《世界农业》2015年第10期。

的销售策略，利用 3S 技术实现了农作物的精确化种植，通过无线射频身份识别系统（RFID）做到对家畜和农产品的精确化管理①，不仅避免了盲目经营的市场风险，还节约了农业生产成本，提高了农业生产效益。美国的先进经验，对于我国应对农业资源匮乏、农田环境污染严重、加入 WTO 农业市场竞争激烈等严峻形势具有很强的借鉴意义。

三 美国在"互联网 +"现代农业方面的先进经验

美国农业人口还不足全国人口总数的 2%，而农业收入却约占国民收入的 10% 以上，表明农业劳动生产率很高。这里需要说明的是，美国的现代农业是第一、第二和第三产业的联合体，不仅仅指第一产业。美国是世界第一农业强国，"是全球最大的农产品出口国，世界各国的进口粮食有一半来自美国"②，这得益于其富饶的国土资源、适宜农作物生长的多样化气候条件以及在规模化经营基础上得到广泛应用的具有世界领先水平的农业科技。美国的大面积种植模式能最大程度的发挥自然条件的优势以形成规模效应，也有利于农业科技通过大范围的应用而降低成本、提高效益。

区域专业化、规模化布局是美国农业生产的一个鲜明特点。美国的农业种植带主要分布在五大区域：东北部和"新英格兰"的牧草乳牛带、中北部的玉米带、中部和北部地区的大平原小麦带、南部的棉花带和太平洋沿岸的综合农业带。美国有 5 个州只种植 1 种农作物，4 个州只种植 2 种农作物，得克萨斯州肉牛的数量占全国的 14%，艾奥瓦州生猪的饲养量是全国总数的 30%，阿肯色州是美国最大的水稻产区（产量占全国的 43%）。③

美国农业的专业化、规模化经营模式为高度的农业机械化、领衔世界的农业生物技术和以"精确农业"为标志的信息技术的低成本、高效益应用提供了有利条件。除了规模化经营为美国农业信息化提供了可行性这一特征之外，美国农业信息化还有以下两个特征。一是构建以政府为主导、多主体共

---

① 《美国农业为啥称霸全球？看完这篇长文你就懂了》，搜狐网，http://mt.sohu.com/20160603/n452715835.shtml，最后访问日期：2017 年 5 月 22 日。

② 屈昊：《美国现代农业管理信息系统的特点和启示》，《中国科技信息》2012 年第 19 期。

③ 《美国农业为啥称霸全球？看完这篇长文你就懂了》，搜狐网，http://mt.sohu.com/20160603/n452715835.shtml，最后访问日期：2017 年 5 月 22 日。

存的一体化农业信息服务体系。① 政府以外的其他主体主要包括农业教育机构、农业科研机构、农业企业、农业合作组织等。二是法制化管理得力。② 美国自 1848 年第一次颁布《农业法》开始，就对农业技术信息服务做出了规定，该法规定，凡亨受政府补贴的农民和农业组织，都有义务向政府提供农产品产销信息；美国联邦政府在 1996 年颁布了《信息技术管理改革法》（Information Technology Management Reform Act 1996），按照该法的要求，美国农业部设立了首席信息官，加强和完善了农业部门的信息资源管理；2004 年美国开始实施《农业信息资源法案》，根据该法的规定，"凡是政府拥有或者资助建设的信息中心、数据库，必须完全免费开放与共享，且联邦政府有义务及时更新数据库及信息中心，并确保各数据库及信息中心能正常运行"③。

美国目前已经建立起世界上最为完善的农业信息化体系，农业信息化体系主要由以下几大方面构成：世界上迄今为止最大的农业计算机网络 AG-NET、农业数据库（包括农业生产数据库和农业经济数据库两种）、专业农业信息网站（如美国最近开发的一个大豆信息网络系统）、电子邮件系统、3S 技术（即农业遥感技术、地理信息系统和全球卫星定位系统）、无线射频身份识别系统（RFID）。④

四 促进我国"互联网＋"现代农业发展的社会技术体系

在上文"我国在'互联网＋'现代农业方面存在的不足"中提到了城乡数字鸿沟问题，这是我国"互联网＋"现代农业方面落后于发达国家的主要因素。所以，要借助"互联网＋"提升我国现代农业的发展水平，必须着力解决城乡数字鸿沟问题。由于这个问题的重要性，本章在第二节专门深入探讨了这一问题。而本节则以美国在"互联网＋"现代农业方面的先进经验为借鉴，构建了促进我国"互联网＋"现代农业发展的社会技术

---

① 李国英：《大互联网背景下农业信息化发展空间及趋势——借鉴美国的经验》，《世界农业》2015 年第 10 期。
② 刘丽伟：《美国农业信息化促进农业经济发展方式转变的路径研究与启示》，《农业经济》2012 年第 7 期。
③ 戴宴清：《美国、日本都市农业信息化实践与比较》，《世界农业》2014 年第 5 期。
④ 《美国农业为啥称霸全球？看完这篇长文你就懂了》，搜狐网，http://mt.sohu.com/20160603/n452715835.shtml，最后访问日期：2017 年 5 月 22 日。

体系。这个社会技术体系由 3 项社会技术构成，它们是：政府部门主导、社会力量广泛参与的农业信息化建设工程，为适度规模化经营模式的建立提供制度性保障和加强农业信息资源的法制化管理。

（一）政府部门主导、社会力量广泛参与的农业信息化建设工程

网络基础设施建设、农业计算机网络、网络农业信息资源数据库等都是涉及公共利益的大型工程，需要大量的资金、人力资源等方面的投入，个别企业无力承担或者没有积极性承担，这就需要政府部门的作用。借鉴发达国家由政府部门主导、依靠市场与民间组织广泛参与①开展农业信息化建设的成功经验，我国制定并实施由政府部门主导、社会力量广泛参与并遵循市场规则的农业信息化建设工程是比较明智的选择。

针对我国在农业信息资源建设方面政府重视程度高但社会力量参与度不高②的情况，政府部门需要采取宣传教育、优惠政策、依法管理等措施，鼓励、规范社会力量积极投身农业信息资源的建设工程中。比如，政府相关部门积极采取宣传教育措施，使社会公众广泛认识到农业信息化的重要性、农业信息产业是很有发展前景的新兴服务产业；一些大的门户网站，比如新浪、搜狐、网易等，即使在没有国家优惠政策的情况下，也可能会主动在官网的首页开辟栏目提供与农业信息资源相关的各类信息服务项目，因为这样做，既服务了农业信息化，也会给它们自身带来一定的经济效益和社会声誉。

（二）为适度规模化经营模式的建立提供制度性保障

规模化经营是制约现代农业发展的主要因素之一。因为使用"互联网＋"等技术手段，涉及经济实力和成本问题，只有拥有大面积的土地或其他农业生产资料的农业大户才用得起，也才会降低它们的生产成本和经营风险，进而扩大利润空间。要解决规模化经营问题，需要落实土地流转制度，而当前问题在于："土地流转率并不高，很多农民宁愿耕地撂荒也不愿土地流

---

① 吴贵英、罗银树、罗群胜：《我国农业信息化建设存在的问题及对策》，《现代农业科技》2014 年第 12 期。

② 吴贵英、罗银树、罗群胜：《我国农业信息化建设存在的问题及对策》，《现代农业科技》2014 年第 12 期。

转，这样就从某种程度上限制了土地的规模经营。"①

笔者认为，"农民宁愿耕地撂荒也不愿土地流转"的原因，主要有两大方面。首先，城乡社会福利方面的差距使农民缺乏社会保障。目前，全国有 30 个省份均已出台户籍制度改革方案，全部取消农业户口，统一登记为居民户口。不过，表面上的二元户籍没有了，但实质上的城乡差别依旧存在，涉及教育、医疗、养老、住房福利等各个方面。② 现在说农民工是"身在城市从事非农业工作的农业户口的工人"③ 是不恰当的，因为现在农业户口取消了，但由于农民工没有在城里落户，本质上还是农民身份，外地户口使农民工无法在其工作的城市中享有和城市居民平等的诸如医疗、就业、教育、保险、住房等方面的福利，80% ~ 90% 的农民工没有"五险一金"的社会保险待遇。而土地承包经营权无疑是一项重要的生活保障，可以保证基本的生活来源，所以很多农民宁愿耕地撂荒也不愿将土地流转。其次，农地"三权分置"制度还面临很多难题。农地"三权分置"虽然是一项重要的制度创新，但刚刚起步，还面临很多难题，也会使农民心存顾虑，不愿流转土地。比如，土地流转合同往往一签就是十多年，"在这流转的十几年里，人民币可能会贬值，租地费用也许会上涨，农民也会考虑到这些现实的问题"④。因此，需要通过制度设计（也就是制度创新）来解决这一问题，让农民的承包权和经营权在利益关系上得到合理的平衡，才会有利于土地的顺畅流转。下面就针对上述两个方面，在制度设计层面探讨一下解决"农民宁愿耕地撂荒也不愿土地流转"问题的对策。

全部取消农业户口、统一登记为居民户口的户籍制度改革，只是破解城乡二元结构的起步阶段，大多数农村居民还无法享受到和城市居民均等的社会福利，所以，要解决"农民宁愿耕地撂荒也不愿土地流转"的问题，当前需要重点解决农民工在城市落户的问题。只有在城市落户成为在城里

---

① 王晓江：《美国发展现代农业的经验对河北省的启示》，《安徽农学通报》2017 年第 1 期。

② 《30 个省市取消农业户口与非农业户口性质区分》，《绿色中国》2017 年第 1 期。

③ 《农民工》，百度百科，https://baike. baidu. com/item/农民工/581，最后访问日期：2017 年 5 月 26 日。

④ 《农民对于土地流转为什么意愿不高？》，金土地网，http://www. kingland119. com/infos/25233/details，最后访问日期：2017 年 5 月 28 日。

有稳定收入的人，农民工才会放心大胆地流转手中的土地，甚至放弃土地承包经营权。"从试点地区看，'合法固定的住所'与'稳定的职业或生活来源'是户改过程中对户口迁移的两个普遍应用的基本落户条件。"① 所以，对自愿申请在城市落户的农民工，接受申请的城市主要审核这两项条件，尽量安排他们在城市落户。农民工在城市落户的人数越多，农用地流转率就会越大，规模化经营以及农业信息化的程度也就会越大，农业劳动生产率也会相应得到提高。农业生产率提高了，即使维持城乡二元户籍制度、不做改革，也不会有农村人口大量涌入城市所带来的"城市病"问题。相反，还会出现城市居民主动申请经济发达、社会福利好的农村地区户籍的情况，因为农业劳动生产率的提高会使经济发达、社会福利好的农村地区比一些城市更具有吸引力。

在国家出台的相关农村社会保障方面的政策性文件中，比如《国务院关于开展新型农村社会养老保险试点的指导意见》（国发〔2009〕32号），提出要把土地保障作为重要的养老经费来源之一。这样看来，农用地"三权分置"中的农户土地承包权就是农户养老金的重要权利保障。在协调农户承包权和土地经营权的关系时，必须认识到农户承包权中包含有社会保障的权能。在制度设计的时候，要保证土地经营权权能的行使有利于农户承包权权能的利益最大化，在这两项权能发生利益冲突时，利益的天平要向农户承包权的社会保障权能倾斜，即保证农户承包权在利益冲突时的优先地位。那么，为了使土地经营权的权能能够绕开农户承包权的社会保障权能，就需要完善其他社会保障制度，使农户承包权中的社会保障权能被减弱或消除。如果进城农民工能够被纳入城镇中，参加城镇养老保险、农村养老保险，能够给农民提供足够的养老保障，那么农户承包权的社会保障权能就无须行使了，土地经营权的权能也会得到更大程度的实现。所以，要解决"农民宁愿耕地撂荒也不愿土地流转"问题，提高土地的流转率，就需要提高农民工参加城镇养老保险的比例或提高农村养老保险的保障水平（也就是说，如果农民能够领取足够多的养老金，就无须土地承包权为其提

---

① 《农民工》，百度百科，https://baike.baidu.com/item/农民工/581，最后访问日期：2017年5月26日。

供保障了）。目前，雇主或单位为农民工缴纳养老保险的比例仅为 14.3%[1]，新农村养老保险的参保人每年能够领取到的养老金（约 2040 元/年）比国家目前确定的农村扶贫标准（约 2300 元/年）还低[2]，土地的社会保障功能及农户承包权的社会保障权能还具有十分重要的价值。这样看来，通过提高农民工参加城镇养老保险的比例或提高农村养老保险的保障水平的办法来减弱或消除农户承包权的社会保障权能，需要经历很长一段时间才能得到实现。目前，要解决"农民宁愿耕地撂荒也不愿土地流转"问题，在制度设计方面，保证土地经营权权能的行使有利于农户承包权权能的利益最大化，保证农户承包权在利益冲突时的优先地位，这两项应该说是能够提高土地流转率所应遵循的原则。提出这两项原则的依据是美国法律哲学家罗尔斯在其著作《正义论》中提出的最有利于最少受惠者原则[3]和自由平等原则优先于差别原则[4]。农民作为"草根"阶层属于社会中的最少受惠者，土地承包权较之土地经营权，应该属于最基本的权利，而土地经营权是获得更高利益的基础，为了社会稳定、提高社会合作的积极性以及在实践中贯彻共享发展理念、走全面建成小康社会之路，应该遵循上述两项原则。根据"保证土地经营权权能的行使有利于农户承包权权能的利益最大化"原则，在土地流转的十几年里，遇到人民币可能会贬值或者租地费用上涨的情况，相关法律要做出规定，支持农民要求变更租地费用的请求；《土地承包权流转合同》也要根据法律的强制性规定，设立变更租地费用的条款，使租地费用随人民币贬值而上涨、随土地市场上租地费用的上涨而相应提高。

（三）加强农业信息资源的法制化管理

借鉴美国的《信息技术管理改革法》《农业信息资源法案》，我国需要制定农业信息资源管理条例，在此基础上制定农业信息资源管理法。我国农业部信息中心主任相当于美国农业部的首席信息官，领导信息中心的其他人员，依照农业信息资源管理条例或农业信息资源管理法，承担农业信息资源的管

---

[1] 《农民工》，百度百科，https://baike.baidu.com/item/农民工/581，最后访问日期：2017 年 5 月 26 日。

[2] 张颖：《我国新农村养老保险存在问题及对策研究》，《新经济》2015 年第 Z2 期。

[3] 〔美〕罗尔斯：《正义论》，何怀宏等译，第 58 ~ 63 页。

[4] 〔美〕罗尔斯：《正义论》，何怀宏等译，第 32 ~ 36 页。

理工作。这样，我国的农业信息资源管理工作就有了制度和组织保证。

农业信息资源管理条例或农业信息资源管理法要规范的一个重要事项，就是农业信息数据库的知识产权保护和共享问题。规定哪些数据库信息对全球免费公开、哪些数据库信息对特定主体在一定范围内免费公开、哪些数据库信息对所有付费的主体公开、哪些数据库信息对一定范围内的主体付费公开。

农业信息数据库建设是自然工程和社会工程的有机联合体，农业信息数据库的知识产权保护和共享属于农业信息数据库建设社会工程中的重要事项。制度设计得好，对数据库权利人的权利予以有力保护，能够调动权利人的积极性，有利于高质量数据库的开发和后期完善与维护；《著作权法》及其他法律法规所规定的著作权民事权利处分制度、合理使用制度、法定许可制度以及强制许可制度，使数据库能够在特定范围和特定主体中合理共享，这对我国农业信息化促进农业现代化的发展、农民增收，促进城乡协调发展等方面都会有积极作用。

对农业信息数据库，可以依据我国《著作权法》《反不正当竞争法》《合同法》《刑法》寻求法律保护，在国外一些国家，还可以依据专门制定的数据库保护法获得法律保护。[1] 数据库分为有独创性的数据库和无独创性的数据库，不同类型的农业信息数据库需要依据不同的法律法规寻求法律保护。①有独创性的农业信息数据库对数据的选择或者编排体现为具有独创性的作品，即汇编作品，根据《著作权法》第14条的规定，归入汇编作品予以保护。②无独创性的农业信息数据库按照《反不正当竞争法》第2条，通过认定被告行为为不正当竞争行为，由被告承担侵权责任，使农业信息数据库权利人的权利获得救济。《反不正当竞争法（修订草案送审稿）》第14条规定，经营者不得实施其他损害他人合法权益，扰乱市场秩序的不正当竞争行为（第1款）。前款规定的其他不正当竞争行为，由国务院工商行政管理部门认定（第2款）。如果这条规定能够被立法机关审议通过，那么，国务院工商行政管理部门可以出台保护无独创性数据库的部门规章，

---

[1]　毛牧然、王晓伟、赵兴宏等：《论数据库的法律保护》，《武汉大学学报》（社会科学版）2001年第6期。

为此类数据库提供法律保护依据。③农业信息数据库的权利人可以遵照《合同法》的相关规定，通过与使用人签订转让合同或许可使用合同，借助合同的履行来获得转让费或许可使用费。④对于以复制发行方式侵犯有独创性的农业信息数据库汇编作品的行为，违法所得数额较大或者有其他严重情节的，可以根据我国《刑法》第217条所规定的侵犯著作权罪，追究侵权人的刑事责任；农业信息数据库被固定于复制品之中，以营利为目的，明知是侵权复制品而予以销售，违法所得数额巨大的，可以根据我国《刑法》第218条所规定的销售侵权复制品罪，追究侵权人的刑事责任。

在维护农业信息数据库权利人法定权利的同时，还要充分运用各种共享制度，使农业信息数据库的使用人能够以尽可能低的成本来使用各类农业信息资源。①借鉴美国2004年实施的《农业信息资源法案》的相关规定，对于政府享有著作权的农业信息数据库，对我国的使用人和根据国际条约与我国有互惠关系国家的使用人可以完全免费开放，其法律依据就是著作权民事权利处分制度。也就是说，著作权是一种民事权利，权利人可以自由处分其权利，其中包括授权他人免费使用。为了推进农业信息化、农民增收、促进城乡协调发展，让政府享有著作权的农业信息数据库免费共享是十分必要的。②根据《著作权法》第22条第1款第1项和第2项的规定，农业信息数据库开发者，基于学习和研究目的，使用他人已发表的农业信息数据库汇编作品属于合理使用，可以无须取得权利人的许可，也无须支付报酬；农业信息数据库开发者可以适当使用他人已发表的农业信息数据库中的数据，使用的程度以没有构成不正当竞争和造成实际损害为限，这种使用也属于合理使用，可以无须取得权利人的许可，也无须支付报酬。③根据《信息网络传播权保护条例》第9条和第10条的规定，出于扶助贫困的目的，农业信息数据库汇编作品权利人的许可权会受到一些限制，但仍然享有获得报酬权。为扶助贫困，网络服务提供者通过信息网络向农村地区的公众免费提供已经发表的种植养殖、防病治病、防灾减灾等与扶助贫困有关的农业信息数据库汇编作品，网络服务提供者应当在提供前公告拟提供的农业信息数据库汇编作品及其权利人、拟支付报酬的标准，自公告之日起30日内，权利人不同意提供的，网络服务提供者不得提供其作品；自公告之日起满30日，权利人没有异议的，网络服务提供者可以提供其作品，并按照公告的标准向著作权人支付报酬。网络服务提供者提供权利人的作品后，权利人不同意提供的，网络服务提供者应当立即删除权利人的作品，并按照公告的标准向权利人支付提供作品期间的报酬。此外网络服务提供者还需满足以下条件：不得直接或者间接获得经济利益、不得提供权利人事先声明不许提供的数据库汇编作品、指明数据库汇编作品的名称和权利人的姓名或名称、采取技术措施以防止服务对象以外的其他人获得权利人的数据库汇编作品、不得侵犯权利人依法享有的其他权利。④我国是《伯尔尼公约》和《世界版权公约》的成员，作为发展中国家，中国国家版权局有权对外国人的农业信息数据库汇编作品向中国使用者颁发翻译权和复制权的强制许可证。获批强制许可证的使用人在外国权利人不愿许可的情况下，也可以使用其农业信息数据库汇编作品，但需要向权利人支付报酬。我国目前没有充分利用著作权强制许可制度，需要在具体实施和法律实务中进行深入细致的探索。

第二节　应对城乡数字鸿沟的网络社会工程

在网络时代，城乡数字鸿沟是城乡经济社会发展不协调的一种体现，而且还会反过来加剧这种不协调发展。因此，为了实现城乡经济社会的协调发展，就需要在认识城乡数字鸿沟对城乡协调发展不利影响的前提下，分析其成因，然后借助与自然工程相结合的社会工程解决城乡间的数字鸿沟问题，促进城乡协调发展态势的形成与不断发展。

一　城乡数字鸿沟及其对城乡协调发展的不利影响

国内外很多组织和个人都给出了各自的数字鸿沟定义。美国国家远程通信和信息管理局（NTIA）于1999年在名为《在网络中落伍：定义数字鸿沟》的报告中给出的定义是：数字鸿沟指的是一个在那些拥有信息时代的工具的人以及那些未曾拥有者之间存在的鸿沟。① 我国学者薛伟贤、刘骏给

---

① 《数字鸿沟》，百度百科，https://baike.baidu.com/item/数字鸿沟，最后访问日期：2017年5月28日。

出的定义是：由于信息通信技术的发展，不同人群或不同地区出现的在获取数字资源上的差别。① 阿特瓦尔将数字鸿沟分为一级鸿沟和二级鸿沟两种，一级鸿沟是指物理接入的鸿沟，二级鸿沟则是"除因特网物理接入之外的因特网信息获取能力上的差距"②。综合以上研究，结合不同人群或不同地区在信息通信科技创新能力方面也存在差距的现实情况，可以将数字鸿沟定义为：不同人群或不同地区在信息通信科技创新能力、互联网等信息通信设施的接入和信息资源应用能力上的差距。而我国的城乡数字鸿沟可以定义为：我国城镇和乡村之间在信息通信科技创新能力、互联网等信息通信设施的接入和信息资源应用能力上的差距。

由于在通信科技创新能力、接入规模和应用能力方面存在数字鸿沟，我国城乡之间在网民规模和应用领域方面存在差距。①在网民规模方面，根据第 39 次《中国互联网络发展状况统计报告》，截至 2016 年 12 月，我国网民规模达 7.31 亿，普及率达到 53.2%；在网民城乡结构方面，截至 2016 年 12 月，我国农村网民占比为 27.4%，规模为 2.01 亿，城镇网民占比 72.6%，规模为 5.31 亿。我国农村网民规模持续增长，但城乡互联网普及率差异依然较大。截至 2016 年 12 月，我国城镇地区互联网普及率为 69.1%，农村地区互联网普及率为 33.1%，城乡普及率差异较 2015 年的 34.2% 扩大为 36.0%。②在应用领域方面，我国农村网民在即时通信、网络娱乐等基础互联网应用使用率方面与城镇地区差别较小，为 4 个百分点左右；但在网购、支付、旅游预订类应用上的使用率差异在 20 个百分点以上。这说明农村网民在互联网的应用领域方面主要处于低端的通信、娱乐层次，比较高层次的应用，比如网购、网络支付、网络教育等方面的应用程度还比较有限。但这也显示农村网民在互联网消费、互联网经营、互联网教育等领域的潜力仍有待挖掘。

城乡数字鸿沟对城乡协调发展的不利影响主要体现在：城乡数字鸿沟问题的出现，导致农村劳动力资源素质低下，既不利于向第二、第三产业

---

① 薛伟贤、刘骏：《数字鸿沟主要影响因素的关系结构分析》，《系统工程理论与实践》2008 年第 5 期。

② Paul Attewell, "The First and Second Digital Divides," *Sociology of Education* 3 (2001): 252 – 259.

转移剩余劳动力，也不利于现代农业发展和新农村建设。农村信息消费能力低下，也使信息产业缺乏市场需求，利润率低，产业发展受阻。发达国家的发展经验表明，农村劳动力向位于城镇的第二、第三产业转移是历史发展的必然趋势。随着知识经济时代的到来，工业化对信息化具有很强的依赖性，而且工业化和信息化具有相辅相成的共同发展关系，而现代农业又是依托工业化和信息化的新型农业，对农业工人的信息素质也有较高要求。城乡数字鸿沟使农村劳动力的信息素质低下，难以适应第二、第三产业以及现代农业对劳动力素质的要求，既无法向第二、第三产业转移，也无法成为现代农业企业中的农业工人。信息产业属于第三产业，即生产性服务业或其他现代服务业，对消费群体的信息素质要求较高。以网络游戏产业为例，较之城镇，农村消费者接入互联网的规模和网络应用能力较低，广大的农村市场缺乏游戏玩家或者游戏玩家的消费能力较低，网络游戏产业在农村中的发展就会受到阻碍。

二 城乡数字鸿沟的成因分析

包括城乡数字鸿沟在内的数字鸿沟问题是多种因素综合作用的结果。薛伟贤、王涛峰研究发现，经济发展水平、信息资源、科学技术和教育投入、人力资源这四个因素对信息化水平的影响非常大，其中经济发展水平上的差异是影响我国"数字鸿沟"的最重要因素。[1] 尹翔硕、刘能华研究发现，对外开放度、知识发展水平、收入水平这三个因素对数字鸿沟的影响程度最大，而这三个因素中，当地地区的收入水平和数字鸿沟之间的关系是最密切的。[2] 祝建华研究性别、年龄、教育程度和职业四个指标对数字鸿沟的影响，得出数字鸿沟的最主要影响因素是教育程度。[3] 张新红、于凤霞、唐斯斯的研究指出，中国农村信息化水平落后于城市的原因主要有网络基础设施建设滞后、经费不足导致上网设备短缺、缺乏使用电脑/网络的

---

① 薛伟贤、王涛峰：《我国"数字鸿沟"的影响因素分析》，《情报杂志》2006 年第 5 期。

② 尹翔硕、刘能华：《经济全球化进程中的数字鸿沟——基于跨国面板数据的分析》，《世界经济文汇》2008 年第 2 期。

③ 祝建华：《数码沟指数之操作定义和初步检验》，载吴信训主编《21 世纪新闻传播研究》，汕头大学出版社，2001，第 203 ~ 211 页。

技能等。① 西桂权分析了国内不同地区经济发展的不平衡性、社会因素、科学技术因素、地理位置因素对我国区域数字鸿沟的影响，认为经济鸿沟是造成数字鸿沟的主要原因。② 陈晓华的研究指出，多头管理、重复建设、规划混乱、制度不健全等现象也是城乡数字鸿沟产生的原因之一。③

综合上述研究成果，可以得出：在生产力层面，城乡经济发展水平的差异是产生城乡数字鸿沟的主要原因，而且是根本性原因，其他原因，诸如该地区的收入水平、教育程度、网络基础设施、网络技术应用水平等，都是由经济因素派生出来的；在生产关系层面，城乡在政府管理、优惠政策、法规建设等方面的差距也是城乡数字鸿沟产生的原因。

三 解决城乡数字鸿沟，促进城乡协调发展的社会技术体系

（一）大力实施工业现代化和农业现代化协调发展的战略

"数字鸿沟归根结底是经济差异上的体现，而加强信息化建设是弥合经济鸿沟的方法之一。"④ 所以，大力发展现代农业，提高农业生产力水平，缩小城乡经济差异是解决数字鸿沟问题的根本途径。现代农业是指应用现代科学技术、现代工业提供的生产资料和科学管理方法的社会化农业。信息化推动工业化，信息化、工业化又会推动现代农业的发展，农业生产实现了机械化、信息化、社会化、企业化，农业生产力提高了，农村经济和城镇经济处于大体平等发展的水平上，数字鸿沟问题就自然会解决。数字鸿沟问题解决后，信息网络技术在推动农村经济（现代农业）发展所起到的作用，和在推动城镇经济发展所起到的作用上，程度也会大体相当。

农业现代化是个远景目标。目前城乡差距还在加大，城乡数字鸿沟也呈拉大趋势，城乡差距、城乡数字鸿沟由大变小的拐点还没有到来。但是

① 张新红、于凤霞、唐斯斯：《中国农村信息化需求调查研究报告》，《电子政务》2013 年第 2 期。
② 西桂权：《我国数字鸿沟与经济鸿沟之间关系的研究》，博士学位论文，北京邮电大学，2013。
③ 陈晓华：《我国城乡二元经济结构转换中的数字鸿沟效应与对策》，《农业现代化研究》2014 年第 1 期。
④ 西桂权：《我国数字鸿沟与经济鸿沟之间关系的研究》，博士学位论文，北京邮电大学，2013。

如果现在不着手解决，放任城乡差距、城乡数字鸿沟的拉大，南美发展陷阱问题①也会成为中国发展的一大障碍。所以，为了避免南美发展陷阱问题在我国重演，我国需要提升劳动者教育水平，大力实施工业现代化和农业现代化协调发展的战略，使工业现代化、农业现代化协调同步发展，进而加快城乡二元结构社会转变为现代工业、现代农业齐头并进发展的一元结构社会的历史进程。根据国外专家的研究成果（美国经济学家乔根森与托达罗认为，实现城乡经济一体化的关键是农村经济与城市经济同时得到发展），工业现代化和农业现代化要同步发展。信息化在推动工业化的同时，信息化、工业化还要同时推动农业现代化的发展；农业劳动力在向城镇二、三产业转移的同时，现代农业也为吸收高素质的农业劳动力提供了机会。现代农业劳动力的素质和城镇劳动力的素质大体相当，劳动生产率大体相当，城乡经济发展水平也会大体相当，数字鸿沟问题也就自然得到解决了。

伴随大批农民进城打工和农村土地流转制度的改革，农业企业化、社会化对大面积土地进行集中和规模化经营管理的现代农业经济发展模式成为可能。在有条件的大学开设现代农业专业，设置"'互联网＋'现代农业"的课程，培养既懂现代农业又懂互联网科技的复合型人才。这些人毕业后，其中的优秀人才能够成为现代农业企业的企业家，其他人能够成为业务骨干，再招收农业劳动力成为现代农业企业里的工人。农村劳动力除了向城市二、三产业转移外，还可以成为现代农业企业中的工人。城乡工人的素质相当，城乡经济发展的差距会减小，城乡数字鸿沟也会减小，信息网络技术对城乡经济社会发展促进作用的发挥程度也会大体相当，不会有较大的差距。

（二）实施提升农村教育水平和农村居民文化程度的战略措施

针对农村教育水平落后、农村居民文化程度较低所导致的信息网络技术应用方面的数字鸿沟问题，需要采取相应的对策。

第一，在师范类院校、职业类院校定向培养信息通信专业的师资，并提高他们在乡村任教的待遇，让他们安心在乡村任教。

---

① 南美地区，低素质的农业劳动力涌入城市，只能从事低端服务业（如餐饮、保姆等）或者滞留在城市贫民窟之中，对城市化、工业化贡献较低，而对社会稳定却造成了很大危害。

第二，在目前各类大学生支教项目中，选派信息通信专业的大学生针对农村中小学、村民的信息应用能力偏低问题开展帮教活动，还可以针对城乡数字鸿沟问题设立"大学生信息网络技术支教"项目，使农村居民除了进行网络游戏、网聊等低端消费娱乐活动之外，还能够掌握电子商务、电子政务、农业科技信息、现代农业、网络教育等高端领域活动方面的技能。大学生支教项目中的"大学生"是个广义的概念，除了专科、本科之外，还包括硕士研究生和博士研究生。为了提高大学生对支教项目的积极性，可以在升学、奖助学金、就业、提干等方面给予参加支教活动的大学生优惠待遇。

（三）制定并实施政策、法规、机制、标准等方面的社会技术

不考虑信息通信科技创新能力这一方面，城乡数字鸿沟主要包括接入规模和应用能力两大方面。对于接入规模方面的数字鸿沟，我国正在通过大力实施"村村通"工程予以努力解决；而对于应用能力方面的数字鸿沟，我国也在通过贯彻城乡教育均等化方针[1]的全国中小学教师信息技术能力提升工程[2]予以解决。"村村通"工程和贯彻城乡教育均等化方针的全国中小学教师信息技术能力提升工程都是自然工程和社会工程的结合体，都需要制定并实施政策、法规、机制、标准等方面的社会技术才能得到落实。

"村村通"工程是自然工程和社会工程的结合体，各种社会工程为自然工程提供政策、制度、组织管理形式及相关工作机制等社会技术来保障自然工程的有效落实。在土地征用、青苗补偿、税费负担等方面的优惠政策，对"村村通"工程会起到促进作用。可以把比较重要和成熟的土地征用、青苗补偿、税收优惠、农村信息化教育等方面的政策制定为法律法规，增强其可操作性、稳定性和强制性。"村村通"工程涉及国资、工信、教育、农业等部门以及各级通信管理部门和电信企业的合作[3]，需要成立领导小组或联席会议

---

① 在《教育部关于实施全国中小学教师信息技术应用能力提升工程的意见》（教师〔2013〕13号）中有贯彻城乡教育均等化方针的规定，比如：采取"送教下乡"和"送培上门"等方式，为不具备网络条件的农村教师提供针对性培训；中西部省份要在"国培计划"专项经费中切块用于农村教师信息技术应用能力培训。

② 《教育部关于实施全国中小学教师信息技术应用能力提升工程的意见》，《中小学教师培训》2013年第12期。

③ 苗圩：《缩小城乡"数字鸿沟"服务农村经济社会发展》，《人民论坛》2014年第33期。

一类的组织及建立相关的工作机制，使各部门能够协调一致开展工作。

目前，城乡数字鸿沟在接入规模方面的差距正在逐步缩小，主要的差距在于应用能力方面，而且应用能力方面的差距主要集中于电子商务、电子政务、农业科技信息、现代农业、网络教育等高端领域方面，在娱乐、消遣方面的差距并不大。要解决农村居民在信息网络技术应用方面的落后状况，需要提高农村中小学教师的信息化教学水平，制定和实施贯彻城乡教育均等化方针的全国中小学教师信息技术能力提升工程显然是十分必要的。除了有助于借助信息网络技术提升农村中小学教师的教学水平以外，还可以提升农村中小学学生的信息网络技术应用能力，特别是运用信息网络技术提高学习效率的能力。美国制定了学生教育技术的能力标准，我国也可以借鉴美国经验，制定这方面的标准，并在中小学开设的计算机、信息网络技术课程中予以落实。2013 年 12 月，在上海举办的全国中小学教师信息技术应用能力提升工程标准研制专家咨询研讨会，参考了联合国教科文组织的《教师信息和通信技术能力标准》，经过多轮专家会议讨论产生了《中小学教师信息技术应用能力标准（试行）》。该标准将信息技术应用能力区分为技术素养、计划与准备、组织与管理、评估与诊断、学习与发展五个维度。[①] 但是，这些标准原则性较强，需要根据信息网络技术发展与应用的实际情况，不同年级、不同课程的不同教学环节的实际情况等制定具体的、更为细化的标准，再根据各类不同的细化标准建立更有针对性的培训课程体系（同将不分专业的英语培训改为专业英语培训一样，不分年级、不分课程的信息技术培训也需改为分年级、分课程的信息技术培训），对城镇和农村的中小学教师实施均等化的信息网络技术辅助教学方面的培训和考核。较之城镇，农村在信息网络硬件设备、师资素质、培训费用等方面存在差距，而要解决数字鸿沟问题需要政府提供补贴、培训经费等，使农村中小学教师在教学信息化能力方面同城市中小学教师的水平基本持平，即实现城乡教育信息化方面的均等化发展，才能从师资、教学环节等方面缩小城乡之间的数字差距。

---

① 张屹、刘美娟、周平红等：《中小学教师信息技术应用能力的现状评估——基于〈中小学教师信息技术应用能力标准（试行）〉的分析》，《中国电化教育》2014 年第 8 期。

第五章　应对物质文明和精神文明发展
不协调问题的网络社会工程

在上文"应对物质文明和精神文明发展不协调问题网络社会工程的价值"中提出，应对我国物质文明和精神文明发展的不协调问题需要一个系统性的、与自然工程相配合的社会工程，本章"应对物质文明和精神文明发展不协调问题的网络社会工程"是这一系统性社会工程的重要组成部分。以"五位一体"的总体布局为视角，物质文明和精神文明发展不协调问题实际也是经济建设和文化建设发展不协调的问题。较之发达国家，我国的网络文化产业还没有成为支柱产业，网络文化产业发展过程中网络有害信息的社会危害性也比较严重，此外，网络中负面舆论的传播对社会主义精神文明建设、社会主义核心价值观的宣教与践行也形成了较大阻碍。网络是把双刃剑，对精神文明建设既有积极的促进作用，又有消极的阻碍作用。所以，在大力实施促进我国网络文化产业发展的社会工程的同时，还要大力实施网络有害信息管控的社会工程，协调经济效益和社会效益的关系，消减网络文化产品（如网络游戏）对社会秩序、青少年身心健康造成的危害，使网络文化产业这项新兴产业发展的同时消减其所带来的危害，推动我国经济建设和文化建设的协调发展。此外，还可以借助网络舆论助力社会主义核心价值观的宣教，将其作为一项社会工程来建设，以推动我国精神文明建设事业的发展。

第一节　促进中国网络文化产业发展的社会工程

发达国家，如美国，文化产业（含网络文化产业）占 GDP 的比重达到

12%，我国作为发展中国家，文化产业占 GDP 的比重约是 6%，仅仅达到世界的平均值。文化产业属于创意产业，对科技和创意要求高，对资源环境的负面影响较小，是我国需要大力发展的新兴产业，也是我国新的经济增长点。网络文化产业作为创意产业，自主创新能力不强制约了其发展，因此，需要针对制约因素构建促进我国自主创新能力提升的社会技术体系（也就是采取相应的应对策略），进而通过提升自主创新能力来增强我国网络文化产业的市场竞争力。

一　网络文化产业的概念及我国网络文化产业的发展现状

（一）网络文化产业的概念

网络文化产业又被称为数字内容产业。它的出现是现代信息产业、文化产业以及互联网技术飞速发展等多种因素共同作用的结果。网络文化产业的核心是人们的思想文化创造活动；载体为计算机、手机以及互联网络等；目的是通过互联网进行文化产品的生产和传播。目前，网络文化产业已经成为我国经济产业的重要组成部分，是我国新的经济增长点。我国在"十二五"规划中对网络文化产业的改革与发展明确提出了新要求："推进文化产业结构调整，大力发展文化创意、影视制作、出版发行、印刷复制、演艺娱乐、数字内容和动漫等重点网络文化产业的兴起与发展。"从广义的角度看，网络文化产业主要包含：将信息网络作为支撑，在内容和形式上与传统文化产业都有很大区别的新文化产业和传统文化产业的数字化与网络化而形成的新兴产业。

（二）我国网络文化产业的发展现状

我国的网络文化产业涉及的内容较多，既包括将信息网络作为支撑，在内容和形式上与传统文化产业都有很大区别的新文化产业，又包括传统文化产业的数字化与网络化而形成的新兴产业。但通过对我国网络文化产业的调查发现，网络社交游戏在我国的网络文化产业中占据越来越多的份额，成为大部分网络文化企业必争的市场，很多文化企业投入巨大的人力物力进军网络社交游戏领域。网络广告业发展势头迅猛，收益较好。一些收费下载的影视作品、书籍等的盈利模式呈现不断改善和扩大的发展趋势。搜索引擎市场在我国也已初具规模。总体而言，我国网络文化产业的发展实力逐步提高，具有较好的发展前景。从我国网络文化产业的结构来看，我国的网络文化产业主要有网络游戏、网络出版、网络广告以及网络引擎等，其中网络游戏占的比重最多。调查显示，2014年我国网络游戏市场的销售额为1244亿元，游戏用户的数量高达5.2亿人；出口的游戏产品中，客户端类占28.7%，移动类约占42%；我国自主研发的客户端类游戏在海外的销售额约为8.62亿元。由此可见，网络文化产业已成为我国国民经济的重要组成部分，对推动我国经济的发展起着重要作用。

二　我国网络文化产业在自主创新方面存在的不足

自主创新是解决目前我国网络文化产业发展困境的重要途径和必然选择，是促进我国网络文化产业发展自然工程和社会工程建设的关键。网络文化产业只有不断提升自主创新的能力和水平，才能增强其国际竞争力。自主创新能力不强是制约我国网络文化产业大发展、大繁荣的最大障碍之一。当前，我国网络文化产业的自主创新能力普遍不强，尤其缺乏具有自主知识产权的核心创意和创新性技术。因此，我国的网络文化产业必须积极推进自主创新，走自主创新的内涵式发展道路。

三　我国网络文化产业自主创新能力不足的成因

（一）缺乏自主创新的基础，网络文化产业结构单一与结构失衡问题突出

网络娱乐是我国网络文化的核心内容。目前，在我国网络文化产业中，网络游戏是主要的项目，而且发展速度较快；在品牌性网络文化建设方面，一些知名的大企业占绝对垄断地位，这极大地制约了其他网络文化企业的发展，不利于网络文化产业的多元化发展。在网络文化产业的区域结构方面，东部沿海等发达地区的网络文化产业发展明显优于西部等地区和一些中小城市，致使网络文化产业发展呈现区域发展不均衡的局面。在产业内部，大部分网络文化企业的盈利模式仍然以传统模式为主。例如，在网络游戏发展方面出现对象性失衡的局面，为城市人群、年轻人群等设计的游戏较多，而针对老年人、儿童以及农村人群的游戏较少。由此可见，我国的网络文化产业呈现结构性的过剩和不足，即结构单一、发展不平衡等问题突出。

（二）网络文化产业中的传统文化特色有待挖掘

"内容产业"是网络文化产业在发展过程中呈现的一种必然特质，这种特质使得文化产业的发展呈现原创性的特点。然而，伴随着网络科技的不断进步，我国的网络用户人数逐年增加、各种中文网站纷纷建立，我国网络文化产业的发展遇到了前所未有的难题——网络信息相对贫乏、网络文化需求高速增长。具体表现在，在网络文学方面，优秀的原创性作品太少，尤其缺乏运用传统文化进行创新的意识；在网络游戏方面，输入我国的国外游戏作品大多以我国的文化背景为素材进行创作，而我国的网络游戏却忽视传统文化因素的渗入，一味地追求商业利润。所有这些都导致我国的网络文化产业在发展内容方面呈现难以为继的局面。

（三）创新型网络人才严重不足、创新团队建设滞后

缺乏具有创新精神、创新意识的人才和团队也是我国网络文化产业发展遇到的问题之一。换言之，在我国网络文化产业发展中，创新型人才严重不足、大部分的文化产品缺乏创意，复合型人才极为缺乏、文化产业发展的后备力量严重不足。因此，网络文化产业发展的研发团队建设是亟须解决的重要问题之一。例如，我国网络社交游戏产业中一些能力较强、素质较高的研发人员大多集中于一些知名度较高的大企业、大公司，而这些大的、知名的公司大多位于北京、上海、广州等一线城市，因此，这些高素质的网络人才也大多集中于这些大的城市，而中西部地区的网络文化企业以及一些规模相对较小的网络文化企业则出现人力资本不足的状况，这极大地制约了这些网络文化企业的发展。与此同时，在网络文化产业发展中也不利于形成良性的竞争局面。

四　提升我国网络文化产业自主创新能力的社会技术体系

（一）加强对网络文化产业的宏观调控，通过调控推进结构优化

政府部门要做好对网络文化产业的宏观规划，做到合理、科学规划，加快推进网络文化产业的区域融合。

（1）通过东部沿海一些发达城市群的发达文化产业带动中西部地区的文化产业的发展。

（2）通过重大项目带动中西部地区网络文化产业的发展。精选一些重

大的项目给予重点支持，加快建设一批能够起重大示范作用和带动作用的网络文化产业项目。

（3）通过国家与地方共建的方式，促进资源的合理优化配置，大力推进网络期刊、网络图书等传统网络文化产业的快速发展。

（4）实施网络文化产业资本多元化的发展战略。鼓励各类社会资本进军网络文化产业投资建设，同时，还可以利用一些与网络文化产业相关的重大重点课题或项目，广泛吸引各方资本，从而促进我国网络文化产业的不断发展。

（二）加强传统文化的渗透，通过发展特色文化占领消费市场

一个国家的网络文化产业要取得长期的可持续性发展就必须突出自己的民族特色，彰显自己民族文化的独特性，这也是一个国家网络文化产业发展的不竭动力。

（1）通过政策扶持等措施，鼓励网络文化企业研发既能反映时代特点，又能展现民族精神和民族文化的文化产品。

（2）在开发网络文化新内容方面，既要重视创新性，还要重视彰显民族特色。大力推进中文信息数据库的建设，通过网络的传播途径，传播民族文化的精髓。

（3）坚持多元化的发展模式。在发扬民族文化的同时，还要积极吸收国外文化发展的优秀成果和精髓。

（三）改革并创新我国网络文化人才的培养模式

（1）改善我国网络文化产业的创新型人才培养模式，全力打造一支既掌握先进信息技术，又具有优秀文化素养的复合型专业人才团队。与此同时，通过与各类职业院校建立订单式的人才培养模式，精心培养有利于我国网络文化产业发展的创新型人才。

（2）加强国内优秀网络文化公司、企业同国际上具有较高声誉的、实力较强的网络文化产业集团或企业之间的交流与合作。可通过选派优秀毕业生到这些文化企业进行实习、见习的方式，吸收这些企业的长处和优势。

（3）通过优惠政策吸引一批具有创新精神和创新意识的研发人员、管理人员积极投身我国的网络文化产业。

第二节　网络文化产业发展中网络有害信息
管控的社会工程

针对网络有害信息对社会所造成的各方面危害，分析网络有害信息致害的原因，获取规律性的认识成果，再在规律性认识成果的指导下，构建由伦理方法和法律方法所组成的社会技术体系来管控网络有害信息，使网络有害信息管控的社会工程有助于协调网络文化产业发展与社会公众利益之间的关系。

一　网络有害信息的概念与分类

（一）网络有害信息的概念

有害信息是指当前政府所颁布实施的法律所禁止制作或者传播的信息和违反当前政府所倡导或认可的道德观念的信息。这里所说的"法律"是广义的法律，包括狭义的法律（全国人大及其常委会制定的法律）、行政法规、地方性法规、规章等，主要指法律和行政法规。网络有害信息是指在网络上发布或者传播当前政府所颁布实施的法律所禁止制作或者传播的信息和违反当前政府所倡导或认可的道德观念的信息。网络有害信息与有害信息是部分与整体的关系。有害信息的传播媒介有三种，第一种是仅在传统媒介中传播，第二种是仅在网络媒介中传播，第三种是在传统媒介和网络媒介中交互传播，后两种传播媒介中的有害信息被称为网络有害信息。由于网络技术有很多新的特点，有害信息在网络中的传播也具有了新的特点，需要对其展开专门的研究。

在上述关于有害信息和网络有害信息的概念中提出了判断信息是不是有害的标准，即是否违反当前政府所颁布实施的法律和政府所倡导或认可的道德观念。之所以以政府的法律和倡导或认可的道德观念为标准，主要是基于政府是公共管理机关，具有维护社会秩序、社会稳定的职责，也拥有由各种公共资源所产生的国家强制力和对各种传播媒体的管理能力。根据马克思主义关于市民社会与政府关系的理论，政府判断是非标准的主要依据是是否符合社会中占据统治地位的阶级或阶层的意志。我国是社会主义国家，占据统治地位的阶级的意志就是广大人民群众的意志，党和政府本质上是服务于人民的。在有害信息防控、管理问题上，政府要倾听人民群众的呼声和需求，根据最大多数人的最大利益和价值取向（当然也要兼顾少数人的合法利益和价值取向）原则来认定信息是否有害以及制定有害信息防控的法律。

（二）网络有害信息的分类

网络有害信息可以根据不同标准进行分类，如根据网络有害信息概念的外延、危害的领域、危害的程度等进行分类。

根据网络有害信息概念的外延可以将其分为两大类。一是法律、行政法规所禁止制作或者传播的网络有害信息；二是违反当前政府所倡导或认可的道德观念的网络有害信息。

法律所禁止制作或者传播的网络有害信息主要规定在《全国人民代表大会常务委员会关于维护互联网安全的决定》（2000 年 12 月 28 日，第九届全国人民代表大会常务委员会第十九次会议通过）中。这部法律将法律所禁止制作或者传播的信息分为四大类，值得注意的是，其规定方式是在实施四类违法犯罪行为时所涉及的信息。第一类，危害互联网运行安全的有害信息，主要包括故意制作、传播计算机病毒等破坏性程序。第二类，危害国家安全和社会稳定的有害信息，这类有害信息主要包括：造谣、诽谤等有害信息，煽动颠覆国家政权、推翻社会主义制度的，煽动分裂国家、破坏国家统一的，煽动民族仇恨、民族歧视、破坏民族团结的，组织邪教组织、联络邪教组织成员的，破坏国家法律、行政法规实施的。第三类，破坏社会主义市场经济秩序和社会管理秩序的有害信息，这类有害信息主要包括：对商品、服务作虚假宣传的，损坏他人商业信誉和商品声誉的，侵犯他人知识产权的，影响证券、期货交易或者其他扰乱金融秩序的，淫秽书刊、影片、音像、图片等。第四类，损害个人、法人和其他组织的人身、财产等合法权利的有害信息，这类有害信息主要包括：侮辱他人或者捏造事实诽谤他人的，非法截获、篡改、删除他人个人信息数据的，进行盗窃、诈骗、敲诈勒索的。

行政法规所禁止制作或者传播的网络有害信息主要规定在《计算机信息网络国际联网安全保护管理办法》（1997 年公布，2011 年修订）和《互联网信息服务管理办法》（2000 年公布，2011 年修订）中。《计算机信息网络国际联网安全保护管理办法》第 5 条规定，任何单位和个人不得利用国际联网制作、复制、查阅和传播下列信息：①煽动抗拒、破坏宪法和法律、行政法规实施的；②煽动颠覆国家政权、推翻社会主义制度的；③煽动分裂国家、破坏国家统一的；④煽动民族仇恨、民族歧视，破坏民族团结的；⑤捏造或者歪曲事实、散布谣言、扰乱社会秩序的；⑥宣扬封建迷信、淫秽、色情、赌博、暴力、凶杀、恐怖，教唆犯罪的；⑦公然侮辱他人或者捏造事实诽谤他人的；⑧损害国家机关信誉的。《互联网信息服务管理办法》第 15 条规定，互联网信息服务提供者不得制作、复制、发布、传播含有下列内容的信息：①反对宪法所确定的基本原则的；②危害国家安全、泄露国家秘密、颠覆国家政权、破坏国家统一的；③损害国家荣誉和利益的；④煽动民族仇恨、民族歧视，破坏民族团结的；⑤破坏国家宗教政策、宣扬邪教和封建迷信的；⑥散布谣言、扰乱社会秩序、破坏社会稳定的；⑦散布淫秽、色情、赌博、暴力、凶杀、恐怖或者教唆犯罪的；⑧侮辱或者诽谤他人、侵害他人合法权益的；⑨含有法律、行政法规禁止的其他内容的。

较之上述法律，两个法规基本上是按照法律所规定的有害信息的大类和具体种类来做出规定的，不过对破坏社会主义市场经济秩序的有害信息未做规定。此外，《计算机信息网络国际联网安全保护管理办法》第 5 条和第 20 条对查阅有害信息的行为也做出禁止性规定并规定有行政处罚措施，但这一规定值得商榷。因为查阅有害信息的行为属于个人隐私的范围，而且这类行为是在制作、复制和传播过程中才可能发生，由于查阅者数量巨大，执法过程中会出现挂一漏万的情况，所以对查阅行为，不宜采用法律手段来管理，主要应该运用道德手段来管理。

法律、行政法规所禁止制作或者传播的网络有害信息，当然属于违反当前政府所倡导或认可的道德观念的网络有害信息，因为法律是道德的底线，违法道德的信息涉及重要社会利益的才有必要制定为法律并通过国家强制力来保障实施。那么本研究所提出的违反当前政府所倡导或认可的道德观念的网络有害信息是指法律、行政法规所禁止制作或者传播的信息以外的有社会危害性的信息。这类网络有害信息大体可分为三类。第一类是社会危害性不大的网络有害信息，没有必要通过法律、法规来管理，比如网络低俗语，从精神文明建设、对人格的侵害角度来看肯定属于有害信息，但是对此却主要依靠批评教育、社会舆论、自律等道德手段来解决，不易用法律手段来管理。第二类是由于法律的滞后性，尚未纳入法律、行政法规所规范的网络有害信息。第三类是对部分人（主要指未成年人）有危害或者部分人接触后易实施危害社会行为的信息，这类信息主要包括色情、暴力信息。英国阿伯丁大学教授、技术哲学家格雷厄姆在其著作《互联网哲学的探索》一书第六章中，基于以下三项原因认为不易将色情信息归入有害信息。一是判断是不是色情信息具有主观性，二是色情信息与美感信息或艺术信息难以区分，三是色情信息的社会危害性值得怀疑，并认为对色情信息主要应该运用伦理手段来管理，而不易采用法律手段来管理。① 本研究认为，色情、暴力信息对未成年人的身心易造成危害、易诱发他们违法犯罪这点是不应怀疑的。对未成年人而言，色情、暴力信息属于有害信息，需要兼用法律、伦理方法予以管理，而对于成年人，则主要采取伦理方法来管理。色情、暴力信息，在我国法律和行政法规中作为有害信息予以全面禁止，而没有区分成年人和未成年人而予以区别对待，没有考虑色情信息与和性相关的艺术信息、暴力信息、武打信息难以区别的情况。与性相关的艺术信息、武打信息对成年人来说不至于不加判断地模仿而危害社会，所以，考虑到网络文化产业发展的需要，作品中含有与性相关的艺术信息、武打信息可以允许成年人接触，而禁止未成年人接触，也就是说在借鉴国外经验基础上制定、实施游戏等作品的分级制度，可以尽量避免社会危害性，促进文化产业的发展。

根据危害的领域进行分类，可以参照《全国人民代表大会常务委员会关于维护互联网安全的决定》第1条至第4条的规定，分为4个主要危害领域的网络有害信息：危害互联网运行安全的网络有害信息，危害国家安全和社会稳定的网络有害信息，破坏社会主义市场经济秩序和社会管理秩序的网络有害信息，损害个人、法人和其他组织的人身、财产等合法权利的

---

① Gordon Graham, *The Internet: A Philosophical Inquiry* (London: Routledge, 1999), pp. 103 - 127.

网络有害信息。

根据危害的程度进行分类，可以分为法律、行政法规所禁止制作或者传播的网络有害信息和违反当前政府所倡导或认可的道德观念的网络有害信息两大类，前者的社会危害性要大于后者。此外，也可以根据承担法律责任的轻重程度对网络有害信息进行分类，可以分为：一般需要通过承担刑事责任来管控的网络有害信息，一般需要通过承担行政责任来管控的网络有害信息，一般需要通过承担民事责任来管控的网络有害信息。危害国家安全的网络有害信息一般需要通过承担刑事责任来管控，破坏社会管理秩序的网络有害信息一般需要通过承担行政责任来管控，损害个人、法人和其他组织财产权的网络有害信息一般需要通过承担民事责任来管控。

二　网络有害信息的危害

《全国人民代表大会常务委员会关于维护互联网安全的决定》将法律所禁止制作或者传播的网络有害信息分为四大类，即危害互联网运行安全的网络有害信息，危害国家安全和社会稳定的网络有害信息，破坏社会主义市场经济秩序和社会管理秩序的网络有害信息以及损害个人、法人和其他组织的人身、财产等合法权利的网络有害信息。本研究从网络有害信息的政治安全危害、经济安全危害和人本利益危害三个方面来阐述网络有害信息的危害。政治安全危害包括国家安全危害、社会稳定危害和社会管理秩序危害；经济安全危害主要指对社会主义市场经济秩序的破坏，对个人、法人和其他组织财产权利的危害；人本利益危害主要指对个人、法人和其他组织人身权利的危害。危害互联网运行安全的网络有害信息可能对政治安全、经济安全和人本利益都造成危害，所以可以视其具体危害的领域将其纳入上述三大类危害之中。

（一）网络有害信息的政治安全危害

网络有害信息的政治安全危害主要指网络有害信息在国家安全、社会稳定和社会管理秩序等方面的危害，具体包括网络有害信息在国家政权、领土完整、宪法法律实施、宗教政策、民族团结、国家机关信誉和社会秩序等方面的危害。《计算机信息网络国际联网安全保护管理办法》第 5 条和《互联网信息服务管理办法》第 15 条都规定有多种有害信息，其中有 7 种有害信息可以归为政治安全危害方面的有害信息，占比接近 80%。

网络有害信息的上述危害主要是通过网络舆论宣传煽动、组织动员抗议和暴恐事件、网络攻击、网络战争等手段来实现的。这些手段可以通过发生在境内外的相关案件、事件来分析和理解。

2009 年，新疆乌鲁木齐发生了震惊世界的"7·5"暴力犯罪事件。"世界维吾尔代表大会"主席热比娅利用网络舆论煽动民族分裂分子的不满情绪，并进而借助 QQ 群、论坛、个人空间等网络自媒体，组织"东突"分裂势力打砸烧杀，造成了十分严重的人员和财产损失。"2009 年 6 月 26 日广东韶关发生维吾尔族和汉族工人纠纷后，热比娅在很多电脑网页上夸大事件歪曲事实，把 2 名维吾尔族工人死亡说成 50 多人死亡，并把假照片粘贴在电脑网页上，导致了 7 月 5 日事件的发生。"① 网络管理部门对网络自媒体一般不加干预，加之"东突"分裂势力大都借助境外网站从事煽动分裂活动，致使对暴恐案件的监控十分困难②，这样难以在事前及时发现并采取相应的防范措施，导致了严重后果的发生。新疆维吾尔自治区人民政府新闻办公室新闻发言人侯汉敏接受新华社记者专访时称，截至 2009 年 8 月 5 日，乌鲁木齐"7·5"事件已经造成 1700 多人受伤、197 人死亡，有 331 间店铺被烧、627 辆汽车被砸被烧，直接经济财产损失达 6895 万元。③

达赖集团分裂势力也大肆利用网络从事民族分裂的宣传、筹资、网络攻击、组织暴恐活动等。他们建立了许多网站来宣扬其主张，"据不完全统计，达赖集团主办网站有 100 多个，有影响的网站有 10 多家"④。而且他们还利用国外反华势力的网站中的链接来进行非法宣传，使我国公安机关很难发现并对其采取屏蔽措施。达赖集团分裂势力鼓吹民族分裂的有害信息主要有以下几个方面的危害：一是歪曲西藏历史上就是中国一部分的历史事实，淡化藏族同胞对统一多民族国家的认同感；二是曲解党和政府实施

---

① 《热比娅·卡德尔》，百度百科，https://baike.baidu.com/item/热比娅·卡德尔，最后访问日期：2017 年 6 月 3 日。
② 林凌：《"7·5"暴力事件的网络舆论传播特点及引导策略》，《当代传播》2009 年第 5 期。
③ 《乌鲁木齐 7·5 打砸抢烧严重暴力犯罪事件》，百度百科，https://baike.baidu.com/item/乌鲁木齐 7·5 打砸抢烧严重暴力犯罪事件，最后访问日期：2017 年 6 月 3 日。
④ 张莉莉、王嵩楠：《"藏独"网络恐怖活动应对措施初探》，《四川警察学院学报》2009 年第 5 期。

西部大开发的战略意义，将其歪曲为对藏区资源的掠夺和侵略，破坏民族团结和共同发展战略的有效实施；三是将西藏经济社会发展中的一些负面影响，诸如环境污染、征地纠纷、伤害少数民族宗教信仰及禁忌习俗①等扩大化，通过舆论的宣传来引发群体性事件，破坏社会稳定。此外，他们还组建了自己的黑客团队，采取各种方式对爱国网站发起攻击，"造成的后果比较严重的有'红心中国'事件，'反CNN'网站被黑事件，恶意攻击留学生保护圣火传递网页事件等等"②。

网络战争是通过组建网络作战部队，利用网络攻击和防御手段，对敌方网络系统实施攻击并防御己方网络系统受攻击的作战形式。"军事专家认为，进行真正的网络战至少要具备三个条件：一支统一的网络战部队；拥有相当数量的网络战攻防武器；制定整套的网络战作战理念和计划。"③网络战发端于1991年的海湾战争，后来在1999年的科索沃战争、2007年的爱沙尼亚战争、2008年的俄罗斯与格鲁吉亚冲突、2003～2011年的伊拉克战争、21世纪初期在乌克兰、格鲁吉亚和吉尔吉斯斯坦等国发生的"颜色革命"中都发生了网络战。④可以说，网络战是现代战争中普遍存在的一种作战形式，具体来说就是组建网络作战部队，利用黑客入侵、植入计算机病毒、"分布式拒绝服务"（DDoS）袭击等技术手段，攻击敌方网络系统，使敌方指挥、通信、宣传、金融、外交等网络系统无法正常工作。由于认识到网络战的重要作用，许多国家，诸如美国、俄罗斯、印度、德国、日本、朝鲜、以色列等国都组织了自己的网络战部队，并已经在实战中大显身手。⑤和美国等发达国家相比，我国在网络技术创新和应用以及网络管理等方面还处于落后地位，需要在人才、技术、管理、资金投入等方面做好充分准备，以应对网络战所提出的严峻挑战。

（二）网络有害信息的经济安全危害

网络有害信息的经济安全危害主要指黑客攻击、网络欺诈等给网络经

---

① 马永孝：《藏区网络舆情研究》，《净月学刊》2015年第2期。
② 张莉莉、王嵩楠：《"藏独"网络恐怖活动应对措施初探》，《四川警察学院学报》2009年第5期。
③ 和静钧：《朝鲜半岛网络战争，真有那么回事？》，《世界知识》2009年第15期。
④ 若英：《世界"网络战争"知多少？》，《红旗文稿》2013年第16期。
⑤ 谢方：《网络战争：国家博弈新方式》，《东北之窗》2009年第15期。

济参与者造成的财产损失。

黑客攻击给网络经济带来的损失占总收益的 15% 左右，"据美国《基督教科学箴言报》6 月 9 日报道，近期一项调查显示，受网络黑客攻击，全球每年损失 4000 多亿美元，仅美国的损失就超过 1000 亿美元。然而，国际战略与研究中心的调查员透露，这还不包括那些不跟踪网络犯罪的国家或轻视网络攻击的企业所蒙受的损失。调查结果表明，每个地区受黑客攻击的程度不同。波斯湾的两家银行在几小时内损失 4500 万美元、一家英国公司因网络攻击损失 13 亿美元。据印度计算机紧急小组统计，在 2011 年到 2013 期间，全球有 308371 家网站被黑客攻击过"①。

网络欺诈类有害信息包括诱使消费者支付价款的信息（比如谎称获奖而骗取受骗者为税费、手续费、邮寄费而支付的价款）、伪造的网页、电子邮件或者木马病毒等，欺诈行为实施者的目的在于通过非法获取被骗者的账号、密码、信用卡号等个人信息而骗取其钱财。网络欺诈类有害信息也给经济发展造成了巨大损失。2015 年 "7 月 22 日，中国互联网协会 12321 网络不良与垃圾信息举报受理中心，在中国互联网大会上发布了《中国网民权益保护调查报告（2015）》，其中指出：近一年来，我国总数为 6.49 亿的网民，因垃圾信息、诈骗信息和个人信息泄露等原因，每人遭受的经济损失为 124 元。如此算来，总体经济损失已经达到了一个令人震惊的数字——805 亿元！"②

（三）网络有害信息的人本利益危害

网络有害信息在人本利益方面的危害主要表现为对个人身心健康权益、学业、事业等方面的危害以及诱发违法犯罪对他人人本利益的危害。

网络中弥漫的暴力、恐怖、色情、赌博、恶搞等有害信息往往导致一些意志薄弱的青少年沉迷其中不能自拔，进而损害他们的身心健康权益，耽误他们的学业和事业。网络有害信息所导致的网瘾"破坏了青少年正常的生活、学习秩序，降低了其认知能力，孤立了其和人群的联系，诱发了焦虑、抑郁、狂躁、恐惧等负面情绪，已严重影响青少年的身心健康，并

---

① 《全球网络经济因黑客攻击损失巨大　占总收益 15%》，中新网，http://www.chinanews.com/gj/2014/06-10/6265381.shtml，最后访问日期：2017 年 6 月 3 日。

② 《近八成网民信息被泄露　总体损失达 805 亿》，新浪财经，http://finance.sina.com.cn/china/20150729/074722819507.shtml? utm_source = tuicool，最后访问日期：2017 年 6 月 5 日。

成为引发各种犯罪的主要原因"①。在笔者教过的学生中，有很大比例喜好网络游戏、网络聊天、网络视频、网络小说等网上消遣活动，如果他们仅仅在业余时间放松身心、缓解学习压力这当然是有益的。问题是少部分同学在课堂上也拿着手机进行这些消遣活动，这无疑会影响他们的学业，也会使高校培养的人才因质量下降而不能更好地服务于国家建设，更为严重的是，有个别同学还会沉溺于网络游戏、网恋而荒废学业，给社会、家庭和他们自己带来极大的痛苦和损失。记得曾有一位网瘾方面的专家来我所在高校讲学，我环顾四周，仅能容下几百人的大礼堂被前来听讲的学生挤满，有的同学没有座位就站在过道里听讲，这种情形表明网络沉迷一定是很多同学的心病，他们肯定是意识到网络沉迷对他们学业、生活、身心健康所带来的负面影响，但又苦于难以节制自己的过度上网行为而希望专家能够为他们指点迷津。由此可见，网络有害信息的人本危害是被很多人（主要指成年人）明确意识到并试图努力避免的，但又由于人性中非理性的欲求而使其难以自拔、深受其害。因此，解决这一问题就要求网络经济、网络文化产业的发展，不要利用人性中非理性的欲求赚昧心钱，而是要兼顾经济利益与社会人本利益，创作和发行既有经济收入又能弘扬社会主义核心价值观的优秀网络文化产品。

根据非理性主义和弗洛伊德主义的观点，非理性的欲求是人的原始本能欲望和冲动，这种欲望和冲动需要理性的规范且要在符合社会规则的情况下得到满足。而在网络空间中由于缺乏外在的舆论和法律的规范，一些规则意识和自律能力较差的社会成员（特别是青少年），易被网络有害信息俘获进而沉迷不能自拔，更为严重的是，还会诱发一些人走上违法犯罪的道路。"公安部新闻发言人武和平曾在 2007 年 4 月底的一次新闻发布会上说，目前，青少年网络违法犯罪日益突出，在违法犯罪的青少年中，有80% 的青少年是因为受到网络色情、暴力等内容的诱惑。"② 网瘾研究专家陶宏开教授在分析网瘾问题时透露出一组数据："北京青少年网络犯罪率惊

---

① 徐伟、童春荣：《青少年网络成瘾所致犯罪及其对策》，《江苏警官学院学报》2013 年第 1 期。

② 杨波：《网络传播对青少年人格和行为方式的负面影响》，《江苏警官学院学报》2009 年第 3 期。

人，90％的青少年犯罪与上网成瘾有关。"① 另据广东省佛山市南海区法院统计，2007 年和 2008 年，"南海法院审理的因网络诱发的未成年人犯罪案件，占全部未成年人犯罪案件总数的 30％。也就是说，近三分之一的未成年人犯罪案件与网络有关"。② 以上统计数字表明，青少年犯罪与接触网络有害信息有较大关系（30％左右的比例），而如果是网络犯罪，那么与沉迷网络有害信息则有直接的关系（80％~90％的比例）。沉迷网络有害信息所导致的违法犯罪主要有杀人、伤害等违法犯罪，性违法犯罪（包括强奸、猥亵、卖淫、嫖娼等违法犯罪），侵财违法犯罪（抢劫、盗窃、敲诈勒索等违法犯罪），赌博违法犯罪等，这些违法犯罪不仅给受害人人身、财产造成了很大损害，而且也危害了社会治安和正常的生产、生活秩序。笔者曾经办理过一起抢劫案件，两个被告人一个 16 岁、一个 17 岁，平时他们都沉迷于网络游戏和上网聊天，一天晚上为了筹集上网的费用而对一名路人实施了抢劫，不料在逃跑的途中被随后赶来的被害人、民警和路人一同抓获。后来经法院审理，他们分别被判了 3 年和 4 年的有期徒刑。这是一起典型的沉迷网络后为筹集上网费用而实施的侵财犯罪，警示其他青少年要认识到网络沉迷的危害，也呼吁社会公众关注网络沉迷问题，积极寻找应对之策以减少这类案件的发生。

三　网络有害信息的致害原因

网络有害信息的致害原因包括客体原因和主体原因。客体原因属于生产力的范畴，主要指基于网络技术建立起来的网络媒体的特性在实现网络信息正向价值的同时，也导致了网络有害信息的产生。主体原因属于生产关系的范畴，主要指由网络技术主体失当的价值观、素质品行方面的缺点、网络法律的不够完善等因素导致的网络有害信息危害社会的行为的产生。

（一）客体原因

基于网络技术建立起来的网络媒体具有开放性、交互性、全球性、无中心性、虚拟性和技术性等特点，这使得网络信息的传播在产生正向价值

---

① 李晓临：《青少年网络成瘾与犯罪》，《安徽科技学院学报》2007 年第 1 期。

② 张生磊、周桂颜：《30％ 未成年人犯罪案与网络有关》，《羊城晚报》2008 年 12 月 19 日。

的同时也伴随有负向价值的产生。

网络是个开放的交互性媒体，任何人都可以成为信息的发布者和接收者。与传统的报纸、电视、广播等媒体相比，进入网络没有行政审批所形成的限制，虽然方便了言论的表达和信息的沟通与共享，但也导致了有害信息的产生。由于网民的素质参差不齐，有人传播正向的、有用的、真实的信息，也有人传播负向的、无用的、虚假的信息。负向的、无用的、虚假的信息往往因其具有社会危害性而成为有害信息。网络的交互技术、链接技术、搜索引擎技术不仅便利了有益信息的传播与交流，也便利了有害信息的传播与交流。以基于网络交互性的网恋为例，网恋的确使少数网恋者（比例仅为千分之几）步入了婚姻的殿堂，但是虚拟环境中的交互性往往导致网恋以"见光死"收场，而且假借网恋实施的诈骗、抢劫、强奸、绑架勒索、盗窃等案件也层出不穷。因此，如何提高网恋的成功率并减少其风险性已成为一个需要人们重点关注的课题。

网络的全球性使信息的传播跨越了国界，有利于信息的交流与共享，但是也给有害信息的监管带来了难度。一方面，各国法律对有害信息的界定有所不同，一国认定为有害信息的，另一国可能就不认为是有害信息，比如政治类、赌博类的信息就属于这种情况，这就使国家间达成司法合作协议失去了共同的法律基础；另一方面，信息跨国流动也给执法活动造成了影响，如果两个国家之间没有建立起司法合作机制，对于传播有害信息的嫌疑人就很难予以追究。

网络的无中心性弱化了政府部门对信息传播的监管，使经济类信息能够避免政府的过度限制而自由流动。但是，政府部门监管的弱化，也无疑会导致有害信息的泛滥。散布政治谣言等危害政治安全的信息，诈骗钱财、侵入金融系统等危害经济安全的信息，暴力色情网游、假借网恋骗财骗色等危害人本利益的信息所引发的各类网络安全事件近年来呈多发态势，原因在于政府管理部门面对网络上的海量信息往往难以及时发现其中的有害信息并采取应对措施。加之网络的虚拟性，事后也难以追查，致使多数嫌疑人都逃脱了法律的制裁，执法的不力进而加剧了各类案件的发生。

网络的虚拟性有助于扩大公民的政治参与和民主监督，也有助于人们交往的平等性，但同时也加大了政府对网络有害信息监管的难度。

网络的技术性表现为网络技术处于不断创新与应用的过程之中，这一方面促进了社会政治、经济、文化等的发展，而另一方面也给违法犯罪分子提供了更为有利的技术手段。他们利用黑客手段侵入信息系统、利用各种技术手段隐藏身份、对电子数据进行修改和删除，在造成重大危害的同时又给案件的侦破工作提出了很大的挑战。

（二）主体原因

网络技术主体失当的价值观、素质品行方面的缺点、网络法律的不够完善是网络有害信息产生危害的主体性原因。

网络技术主体包括网络技术创新主体和网络技术应用主体。基于片面追求经济利益、损人利己、分裂国家、民族仇恨等失当的价值观，网络技术创新主体会开发计算机病毒等破坏性程序来破坏他人的信息系统或者制作、发布虚假的网络舆论信息，从而导致危害互联网运行安全、危害社会稳定的有害信息的产生。同样基于上述失当的价值观，网络技术应用主体（包括网站、网民等）也会利用网络传播有害信息来危害社会，其中包括：传播谣言危害社会稳定、传播淫秽色情信息危害青少年身心健康、发布虚假信息骗取他人钱财等。例如，有的网站为了增加访问量、获取更多利益，而将色情、暴力、骇人听闻的谣言信息置于网站醒目的位置或者以弹出窗口的方式来吸引网民的眼球，而这些有害信息对于网民特别是青少年是有危害的，而且还有可能诱发青少年实施违法犯罪行为。

网络技术应用主体（这里主要指网民）的素质品行方面的缺点也是网络有害信息致害的原因之一。

第一，一些网民因缺乏防范意识会导致网络有害信息的致害。比如，随意下载一些"免费"软件而导致木马病毒植入个人电脑，使自己的个人信息被不法分子窃取而导致损失。又如，15 名女大学生因在网络聊天和现实交往中轻易相信无业中年男子提供的虚假个人信息和拉近关系的说辞而陷入恋情后被骗财骗色。①

第二，一些网民的盲从、非理性和法制观念淡薄会助推网络有害信息

---

① 《大叔骗 15 名女大学生财色》，新浪新闻，http://news.sina.com.cn/s/2015 – 06 – 18/023031 962464.shtml，最后访问日期：2016 年 12 月 8 日。

的危害性。网络中有"人格独立、怀疑批判精神较强、不易被多数意见所动摇的网络意见领袖"[1]，但这毕竟是少数，多数人由于从众心理易盲从，并在集体非理性的氛围中发布、传播谣言等虚假信息，或者参与一些网络暴力事件而侵犯他人的合法权利。比如在"铜须门"事件中，很多网民大肆对"铜须"进行道德声讨和人身攻击并干扰了他家人的正常生活[2]，但他们没有意识到"铜须"和他人妻子发生不正当关系这一指控可能是子虚乌有的，也没有意识到他们的行为已经侵犯了"铜须"及其家人的法定权利，包括隐私权、名誉权等。

第三，青少年特别是未成年人的素质品行方面的心理缺陷是网络有害信息致害的心理成因。根据中国互联网络信息中心（CNNIC）发布的第39次《中国互联网络发展状况统计报告》（以下简称《报告》），截至2016年12月，中国网民规模达7.31亿，网民以10～39岁年龄段为主要群体，比例合计达到73.7%，网民中学生群体的占比最高，为25.0%。[3] 可以大致认定，在我国，40岁以下的网民占比80%左右，未成年网民占比23%左右，详细数据见图5-1。青少年，特别是未成年人，他们处于未成熟或半成熟状态，对是非的判断能力较弱，法律意识不强，特别是对行为的法律后果缺乏预见和警觉，易模仿虚拟游戏中的人物做事而不顾其法律后果，易受到不良伙伴思想行为的影响而盲目从众；较之繁重艰苦的课业负担，他们更喜欢富含非理性内容的网络游戏和网络交往，也因此更容易受到有害信息的诱惑而沉迷其中，进而耽误自己的学业和事业，甚至有少数人还会被有害信息带入违法犯罪的泥潭。

我国规范网络有害信息的相关法律法规中还有一些不够完善之处。

第一，没有出台专门规范网络有害信息的法律，需要综合运用《全国人民代表大会常务委员会关于维护互联网安全的决定》《网络安全法》《计算机信息网络国际联网安全保护管理办法》《互联网信息服务管理办法》

---

[1] 李彪：《谁在网络中呼风唤雨》，第106页。

[2] 《铜须门事件》，百度百科，https://baike.baidu.com/item/铜须门事件，最后访问日期：2016年12月17日。

[3] 《CNNIC：2016年第39次中国互联网络发展状况统计报告》，199it网，http://www.199it.com/archives/560209.html，最后访问日期：2017年7月9日。

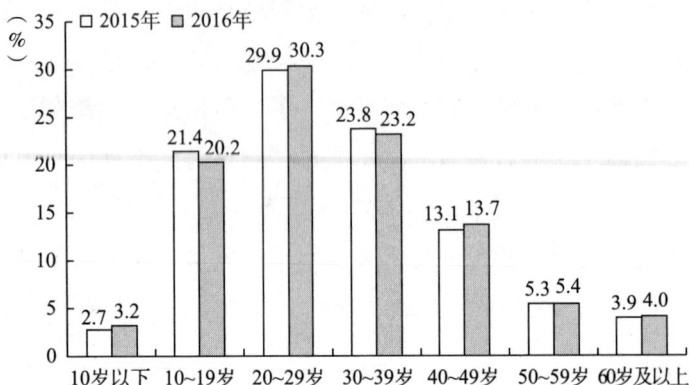

图 5 - 1　中国网民的年龄结构

资料来源：中国互联网信息中心发布第 39 次《中国互联网络发展状况统计报告》。

《网络游戏管理暂行办法》《治安管理处罚法》《刑法》等法律法规和规章中的相关条款才能对某一案件做出处理。这一方面给执法、司法人员适用法律带来不便，另一方面对于社会公众理解法律、遵守法律也易造成偏差。此外，根据《立法法》第 8 条第 5 项的规定（限制人身自由的行政处罚措施只能规定在法律之中），《计算机信息网络国际联网安全保护管理办法》《互联网信息服务管理办法》《网络游戏管理暂行办法》这些行政法规、规章，不能规定限制人身自由的行政处罚措施，从而造成对一些制作或传播网络有害信息的严重违法行为缺乏打击力度。这就需要将行政法规、规章中的严重违法行为纳入网络有害信息防控法，以加强处罚力度，从而更好地遏制这类严重违法行为的发生。

　　第二，对违法经营者处罚方面的规定不够全面，而且有些处罚规定的较轻，违法成本较低，不利于遏制网络有害信息的制作与传播。比如《网络游戏管理暂行办法》第 30 条规定，对于提供含有该办法第 9 条禁止内容的网络游戏产品和服务的，由县级以上文化行政部门或者文化市场综合执法机构责令改正，没收违法所得，并处 1 万元以上 3 万元以下罚款；情节严重的，责令停业整顿直至吊销《网络文化经营许可证》；构成犯罪的，依法追究刑事责任。《网络安全法》第 68 条第 1 款规定："网络运营者违反本法第 47 条规定，对法律、行政法规禁止发布或者传输的信息未停止传输、采取消除等处置措施、保存有关记录的，由有关主管部门责令改正，给予警告，没收违法所得；拒不改正或者情节严重的，处 10 万元以上 50 万元以下罚款，并可以责令暂停相关业务、停业整顿、关闭网站、吊销相关业务许可证或者吊销营业执照，对直接负责的主管人员和其他直接责任人员处 1 万元以上 10 万元以下罚款。"首先，我们会发现《网络游戏管理暂行办法》所做出的规定有如下不足：一是没有规定警告、通报的处罚措施，对于情节较轻者没有采取其他处罚措施，甚至证据不足的难以进行处罚；二是对于没有违法所得和违法所得查不清的情况，没有规定如何处罚；三是对情节严重的情况，没有规定罚款这一处罚措施，虽然"责令停业整顿直至吊销《网络文化经营许可证》"使网游企业无法赢利，但是没有自有财产方面的损失对其违法行为的遏制力度显然较轻；四是对直接负责的主管人员和其他直接责任人员没有规定处罚措施，会放任他们继续从事类似的违法行为。其次，我们也会发现《网络安全法》第 68 条第 1 款的规定也有如下不足：一是对于情节未及严重的违法行为，没有规定罚款这一处罚措施，没有自有财产方面的损失，对违法行为的遏制力度就会较弱；二是对于没有违法所得和违法所得查不清的情况，没有规定如何处罚；三是对于直接负责的主管人员和其他直接责任人员虽然规定有罚款的处罚措施，但是没有资格方面的处罚措施，比如责令其在一定期限内（如 5 年内）不得继续从事网络运营方面的工作，以免他们在缴纳了几万元罚款后又继续从事非法经营活动。

第三，下位法的规定和上位法的规定有不一致的情况。《网络游戏管理暂行办法》是文化部出台的国务院部门规章，属于下位法；《计算机信息网络国际联网安全保护管理办法》（下文简称《办法》）是国务院出台的行政法规，属于上位法。《办法》第 20 条规定，对制作、复制、查阅和传播该办法第 5 条所列有害信息的单位，处 1.5 万元以下的罚款；而《网络游戏管理暂行办法》第 30 条规定，对网络游戏经营单位提供含有该办法第 9 条禁止内容（与《办法》第 5 条所列有害信息基本相同）的网络游戏产品和服务的，处 1 万元以上 3 万元以下罚款。这样就出现了下位法对同样违法行为的处罚规定和上位法的相关规定不一致的情况。《治安管理处罚法》是全国人大常委会出台的法律，属于上位法；《办法》是国务院出台的行政法规，属于下位法。《治安管理处罚法》第 29 条规定，有下列行为之一的，处 5 日以下拘留；情节较重的，处 5 日以上 10 日以下拘留：①违反国家规定，侵入计算机信息系统，造成危害的；②违反国家规定，对计算机信息系统功能进行删除、修改、增加、干扰，造成计算机信息系统不能正常运行的；③违反国家规定，对计算机信息系统中存储、处理、传输的数据和应用程序进行删除、修改、增加的；④故意制作、传播计算机病毒等破坏性程序，影响计算机信息系统正常运行的。《办法》第20条规定：有本办法第6条所列行为之一的，由公安机关给予警告，有违法所得的，没收违法所得，对个人可以并处5000元以下的罚款，对单位可以并处1.5万元以下的罚款；情节严重的，并可以给予6个月以内停止联网、停机整顿的处罚，必要时可以建议原发证、审批机构吊销经营许可证或者取消联网资格；构成违反治安管理行为的，依照治安管理处罚法的规定处罚。《办法》第6条规定，任何单位和个人不得从事下列危害计算机信息网络安全的活动：①未经允许，进入计算机信息网络或者使用计算机信息网络资源的；②未经允许，对计算机信息网络功能进行删除、修改或者增加的；③未经允许，对计算机信息网络中存储、处理或者传输的数据和应用程序进行删除、修改或者增加的；④故意制作、传播计算机病毒等破坏性程序的；⑤其他危害计算机信息网络安全的。由此可见，《治安管理处罚法》第29条所列的4种违法行为和《办法》第6条所列的前4种违法行为是基本相同的。这样也出现了下位法对同样违法行为的处罚规定和上位法的相关规定不一致的情况，在执法过程中会出现如下问题：是按照《治安管理处罚法》第29条的规定，处以拘留，还是按照《办法》第20条规定，处以罚款等措施？或是将拘留与罚款等措施综合适用？

第四，没有保护未成年人免受网络有害信息危害方面的专门立法，已有相关立法与国际公约的规定还有差距。世界各国的政治制度、经济发展状况、文化环境、价值观念等方面的差异，使得对网络有害信息的判断标准存在差异，但是也有共同之处。"目前唯一具有法律效力的专门解决与计算机相关的犯罪行为的多边文件"① 《网络犯罪公约》第9条规定了"与内容相关的犯罪"，其中只有一项罪，即"涉及儿童色情的犯罪"（Offences related

① 于志刚：《"信息化跨国犯罪"时代与〈网络犯罪公约〉的中国取舍——兼论网络犯罪刑事管辖权的理念重塑和规则重建》，《法学论坛》2013年第2期。

to child pornography），表明对于避免网络有害信息对未成年人造成危害在世界各国是可以达成一致的。由于这个公约是由发达国家共同签署制定的，有些内容（特别是关于侵犯版权和相关权利犯罪方面的规定）不适用于中国经济发展的现状，所以我国还没有加入该公约。但我们可以把《网络犯罪公约》所规定的构成犯罪的标准作为我国发展网络文化产业所涉及的社会责任的标准。在我国网络文化产业发展的过程中，要积极根据该标准来要求网络文化企业的社会责任，既关注我国未成年人的身心健康，也关注其他国家未成年人的身心健康，在追求经济利益的同时关注社会公众利益，以保证我国网络文化产品在国内外市场的竞争力和可持续发展。所以，我国虽然没有加入《网络犯罪公约》，但是在保护未成年人免受网络有害信息危害的立法方面，要依据《网络犯罪公约》所规定的标准来完善我国的相关立法。当前，我国没有出台保护未成年人免受网络有害信息危害方面的专门立法，已出台的《未成年人保护法》、《预防未成年人犯罪法》、《刑法》、《最高人民法院最高人民检察院关于办理利用互联网、移动通讯终端、声讯台制作、复制、出版、贩卖、传播淫秽电子信息刑事案件具体应用法律若干问题的解释》（二）等法律以及司法解释中的相关规定，与《网络犯罪公约》的相关规定还有一些差距，需要予以完善。

四　网络有害信息的伦理与法律协同规制对策

美国政府解决网络技术负向价值问题的主要手段包括：完善网络立法并严格执法、注重行业自律的作用、加大网络安全技术的研发、努力提高网民素养等。[1] 网络有害信息问题属于网络技术的负向价值问题，美国的经验对我国有借鉴意义，解决网络有害信息问题需要综合运用法律、伦理和技术三种手段。其中，技术消解对策针对的是网络有害信息致害的客体原因，法律和伦理消解对策针对的是网络有害信息致害的主体原因。

网络内容过滤技术是解决网络有害信息问题的主要技术手段，"内容过滤技术包括名单过滤技术、关键词过滤技术、图像过滤技术、模板过滤技

---

① Cattapan, "Destroying E-commerce's 'Cookie Monster' Image," *Direct Marketing* 12 (2000)：62.

术和智能过滤技术等，如果再细致分析，现阶段的内容过滤技术主要分为基于网关和基于代理两种"①。这是当前网络内容过滤技术对网络有害信息过滤的主要手段。由于人工智能技术还未十分成熟以及一些其他方面的原因，一些有害信息可能过滤不掉，而一些有用信息也可能被过滤掉，加之违法人员也会运用一些技术手段来规避过滤软件。所以，通过技术手段来防控网络有害信息是一个不断发展与完善的过程，而且技术手段也需要与伦理、法律等手段相互配合、取长补短。

基于本研究的研究视角，本研究主要探讨如何综合运用伦理和法律手段来防控网络有害信息的危害问题。

（一）网络有害信息的伦理规制对策

较之法律运用国家强制力来管控网络有害信息，行业自律是通过行业内部成员推举出管理者的自我管理，网络伦理教育是通过网络消费者、网络从业者的道德自律来管控网络有害信息，它们都属于伦理的手段。行业自律相对于行业内部成员的自律也是一种他律，虽然与法律他律的国家强制力相比力度较弱，但是行业自律的一些奖惩措施也是具有一定力度的，行业自律他律和法律他律是相辅相成的互补关系。网络伦理教育不仅可以通过网络法律的教育警示网络消费者、网络从业者恪守网络信息传播的道德底线，还可以引导他们树立追求绿色文明网络建设等更高的目标和理想。

1. 行业自律

网络媒体的无中心性和网络信息的海量性，使得行业自律管理模式较之政府依法管理模式，在网络有害信息的管理方面处于主导地位。

第一，行业自律的理论依据。

行业自律的理论依据是自由及其限制的理论。"自由"是网络企业经营的自由和权利，而"限制"则是网络企业的社会责任或义务，即有义务保证信息传播不危害国家安全、社会稳定、民族团结、公众特别是未成年人的身心健康等公共利益。上述网络企业对公共利益的维护义务规定在相关的法律法规之中，落实义务有法律的手段和伦理的手段。法律的手段就是

---

① 《网络内容过滤技术》，百度百科，https://baike.baidu.com/item/网络内容过滤技术，最后访问日期：2017 年 6 月 2 日。

执法、司法部门利用国家的强制力要求网络企业履行其法定义务，伦理的手段包括网络企业自觉履行其法定义务、在行业自律组织的督促下履行其法定义务、在社会舆论的督促下履行其法定义务等。"他律"和"自律"是相对的，相对于"执法、司法部门的强制履行"，"行业自律组织的督促履行"属于"自律"；相对于"网络企业自觉履行"，"行业自律组织的督促履行"则属于"他律"。本研究区分"他律"和"自律"的标准在于是否利用了国家强制力，利用国家强制力的就属于"他律"，否则就是"自律"。由于网络上的信息是海量的，网络又具有开放性和非中心性等特性，政府运用国家强制力来管控网络有害信息的力量是有限的，所以必须强调社会自我管理的作用，亦即"'少干预、重自律'是当前国际社会管理网络内容的一个共同思路"①。

第二，行业自律的运行机制。

行业自律的运行机制在于发挥市场在网络有害信息防控方面的作用。网络企业社会责任完成的好坏决定其在市场竞争中的位次。通过行业自律组织的评议、奖励和惩罚机制，网络企业在网络有害信息防控方面的表现与其市场竞争力挂钩。防控表现好的，排名靠前，公众的认可度高，市场竞争力也较大；而防控表现差的，排名靠后，公众的认可度低，市场竞争力也较小。建立起这样的行业自律运行机制，作为以营利为目的的网络企业为了获取更大的市场竞争力，就会在利益的驱使下注重网络有害信息的防控工作了。

第三，行业自律与政府部门依法他律的联系与区别。

行业自律与政府部门依法他律在作用和目的方面具有相同点，都有督促网络企业履行网络有害信息防控法律法规所规定的法定义务的作用，目的都是要求网络企业在追求经济利益的同时关注企业的社会责任，使社会公共利益得到维护。政府部门依法他律需要运用国家的强制力，而行业自律运用的是社会组织自身的力量。在网络有害信息防控方面，既需要运用国家的强制力，又需要发挥社会组织自身的力量，这样行业自律与政府部门依法他律就形成一种相辅相成的互补关系，这是二者之间的联系。

行业自律与政府部门依法他律的第一点区别在于，行业自律通过奖优

---

① 范传贵：《抵制网络不良信息要行业自律更要他律》，《法制日报》2013 年 10 月 22 日。

与罚劣并用的办法来促使网络企业严格遵守国家防控网络有害信息的法律规定；而政府部门依法他律则主要通过罚劣的办法来督促网络企业遵守国家防控网络有害信息的法律规定。美国著名法律哲学家富勒论述了两种道德的观点。他区分了义务的道德与愿望的道德，认为义务的道德是人们行为的底线，与法律有直接的相关性；而愿望的道德是人们行为所能发挥的最佳可能性，无法通过法律来保障其得到实现。① 网络行业自律组织对于义务的道德规范，可以通过罚劣的办法（比如，对因管理不严导致有害信息大肆传播的网吧给予通报批评）来督促网络企业履行；对于愿望的道德（比如建设绿色文明网吧）所希望达到的境界，可以通过奖优的办法（比如评选市内十佳文明网吧）来激励网络企业努力实现。根据富勒的上述观点，政府部门依法他律由于只能解决义务道德实现的问题，而无法解决愿望道德实现的问题，所以只能运用罚劣的办法（比如，对因管理不严导致有害信息大肆传播的网吧给予没收违法所得、罚款、责令停业整顿等行政处罚）来保证国家防控网络有害信息的法律规定得到遵守。联系行业自律的运行机制，需要注意的是，有害信息防控水平是网络企业社会责任履行的一个重要指标，无论是奖优还是罚劣，都要与网络企业的市场竞争力挂钩，这样才会使行业自律与政府部门依法他律这两种相对于网络企业自律而言的他律手段能够有效地提升网络企业的自律水平。

行业自律与政府部门依法他律的第二点区别在于，行业自律管控的网络有害信息除了违法信息以外还包括违背社会公德的有害信息，而政府部门依法他律的网络有害信息只能是违法的有害信息。在网络有害信息管控的"光谱"上有三段，第一段是需要运用刑法来管控的，第二段是需要运用行政处罚法来管控的，第三段是需要运用社会力量（包括行业自律组织监管、社会舆论监管、网络企业自我监管等）来管控的。行业自律对这三段网络有害信息都进行管控，而政府部门依法他律管控的则是第一段和第二段的网络有害信息。

第四，网络行业自律组织对网络有害信息的管理机制。

根据首都互联网协会的实践经验来看，当前网络行业自律组织对网络

① 富勒：《法律的道德性》，郑戈译，商务印书馆，2005，第6~12页。

有害信息的管理机制主要有三种，即"北京网络新闻信息评议会""网站自律专员""妈妈评审团"①，这是因为这三种管理机制针对的主要管理对象都是网络有害信息。

"北京网络新闻信息评议会"（下文简称"评议会"）的"主要职能是依据国家相关法律法规及其它相关行业规约，对涉及北京网络媒体互联网新闻信息服务、新闻职业道德和因新闻侵权问题而引发的新闻纠纷进行评议，并监督评议结果的执行"②。"评议会"由政府管理部门代表（约20人）、互联网行业代表（约20人）、专家学者（约30人）、网民代表（约80人），合计约150人组成。"评议会"在网络有害信息治理方面发挥社会监督、提请主管部门依法处理的作用。2010年，"评议会"对利用互联网络诋毁他人商品声誉和企业信誉的新闻事件进行了评议；2011年，"评议会"对利用自媒体传播虚假信息的一系列事件进行了评议。"评议会"设有3种奖励形式和7种处罚形式，3种奖励形式是口头表扬、书面表扬和建议协会给予奖励；7种处罚形式是提示改正、口头批评、书面批评、提请政府部门罚款、责成公开道歉、同业谴责和提请政府部门依法查处。

"网站自律专员"是网站聘请的对网站媒体中有害信息和不良风气实施监督的社会人士，他们"独立于该媒体的内部采编及监控流程，在网站内容方面享有优先举报与监督权"③。自2010年网站自律专员机制在搜狐、新浪、网易等8家网站试点运行，网络自律专员机制已经运行了近7年。"截至2014年底，设立自律专员队伍的网站已有21家，自律专员652名。年举报量共计545506条，其中淫秽色情信息141298条，占25.9%；虚假广告信息124326条，占22.79%；涉市、涉政有害信息70085条，占12.85%"。④

"妈妈评审团"是青少年家长为净化网络环境、保护未成年人身心健康而组建的民间组织。其基本职能是依据相关道德规约，以"儿童最大利益

---

① 范传贵：《抵制网络不良信息要行业自律更要他律》，《法制日报》2013年10月22日。
② 《北京网络新闻信息评议会》，百度百科，https://baike.baidu.com/item/北京网络新闻信息评议会，最后访问日期：2016年11月24日。
③ 《自律专员》，百度百科，https://baike.baidu.com/item/自律专员，最后访问日期：2016年11月25日。
④ 《2014年度网站自律专员工作总结会召开》，首都互联网协会，http://www.baom.org.cn/2015-01/27/content_13519.htm，最后访问日期：2016年12月5日。

优先"为基本原则，对互联网中影响未成年人身心健康的内容进行举报、评审，形成处置建议反映给相关管理部门，并监督评审结果的执行。[①] "妈妈评审团"成立于 2010 年，在政府主管部门和首都互联网协会的支持下，该组织在监督、举报危害未成年人的网络有害信息方面已经取得了一些显著的成绩。如在 2013 年，针对一些网络新闻标题中含有淫秽色情内容吸引、危害青少年的问题，"妈妈评审团"召开了评审情况通报会，向北京市 26 家主要商业网站下达了《评审意见书》，网站相关负责人对内部自查清理有害信息情况进行了汇报、深刻反省并采取了内部处罚整改措施；在 2015 年，针对制作、传播"不雅视频"危害青少年成长的行为，"妈妈评审团"召开了专题评审会，向政府主管部门、网站、行业组织和社会公众发布了整改意见，近 30 家网站出席了专题评审会，几家大网站在会上介绍了各自针对"不雅视频"进行自纠自查的工作情况，"各网站表示，今后将进一步加强内容监控审核，完善内部管理机制，及时拦截、清除淫秽色情视频及其他低俗不良内容，履行网站社会责任，维护互联网行业良性传播秩序"[②]。

根据上文关于行业自律的理论依据、行业自律的运行机制、行业自律与政府部门依法他律的联系与区别的论述，可以提出以下几点建议使上述管理机制的作用得到更好的发挥。其一，以上三种管理机制，相对于网络企业自觉履行防控网络有害信息的法定义务来看，都属于他律的管理机制；而相对于政府部门的依法他律防控，又都属于自律的管理机制。"评议会"和"妈妈评审团"明显属于企业外部的群众监督，他律性质很明显，"网站自律专员"是网络企业自己聘任的，似乎应该属于企业自律，但由于自律专员不是企业职工，独立于企业内部采编及监控流程，属于企业外部的群众监督，相对于企业自律，也属于他律的管理机制。三种管理机制的他律要转化为网络企业的主动自律需要做到：让网络企业认识到，只有认真履行了社会责任，免受处罚甚至获得奖励，才会维护和提升企业声誉，得到消费者和其他合作企业的信赖，企业自身利益才会得到维护并实现企业长

---

① 《首都互联网协会诚邀您加入"妈妈评审团"、"网络监督志愿者"》，首都互联网协会，ht-tp：//www. baom. org. cn/2014 - 05/12/content_11508. htm，最后访问日期：2016 年 11 月 25 日。

② 《首都互联网协会妈妈评审团：抵制低俗遵守网络道德》，首都互联网协会，http：//www. baom. org. cn/2015 - 08/12/content_14222. htm，最后访问日期：2016 年 11 月 25 日。

远、可持续的发展。其二，行业自律组织，比如中国互联网协会和地方互联网协会要在协会所管辖的地域范围内，建立网络企业履行社会责任的排名制度，让网络消费者、企业潜在合作者参考排名顺序来选择网络企业，使排名靠前的网络企业较之排名靠后的网络企业具有更大的竞争力。企业作为追求经济利益的社会组织，如果履行社会责任可以与其经济利益挂钩，就会提升自身履行社会责任的积极性。其三，由于行业自律是通过奖优与罚劣并用的办法来督促网络企业遵守国家防控网络有害信息的法律规定的，那么"网站自律专员"和"妈妈评审团"在监督网络有害信息的过程中，不仅要罚劣，而且还要奖优，即对网络企业在防控网络有害信息、发布正面信息中的突出业绩者要提请政府部门、行业自律组织予以表彰、奖励。其四，"评议会"、"网站自律专员"和"妈妈评审团"在选任群众监督员的时候，要偏重对具有法律专业知识人员的选任，对没有法律专业知识的监督员也要注重他们相关法律知识的培训，这是因为监督员的工作主要是监督网络企业制作、传播信息的合法性。此外，一些法律专业人士，比如律师，他们有诉讼方面的知识和技能，能够在依法维权方面做得更加专业，有助于社会公众特别是未成年人权益的维护。

第五，完善《中国互联网行业自律公约》相关规定的建议。

根据上文的相关研究成果来审视《中国互联网行业自律公约》（下文简称《公约》）中关于网络有害信息管控的一些条款，会发现一些不足，据此提出两点完善建议。

其一，完善《公约》第9条第1项的规定。

《公约》第9条第1项规定："互联网信息服务者应自觉遵守国家有关互联网信息服务管理的规定，自觉履行互联网信息服务的自律义务：（一）不制作、发布或传播危害国家安全、危害社会稳定、违反法律法规以及迷信、淫秽等有害信息，依法对用户在本网站上发布的信息进行监督，及时清除有害信息。"

《全国人大常委会关于维护互联网安全的决定》将有害信息分为4大类：①危害互联网运行安全的有害信息；②危害国家安全和社会稳定的有害信息；③破坏社会主义市场经济秩序和社会管理秩序的有害信息；④损害个人、法人和其他组织的人身、财产等合法权利的有害信息。而《公约》

第 9 条第 1 项的规定没有全面包括这 4 大类。此外，根据第 1 项的规定，"迷信、淫秽"有害信息不属于"违反法律法规"的有害信息，这是不完全正确的。因为"迷信、淫秽"有害信息有些是违反社会公德的，有些是违反法律法规的，"迷信、淫秽"有害信息和"违反法律法规"的有害信息属于部分包含关系，而非互不包含关系。（见图 5-2）综上所述，《公约》第 9 条第 1 项的规定存在以上两点不足。

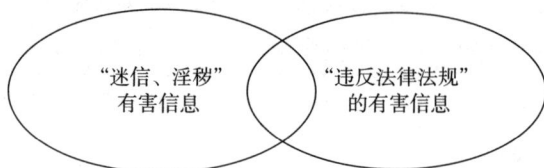

图 5-2　"迷信、淫秽"信息的归类

针对以上两点不足，可以通过以下两种方式予以完善：一是概要地作出规定，即不制作、发布或传播违反法律法规以及社会公德的有害信息；二是根据《全国人大常委会关于维护互联网安全的决定》所列举的 4 大类有害信息，做出全面且具体的规定，即不制作、发布或传播危害互联网运行安全、危害国家安全、危害社会稳定、破坏社会主义市场经济秩序、破坏社会管理秩序、损害个人、法人和其他组织的人身、财产等合法权利等有害信息。

其二，完善《公约》第 11 条的规定。

《公约》第 9 条、第 10 条、第 12 条，规定互联网信息服务者、互联网接入服务提供者和互联网信息网络产品制作者，都有管控有害信息的义务，而夹在上述三个条款中间的《公约》第 11 条，对互联网营业场所经营者未明确规定这项义务，显然是一个疏漏。

《互联网上网服务营业场所管理条例》第 14 条规定，互联网上网服务营业场所经营单位和上网消费者不得利用互联网上网服务营业场所制作、下载、复制、查阅、发布、传播或者以其他方式使用有害信息；第 19 条规定，互联网上网服务营业场所经营单位应当实施经营管理技术措施，建立场内巡查制度，发现上网消费者有本条例第 14 条所列行为或者有其他违法行为的，应当立即予以制止并向文化行政部门、公安机关举报；第 29 条规定了对违法的互联网上网服务营业场所经营单位和上网消费者应该给予的刑事处罚和行政处罚。

根据《互联网上网服务营业场所管理条例》第 14 条和 19 条的规定，《公约》第 11 应该修改为"互联网上网场所经营者不得利用互联网上网场所制作、下载、复制、查阅、发布、传播或者以其他方式使用违法的有害信息；应当实施经营管理技术措施，建立场内巡查制度，营造健康文明的上网环境，引导上网消费者健康上网；发现上网消费者有制作、下载、复制、查阅、发布、传播或者以其他方式使用违法有害信息或者有其他违法行为的，应当立即予以制止并向文化行政部门、公安机关举报"。

2. 网络伦理教育

80% 左右的网民是 40 岁以下的青年人，他们的道德观念和价值观念具有很强的可塑性，这就凸显了网络伦理教育在网络有害信息防控方面的作用。网络伦理教育的对象既包括大中小学在校学生，也包括在职人员；网络伦理教育既强调自律的作用，也强调他律对自律水平的提升作用。

第一，对青少年开展网络伦理教育的重要性。

根据中国互联网络信息中心发布的第 39 次《中国互联网络发展状况统计报告》，截至 2016 年 12 月，在我国的 7.31 亿网民中，40 岁以下的网民占比 80% 左右，学生群体的占比为 25.0%；从中国网民的学历结构来看，网民中具备中等教育程度的群体规模最大，初中、高中/中专/技校学历的网民占比分别为 37.3% 和 26.2%。（见图 5－3）可见，通过对学生，特别是其中的初中、高中学生开展网络伦理和法制教育，对防控网络有害信息的危害是十分重要的。在中小学阶段的年轻人，他们的世界观、人生观和价值观还处于形成期，是接受新思想、新事物最旺盛的时期，如果这个时期对他们在网络伦理和法制方面进行正确和有效的教育和引导，使其树立正确的网络价值观、是非观、荣辱观，对于他们在信息时代积极制作、传播具有正能量的信息，努力防控具有负能量的有害信息，将会起到事半功倍的效果。

第二，当前我国中小学网络伦理教育的现状和完善建议。

人类已经步入信息时代，世界各国都十分重视青少年的计算机或网络的伦理和法制教育，在这方面美、日等发达国家位于世界的前列，成为其

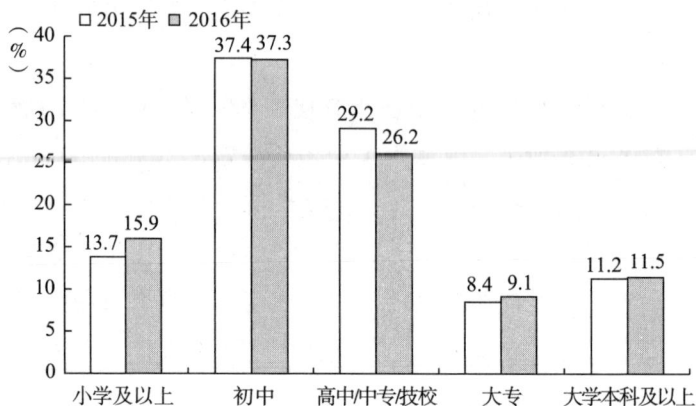

图 5-3 中国网民的学历结构

资料来源：中国互联网信息中心发布第 39 次《中国互联网络发展状况统计报告》。

他国家效仿和学习的对象。美国和日本在网络伦理教育方面的做法比较相似。在中小学通过信息技术课程开展网络伦理教育，此外，还将网络伦理教育渗透到其他各种课程的教学环节之中；在高等教育阶段，主要是通过在大学普遍开设的网络伦理必修课和选修课来实现。在教学模式上，主要采用课堂讨论、情景模拟与教学案例等方式。① 2010 年的《教育部关于加强中小学网络道德教育抵制网络不良信息的通知》（下文简称《通知》）要求地方教育行政部门和学校通过加强网络道德教育、加强网络法制教育、加强绿色网络建设、加强重点关注和引导、加强学校家庭合作 5 个方面的举措来抵制网络不良信息。

在"加强网络道德教育"部分，要求各地教育行政部门要加强对中小学网络道德教育的指导，结合不同年龄段学生实际和课程教学内容，有针对性地开展相关教育活动。指导各地中小学校利用品德课、信息课及校会、班（团、队）会等，集中开展对中小学生的网络道德教育。由此可见，我国在中小学网络伦理教育的实现方式方面总体上和发达国家的做法是一致的。但是在具体教学环节上，比如解决师资短缺问题、对教师进行培训、编写教材、安排教学内容、教学方法的采用、考试考核等，还需要在详细研究国外做法的基础上，结合中国的实际情况做出具体的安排。

---

① 薛伟莲：《国外网络伦理教育的主要做法及启示》，《教育科学》2011 年第 1 期。

在"加强网络法制教育"部分提出，"各地教育行政部门要指导中小学贯彻落实《中小学法制教育指导纲要》，重点培养学生依法使用网络的意识和行为，教育学生拒绝使用侮辱性、猥琐性、攻击性语言，自觉抵制网络不法行为，慎交网友，懂得在网络环境下维护自身安全和合法权益，增强网络法制教育的针对性。要通过邀请法律专家讲座咨询、运用典型案例等方式，增强网络法制教育的感染力。鼓励中小学生在使用互联网和手机过程中，遇有不良网站链接和不良信息特别是淫秽色情信息传播时，及时举报"。不过，目前我国在《中小学法制教育指导纲要》中并没有规定网络伦理、网络法制教育的内容，也可以说还没有进入网络伦理、网络法制教育制度化的阶段。为了转变落后局面，建议在《中小学法制教育指导纲要》基础上制定中小学网络伦理、网络法制教育指导纲要，将网络伦理、网络法制教育的内容纳入中小学的品德、政治、信息、社会、历史、地理等课程之中，目的在于使主要的网络法律规范、网络伦理规范及其实践操作技能进入中小学德育教育的环节。在此基础上，中考、高考可以据此制定考试纲要，通过考试环节提升网络伦理、网络法制教育的地位。

本研究认为，制定中小学网络伦理、网络法制教育指导纲要要遵循以下一些理念。其一，要根据各年龄段的认知水平使课程内容逐步从日常生活的微观层面进入经济社会发展的宏观层面。对于小学生，网络伦理、网络法制教育的主要内容是他们日常生活中一些常见的使用网络所带来的负面影响（比如沉迷网络游戏给学习带来的负面影响、被网络上的"赠品"所诱惑而泄露了自己或家人的个人信息等）以及一些自我防护的知识；对于初中生，教学内容除了网络的危害及防护知识以外，还需要讲解一些相关的法律法规；而对于高中生，在初中的基础上，需要让学生在国家网络游戏、大数据信息等方面的产业发展状况的背景下理解不良网络游戏、个人信息侵权产生的原因，使他们不仅知其然，而且知其所以然，不仅知道微观层面的现状，而且还知道微观层面的现状是宏观层面原因所带来的结果，了解了因果规律性才有助于他们从自在走向自为，也才会培养他们喜欢探索、研讨的科学精神。其二，要从"随年龄增长行为能力也提高"的角度来教育学生网络有害信息对人们思想行为的影响，避免受到伤害或意识到行为的法律后果而避免伤害他人。小学生由于行为能力较弱，一般会成为侵害的对象，所以主要培养他们的自我防护意识和能力；年满 14 周岁的初中生和高中生，对一些严重的刑事犯罪如抢劫、杀人、强奸等，需要承担刑事责任，因此除了培养他们的自我防护意识和能力以外，还需要提高他们抵御网络有害信息侵蚀以避免违法犯罪的能力以及对自我情绪、欲望的管理能力。其三，要将研究、探讨的理念逐渐引入教学内容。对于小学生和初中生，主要讲授网络有害信息的危害和防护知识、技能；而对于高中生，除了讲授网络有害信息的危害和防护知识、技能以外，还要引导学生研讨网络有害信息产生的原因和防控对策，研讨型的学习才会培养思考的习惯和能力，也才符合创新型人才的培养理念。其四，要根据各个年龄段的特点来安排教学内容。对于小学生、初中生，主要培养他们如何避免不良网络游戏、网络色情暴力等有害信息对学业的危害；对于高中生，除了要认识网络有害信息的危害、成因和防控方法外，还要注重网络交往（如网恋）所带来的危害及其成因、防控方法。其五，要根据行为能力的发展状况来教授防护知识和技能以及发挥学校和家长在这方面的作用。对于小学生、初中生，学校和家长在防控网络有害信息方面的作用较大，学生主要是在学校和家长的帮助下来进行自我防护的；而对于高中生，学生在防控网络有害信息方面的能力增强，学校和家长的帮助作用就要相对减少。

笔者曾经阅读过一本初中生课外阅读教辅读本《初中生公共安全教育》[①]。从该读本的内容方面来看，基本涵盖了当前网络对未成年人负面影响的主要问题。全书共有 19 课，其中有 2 课专门针对青少年的网络安全问题，即第 13 课 "不做网络违法犯罪的事" 和第 14 课 "不要迷恋网络"。还有其他章节涉及网络安全问题，它们是：第 1 课 "这些场所不宜去"，指出网吧是未成年人不宜去的场所，并且介绍了网吧对青少年的危害；第 3 课 "社会安全与人生观、价值观"，其中提到 "国际电脑黄毒泛滥" "少年为偷钱上网杀害爷爷奶奶" 等内容；第 18 课 "学会自我调控" 中讲述了一个案例 "少年浏览黄色网站因冲动而导致犯罪"；第 19 课 "构筑紧固的自我心理防线" 中讲述了一个 "与网友约会惨遭蹂躏" 的案例。

笔者认为这本教辅读本还有以下 3 点不足需要完善。一是在网络有害信

---

① 郭瞻予等：《初中生公共安全教育》，北方联合出版传媒（集团）股份有限公司，2013。

息给未成年人造成危害的原因和防控对策方面还有不够全面的情况。比如，在青少年网络违法犯罪的原因方面还没有论及来自家庭、学校、社会等方面的原因（比如父母忙于工作而疏于对孩子的管教、单亲家庭、学校重智育轻德育、缺乏心理医生和矫治机构的辅导、网吧违法经营等）以及家庭、学校、社会对预防青少年网络违法犯罪所应履行的责任（即解决问题的对策）。该书给初中生提出一些建议，告诉他们应如何保护自身以及避免做出危害社会的行为，这当然是有积极意义的，但未成年人毕竟还是心智未成熟的弱势群体，要解决网络给他们带来的负面影响问题，主要还需要依靠家庭、学校与社会。所以，该书编写所面对的对象，不仅是初中生，而且还要包括家庭、学校和社会相关部门（如网吧、矫治部门、医院的心理康复科、行政管理部门等），这样可以呼吁家庭、学校和社会负起各自的责任来应对网络对未成年人的负面影响问题，在此基础上再来谈未成年人的自我保护问题才会起到有效的结果。二是由于品德、安全教育课属于"副科"，没有引起较高重视，课时较少，老师没有充足的时间对这本辅助读本进行讲授和组织讨论，就会出现有的学生阅读，有的学生不阅读的情况。所以，需要安排学时，对重点问题予以讲授，对重点案例组织讨论，才会使相关知识和案例入心入脑，进而提升学生应对网络有害信息和其他网络问题的实践能力。三是没有对网络安全问题做出系统的整合。就各课的内容来看，网络安全问题主要就是网络所引发的未成年人违法犯罪问题，这样第13课"不做网络违法犯罪的事"就是核心所在。如果以第13课为核心，将其他课中所涉及的网络安全问题（主要就是网络所引发的违法和犯罪问题）在第13课中做出归纳和总结，就能够把分散在其他课中的内容整合在一起，使读者对网络安全问题有一个系统而全面的认识。网络安全问题的系统是由网络所引发的违法犯罪及其危害、原因分析和对策三部分组成，各课的内容都可以纳入这三个部分并组成一个系统。

第三，我国高等院校网络伦理教育的优势、不足与完善建议。

和一些发达国家如美国相比，我国高等院校的网络伦理教育，有一点优势和两点不足。"一点优势"就是我国重视大学生的思想政治和道德教育，开设了若干这方面的必修课，其中在"思想道德修养与法律基础"必修课中可以安排网络伦理和法律方面的内容（据笔者了解，一些大学已经在"思想道德修养与法律基础"课程中安排了网络伦理和法律方面的内容)。"两点不足"是：其一，较之美、日等大学普遍开设网络伦理必修课和选修课的现状，我国在大学中开设专门的网络伦理、网络法律课程的情况还不是十分普遍；其二，较之美国等国的大学主要采用课堂讨论、情景模拟、教学案例等教学方式，我国大学的授课方法主要还是以老师讲课、学生被动听讲为主，这无助于学生研究能力、创新能力的培养，也无助于网络伦理、网络法律领域中前沿问题的探讨与解决。所以，我国高等教育中的网络伦理、网络法制教育，一方面要继续保持自身的优势，完善"思想道德修养与法律基础"中网络伦理、网络法律的教学内容、教学方法；另一方面在借鉴国外经验的基础上，在高等院校普遍开展专门的网络伦理、网络法律课程，并且变讲授型教学模式为讲授和研讨并重的教学模式。

第四，注重在职人员的网络伦理教育。

网络伦理教育应该属于终身教育，这是因为网络技术在不断发展，网络法律规范和伦理规范也在与时俱进，而且在职人员工作的性质也要求网络法律和伦理教育要从通识教育步入专业化教育。所以，注重在职人员的网络伦理教育也是网络有害信息防控工作的重要方面。

网络企业在从业人员的聘任方面，既要注重他们的业务素质，又要注重他们的道德、法律素质，这样就会提高网络企业对有害信息的防控水平。全国计算机等级考试可以考虑将一些重要的网络法律法规和网络伦理规范的内容纳入考试范围，计算机技术考试成绩和网络法律、伦理考试成绩都合格才能获得证书。这样，网络企业在聘任员工时，就会招聘到既懂技术又懂法律和伦理的复合型人才，这对网络企业守法经营、防控网络有害信息是有积极作用的。

此外，网络企业还需要根据国家法律法规制定本企业员工的行为规范、网络信息管理规范，并通过培训、奖惩机制督促员工自觉遵守。员工要依据国家法律法规、本企业的网络信息管理规范来管理网络消费者的行为，从而使网络有害信息得到依法防控。

第五，通过法律实施的他律作用来提升网络伦理教育的效力。

在大中小学开展网络伦理教育，其中比较有效的办法就是以案说法。因网络有害信息诱发违法犯罪而受到法律制裁的案例以及使用网络不当而被害的案例对未成年人有着十分重要的警示和教育作用，这也是法律的他律转化为道德自律的过程和机制。这也说明，如果因立法存在空白或者法律规定过于原则而在实践中难以操作，对制作、传播有社会危害性信息的人无法追究法律责任，那么一些人为了个人利益就会置他人利益和社会公众利益于不顾。

2013 年 8 月，因涉嫌寻衅滋事罪和非法经营罪被北京警方刑事拘留的杨××（网名"立二拆四"），在羁押期间接受了记者的采访。记者问："你们既然这样认为（认识到行为的社会危害性），为什么还继续造谣传谣？"他回答说："我内心还是有困惑的，对制造虚假新闻，我之前问过律师，说还没有明确的法律规定，这一点让我继续肆无忌惮。"① 这一案例表明，没有法律约束的外在他律很有可能会导致一部分人明知行为有社会危害性而不自律。根据最高人民法院和最高人民检察院出台的《关于办理利用信息网络实施诽谤等刑事案件适用法律若干问题的解释》，对利用信息网络散布虚假信息、起哄闹事，造成公共秩序严重混乱的，以寻衅滋事罪定罪处罚；将以营利为目的，通过信息网络有偿提供删除信息服务，或者明知是虚假信息，通过信息网络有偿提供发布信息等服务，扰乱市场秩序，非法经营或违法所得数额较大的行为，认定为非法经营罪。这样，追究杨××寻衅滋事罪和非法经营罪的刑事责任就有了可操作性的司法标准，司法判决的警示和教育作用也会体现出来，即司法的他律作用可以教育其他人避免重蹈覆辙，使自己的网上言行得到自律的约束。

根据《全国人民代表大会常务委员会关于维护互联网安全的决定》的规定，网络有害信息分为 4 类，即危害互联网运行安全的网络有害信息，危害国家安全和社会稳定的网络有害信息，破坏社会主义市场经济秩序和社会管理秩序的网络有害信息，损害个人、法人和其他组织的人身、财产等合法权利的网络有害信息。《关于办理利用信息网络实施诽谤等刑事案件适用法律若干问题的解释》针对的主要是第 4 类"损害个人、法人和其他组织的人身、财产等合法权利的网络有害信息"，目前针对"危害互联网运行

---

① 《立二拆四》，百度百科，https://baike.baidu.com/item/立二拆四/2260706，最后访问日期：2016 年 12 月 11 日。

安全的网络有害信息""破坏社会主义市场经济秩序和社会管理秩序的网络有害信息",也有相关的司法解释来解决《刑法》条款的具体适用问题,而比上述 3 类网络有害信息社会危害性更大的一类网络有害信息,即"危害国家安全和社会稳定的网络有害信息"还没有出台相关的司法解释来解决《刑法》条款的具体适用问题。所以,建议最高人民法院和最高人民检察院能够及时出台相关的司法解释,对制作、传播这类网络有害信息的行为如何具体适用《刑法》的相关条款做出明确的规定,并进而通过司法的他律作用来提升网民道德自律的水平。

消除网络游戏在传播网络有害信息、诱发违法犯罪方面的负面影响,也需要通过法律的他律转化为网络游戏经营者的自律来实现。网络游戏软件的技术创新过程分为质变阶段(主要指技术原理、软件研发和软件运营三个阶段)和量变阶段(处于这三个质变阶段前后与中间的量变阶段)。(见图 5-4)根据笔者"技术创新质变与量变阶段管理"的已有研究成果①,在技术创新的质变阶段和量变阶段都有价值负荷,这就为依法管理提供了理论依据,因为法律所体现出来的国家意志也是一种价值负荷。在一款网络游戏软件产品经历软件研发不断完善的量变阶段,步入软件运营(产业化)的质变阶段后,就涉及技术创新方向的选择问题,遵守还是不遵守《网络游戏管理暂行办法》(下文简称《暂行办法》)的内容审查制度,就会产生两种不同的技术创新之路。一是遵守内容审查制度,根据《暂行办法》第 9 条的规定有意识地清除游戏中的有害信息,就会通过国务院文化行政部门的内容审查而获得市场运营的机会;二是不遵守内容审查制度,只考虑游戏的吸引力而放任其中有害信息的存在,那么就不会通过国务院文化行政部门的内容审查而丧失市场运营的机会。这样,《暂行办法》在网络游戏内容审查制度方面的他律规定,具有督促网络游戏运营企业为了市场运营获利而选择遵守法律规定的作用,也就是说对企业提升自律水平有促进作用。当这款网络游戏软件处于软件运营(产业化)创新的质变发展阶段时,为了更好满足消费市场的需求、取得更好的营销业绩,网络游戏运营企业有

---

① 毛牧然、陈凡:《论技术本身价值负荷的演化模式——兼论对以往技术本身价值负荷理论的发展》,《科技进步与对策》2012 年第 19 期。

时需要对网络游戏的内容做出修改，根据《暂行办法》第14条的规定，修改如果涉及"网络游戏内容的实质性变动"（指网络游戏故事背景、情节语言、地名设置、任务设计、经济系统、交易系统、生产建设系统、社交系统、对抗功能、角色形象、声音效果、地图道具、动作呈现、团队系统等方面发生显著变化），进口网络游戏的运营企业应当将拟变更的内容报国务院文化行政部门进行内容审查，国产网络游戏运营企业应当自变更之日起30日内向国务院文化行政部门进行备案。内容审查和备案的目的，当然是通过政府部门的监管来保证软件修改不会损害公众的利益。所以，为了使网络游戏软件的修改能够通过政府的监管而继续运营，网络游戏运营企业应当将《暂行办法》第14条的他律规定转化为自律行动，使游戏软件内容的修改符合法律的要求。不过，在软件运营阶段会出现的一种相反的情况在《暂行办法》中没有规定，即软件运营过程中产生的负面影响（比如游戏沉迷、诱发违法犯罪等）。所以，需要完善《暂行办法》，在"第三章内容准则"部分增加一个条款，规定网络游戏在运营过程中，出现了内容审查未能预见的负面情况，比如游戏沉迷、诱发违法犯罪等，对此任何单位或者个人都可以向网络游戏内容审查委员会提出投诉，网络游戏内容审查委员会受理后，做出是否需要对网络游戏内容做修改的决定，如果需要修改，网络游戏内容审查委员会将修改意见提交网络游戏工作委员会，督促网络游戏运营企业对游戏内容做出修改，在内容修改期间，所在地文化行政部门应当责令该款网络游戏暂停运营。网络游戏运营企业对修改游戏内容的决定或者修改意见不服的，可以向所在地的文化行政部门申请复议，复议维持原修改决定或者修改意见的，还可以向法院提起行政诉讼，在复议和行政诉讼期间，所在地的文化行政部门和法院应当责令该款网络游戏暂停运营。在《暂行办法》中增加这条规定，对于网络游戏运营企业提升自律水平也是有促进作用的，因为在出现负面影响之后，如果企业能够及时对网络游戏做出修改，就可以避免因网络游戏被责令暂停运营所带来的损失。

（二）网络有害信息的法律规制对策

1. 制定专门规范网络有害信息的法律网络有害信息防控法

制定网络有害信息防控法，将分散在《全国人民代表大会常务委员会关于维护互联网安全的决定》《网络安全法》《计算机信息网络国际联网安

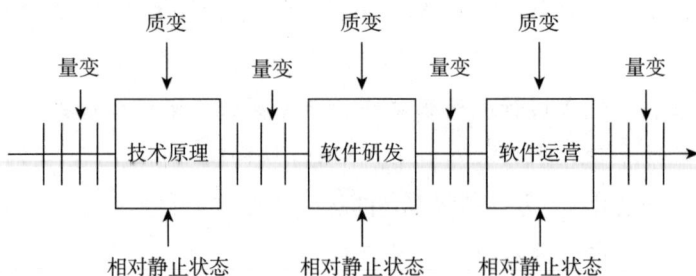

图 5 – 4　软件技术创新的质变和变量阶段

全保护管理办法》《互联网信息服务管理办法》《网络游戏管理暂行办法》《治安管理处罚法》《刑法》等法律、法规、规章中的相关规定予以衔接。其上位法是《全国人民代表大会常务委员会关于维护互联网安全的决定》《网络安全法》，其下位法是《计算机信息网络国际联网安全保护管理办法》《互联网信息服务管理办法》《网络游戏管理暂行办法》等。对网络有害信息进行分类，并根据其社会危害性，援引《计算机信息网络国际联网安全保护管理办法》《治安管理处罚法》《刑法》等法律予以制裁，并在附则部分列明《计算机信息网络国际联网安全保护管理办法》《治安管理处罚法》《刑法》的相关条款，以方便学习与适用。

《计算机信息网络国际联网安全保护管理办法》（下文简称《办法》）对发布、传播某类网络有害信息的行为需要采取何种处罚措施规定的不够明确，在制定网络有害信息防控法的时候对此加以明确，就会方便执法、学法和守法。根据《办法》第 20 条的规定，对出现《办法》第 5 条中所列的 4 项网络有害信息（下文称前 4 项网络有害信息）（①煽动抗拒、破坏宪法和法律、行政法规实施的；②煽动颠覆国家政权，推翻社会主义制度的；③煽动分裂国家、破坏国家统一的；④损害国家机关信誉的）所采取的行政处罚措施是：由公安机关给予警告，有违法所得的，没收违法所得，对个人可以并处 5000 元以下的罚款，对单位可以并处 1.5 万元以下的罚款；情节严重的，并可以给予 6 个月以内停止联网、停机整顿的处罚，必要时可以建议原发证、审批机构吊销经营许可证或者取消联网资格。对出现《办法》第 5 条中所列的其他 4 项网络有害信息（下文称后 4 项网络有害信息）（①煽动民族仇恨、民族歧视，破坏民族团结的；②捏造或者歪曲事实，散布谣言，扰乱社会秩序的；③宣扬封建迷信、淫秽、色情、赌博、暴力、凶杀、恐怖，教唆犯罪的；④公然侮辱他人或者捏造事实诽谤他人的），则需要分别根据《治安管理处罚法》第47条、第25条、第68条和第42条实施处罚。而《办法》第6条所列出的危害计算机信息网络安全的违法行为，根据下文的研究结论（"完善相关规定，使上下位法的规定相互协调衔接"），需要按照《治安管理处罚法》第29条的规定来处罚。研读以上内容，会发现一个不合理的情况：前4项网络有害信息较之后4项网络有害信息，其社会危害性更大，但是根据《立法法》第8条第5项的规定（限制人身自由的行政处罚措施只能规定在法律之中），《办法》属于行政法规，不能规定限制人身自由的处罚措施，《治安管理处罚法》属于法律，可以规定限制人身自由的处罚措施，这就出现了对社会危害性较大的违法行为的行政处罚力度要弱于对社会危害性较小的违法行为的行政处罚力度的不合理情况。如何解决这一不合理的情况？如果制定网络有害信息防控法，就可以在吸收《办法》第20条所规定的已有处罚措施的基础上，增加规定限制人身自由的处罚措施（比如拘留），也可以加强对制作或传播前4项网络有害信息违法行为的处罚力度。

2. 完善对发布或者传输网络有害信息的网络运营者实施处罚的规定

首先，完善作为上位法的《网络安全法》第68条第1款的规定。一是，对于情节未及严重的违法行为，处1万元以上3万元以下的罚款；二是，对于没有违法所得和违法所得查不清的，处3万元以上10万元以下的罚款；三是，对于直接负责的主管人员和其他直接责任人员，除了规定"处1万元以上10万元以下罚款"以外，规定"可以并处取消3年以上8年以下网络信息服务相关工作的职业资格"。其次，完善作为下位法的《网络游戏管理暂行办法》第30条的规定。一是，规定警告和通报的处罚措施；二是，对于没有违法所得和违法所得查不清的，处3万元以上10万元以下的罚款；三是，对于情节严重的，增加规定"处10万元以上50万元以下罚款"，与原来的"责令停业整顿、吊销网络文化经营许可证"可以并处；四是，对于直接负责的主管人员和其他直接责任人员，规定"处1万元以上10万元以下罚款，可以并处取消3年以上8年以下网络信息服务相关工作的职业资格"。

3. 完善相关规定，使上下位法的规定相互协调衔接

对于下位法《网络游戏管理暂行办法》第30条的规定和上位法《计算机信息网络国际联网安全保护管理办法》（下文简称《办法》）第20条的规定有不一致的情况，可以有两种完善的办法。一是考虑到上位法《办法》第20条对制作、复制、查阅和传播网络有害信息的违法行为处罚力度不大，建议对违法单位"处1万元以上3万元以下罚款"；二是对下位法《网络游戏管理暂行办法》第30条有关罚款的规定予以修改使之与《办法》第20条的规定保持一致，即对网络游戏经营单位提供含有该办法第9条禁止内容（指网络有害信息）的网络游戏产品和服务的"处1.5万元以下的罚款"。

对于下位法《办法》第20条的规定和上位法《治安管理处罚法》第29条的规定有不一致的情况，根据上位法的效力优于下位法的原则，需要修改《办法》第20条，使《办法》第5条所列的违法行为按照《治安管理处罚法》第29条的规定来处罚。

4. 完善、制定保护未成年人免受网络有害信息危害的法律

具体的立法步骤是：首先，完善现有立法，达到《网络犯罪公约》所规定的标准；其次，制定网络有害信息防控法，对未成年人的保护做出专章规定；再次，借鉴美国、德国等发达国家的相关法律，制定专门的未成年人互联网保护法。下文，仅就第一个步骤，阐述一些完善相关立法的建议。

第一，《未成年人保护法》第64条规定："制作或者向未成年人出售、出租或者以其他方式传播淫秽、暴力、凶杀、恐怖、赌博等图书、报刊、音像制品、电子出版物以及网络信息等的，由主管部门责令改正，依法给予行政处罚。"根据我国《刑法》363条、364条和司法解释《最高人民法院最高人民检察院关于办理利用互联网、移动通讯终端、声讯台制作、复制、出版、贩卖、传播淫秽电子信息刑事案件具体应用法律若干问题的解释》（一）和（二）的规定，淫秽物品需要达到一定数额才构成犯罪，没有达到的，给予行政处罚；而根据《网络犯罪公约》第9条的规定，对上述行为需要追究刑事责任，而且没有淫秽物品数额方面的要求。不过就中国国情而言，对数额很少的违法行为直接追究刑事责任显然是不合适的。这样，根据《刑法》和《网络犯罪公约》的上述规定，需要在《未成年人保护法》第64条"依法给予行政处罚"之后增加规定"构成犯罪的，依法追究刑事责任"。

第二，《网络犯罪公约》第 9 条规定的"儿童色情作品"是指有未成年人参与其中的淫秽物品，而我国《刑法》第 363 条、第 364 条所指的淫秽物品既包括有成年人参与其中的，又包括有未成年人参与其中的。也就是说，和《网络犯罪公约》的规定相比，我国《刑法》没有对制作、传播内容含有未成年人的淫秽物品在追究刑事责任方面做出专门的规定。《最高人民法院最高人民检察院关于办理利用互联网、移动通讯终端、声讯台制作、复制、出版、贩卖、传播淫秽电子信息刑事案件具体应用法律若干问题的解释》（二）解决了这一问题，其第 1 条第 2 款规定：以牟利为目的，利用互联网、移动通讯终端制作、复制、出版、贩卖、传播内容含有不满 14 周岁未成年人的淫秽电子信息，具有下列情形之一的，依照刑法第 363 条第 1款的规定，以制作、复制、出版、贩卖、传播淫秽物品牟利罪定罪处罚；其第 2 条第 2 款规定：利用互联网、移动通讯终端传播内容含有不满 14 周岁未成年人的淫秽电子信息，具有下列情形之一的，依照刑法第 364 条第 1款的规定，以传播淫秽物品罪定罪处罚。但是，《未成年人保护法》和《预防未成年人犯罪法》还没有解决这一问题，建议参照上述两高司法解释的规定，在《未成年人保护法》第 64 条、《预防未成年人犯罪法》第 52 条和第 53 条中做出补充规定，对制作、传播内容含有未成年人的淫秽物品的违法者给予行政处罚或刑事处罚。

第三，我国《刑法》第 363 条规定，构成制作、复制、出版、贩卖、传播淫秽物品牟利罪必须主观上有牟利的目的，没有牟利目的的不构成此罪。而《网络犯罪公约》第 9 条规定，以通过计算机系统发行为目的而制作儿童色情作品的，就构成犯罪。这样我国对于没有牟利目的，以通过计算机系统发行为目的而制作儿童色情作品的，就无法追究行为人的刑事责任。所以，要加强对未成年人身心权利的保护，就需要根据《网络犯罪公约》第 9 条的规定，在我国《刑法》或刑法修正案中规定一个新的罪名，即"以信息网络发行为目的制作淫秽物品罪"。

第四，《网络犯罪公约》第 9 条规定："'未成年人'应包括 18 岁以下的所有人。然而，签约方可以要求不应低于 16 岁的更低的年龄限制。"《刑法》第 364 条第 4 款规定"向不满 18 周岁的未成年人传播淫秽物品的，从重处罚"。而《最高人民法院最高人民检察院关于办理利用互联网、移动通讯终端、声讯台制作、复制、出版、贩卖、传播淫秽电子信息刑事案件具体应用法律若干问题的解释》（二）所规定的"未成年人"是指不满 14 周岁的未成年人。这样的规定显然使已满 14 周岁未满 18 周岁的未成年人没有得到刑法的保护，所以，建议修改上述司法解释的时候，根据《网络犯罪公约》第 9 条、《刑法》第 364 条第 4 款的规定，规定"未成年人"是指不满 18 周岁的未成年人。

第三节　借助网络舆论助力社会主义核心价值观宣教的社会工程

应对物质文明与精神文明发展不协调的问题，需要大力开展社会主义核心价值观社会工程建设。在网络自媒体时代，为了应对意识形态领域中各种反马克思主义的挑战，党的十八大提出了 24 字的社会主义核心价值观（下文简称核心价值观）。中共中央办公厅印发的《关于培育和践行社会主义核心价值观的意见》第 12 条提出：建设社会主义核心价值观的网上传播阵地。适应互联网快速发展形势，善于运用网络传播规律，把社会主义核心价值观体现到网络宣传、网络文化、网络服务中，用正面声音和先进文化占领网络阵地。较之其他网上宣教措施，在网络舆论的形成演化过程中开展核心价值观的宣教，宣教的受众更多、效果更好。这是因为网络舆论往往关注的都是在全国有影响的公共事件，参与和关注的人数众多，从核心价值观宣教的角度来看，较之其他网络宣教活动（比如在网站中设立核心价值观宣教的栏目），宣教的受众人数更多；此外，由于宣教对象就是参与舆论议题讨论的网民，舆论议题与他们的利益相关或者是他们所感兴趣的，他们会积极主动地参与研讨和思考，这与被动地接受宣教相比，宣教效果显然会更好。

一　现有研究成果评析以及本研究的重要价值

目前关于网络舆论与社会主义核心价值观关系的研究成果不多。在中国知网"主题"检索框中输入"网络舆论　社会主义核心价值观"，能够查到 7 篇相关论文，最早的一篇论文是 2013 年发表的，其他 6 篇论文的发表时间集中在 2015 年和 2016 年。其中李毅弘、宁娜、殷焕举的《以社会主义核心价值观集聚高校网络舆论引导合力》[①] 和郭明飞、张陆的《以社会主义核心价值观引导网络舆论简析》[②] 是发表在核心期刊上的，表明这个研究领域的选题是比较前沿的。

上述论文主要研究用社会主义核心价值观来引导或引领网络舆论或者高校网络舆论，但是对于二者关系的规律性问题缺乏关注与探讨，只是强调用核心价值观去引导网络舆论，而没有认识到核心价值观也会受到网络舆论的影响。网络舆论是核心价值观研究的社会实践基础，网络舆论对核心价值观的内涵、具体适用、各具体价值观之间关系等方面的影响会推进核心价值观建设工程的发展。从研究领域或研究视角来看，当前研究主要是从思想政治教育视角进行的，以社会工程哲学为视角进行研究的成果还没有。

本研究以社会工程哲学为视角研究网络舆论与核心价值观宣教的互动关系及其实践意义，这方面研究的重要价值主要体现在以下两个方面。①针对现有研究因缺乏对网络舆论和核心价值观相互关系的规律性把握而使对策的提出缺乏理论依据问题，本研究首先从社会工程哲学认识论层面探讨网络舆论与核心价值观宣教的互动关系并归纳出具有规律性的认识成果，之后根据规律性认识成果在方法论层面探讨借助网络舆论助力核心价值观宣教所使用的各种相关社会技术，而且是针对当前前沿问题所提出的不同于已有研究成果的相关社会技术。②提醒人们关注一个重要的研究领域——以网络舆论中主流意见所承载的主流价值观为重要素材研究核心价值观的内涵、具体适用、具体价值观的相互关系等问题，推动核心价值观建设工程的发展。

二　对网络舆论与核心价值观宣教互动关系的规律性认识

"舆论是一种极为丰富和复杂的人类精神现象。目前人们对舆论的定义

---

① 李毅弘、宁娜、殷焕举：《以社会主义核心价值观集聚高校网络舆论引导合力》，《思想理论教育导刊》2015 年第 11 期。

② 郭明飞、张陆：《以社会主义核心价值观引导网络舆论简析》，《学校党建与思想教育》2013 年第 3 期。

不一而足，尚无定论"①。尽管中西方学者给出了各自的舆论概念，但他们都把"舆论"认定为一种社会现象，是多数社会成员对某一事件的有强烈影响力的意见和态度的汇总，是社会群体意识的反映。根据舆论的概念，笔者认为，网络舆论是以网络媒体或者网络媒体与传统媒体互动为载体，公众对涉及公众利益的事件所表达的具有强烈影响力的意见和态度的汇总。

下文就结合一些典型案例，在网络舆论形成与演化的过程中，从社会工程哲学认识论层面探讨网络舆论与核心价值观宣教互动关系的规律问题。

（一）网络舆论形成与演化的四个阶段

任何事物都要经历一个产生、发展、消亡的过程。通过对网络舆论个案的研究和归纳总结，我们会发现网络舆论也遵循由形成经演化并最终走向消退的发展规律。有研究据此将网络舆论的发展阶段分为初始传播、迅速扩散和消退三个阶段②；有研究结合抢盐事件将网络舆论发展阶段分为初始期、渐进期、高潮期和衰退期③，而实际上渐进期、高潮期可以归入演化这一个阶段。

由于网络舆论的演化结果是形成一种具有强烈影响力的意见和态度的汇总，所以，本研究将演化阶段分为两个阶段：一是议题的广泛关注与讨论阶段，二是主流意见的形成阶段。这样就把网络舆论的形成、演化与消退过程划分为四个阶段，即议题获得网络舆论关注阶段、议题在媒体舆论场获得广泛关注和讨论阶段、网络舆论主流意见的形成阶段和网络舆论议题步入消退阶段。

（二）网络舆论与核心价值观宣教互动关系之规律

结合典型案例的分析和研究，获取网络舆论与核心价值观宣教互动关系的规律性认识主要体现在以下三个方面。（见图 5-5）

（1）网络舆论中的主流意见所承载的主流价值观是核心价值观形成与发展的主要社会实践来源之一，核心价值观需要不断发展完善以便更好地指导包括网络舆论在内的社会实践以推动社会的进步。

---

① 李秋锐：《刍议网络舆情的处理》，《网络安全技术与应用》2012 年第 2 期。
② 姚翠友、卢山：《网络舆情演化机理分析及计算机仿真》，首都师范大学出版社，2013，第 80~83 页。
③ 李彪：《谁在网络中呼风唤雨》，第 67~70 页。

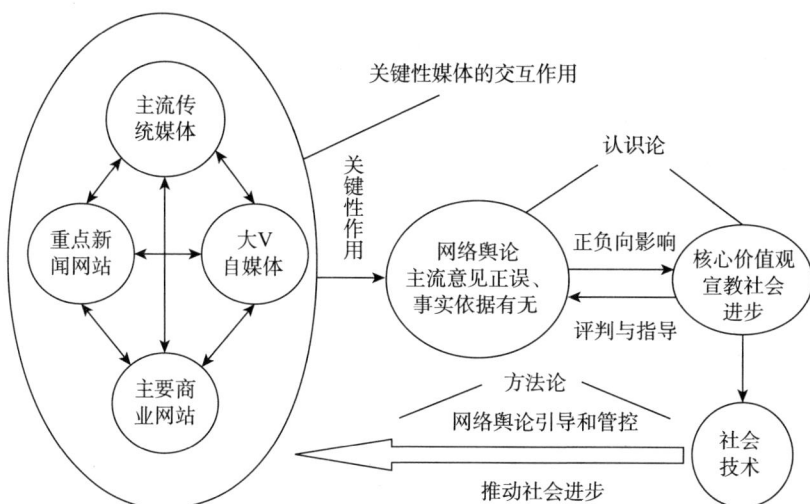

图 5 - 5　网络舆论与核心价值观宣教关系

　　通过对典型案例的研究，我们会发现很多网络舆论事件都是一个价值观博弈的过程。通过价值观的博弈，最后形成的具有强烈影响力的意见和态度的汇总（即主流意见）实际上就是具有强烈影响力的主流价值观，并且迫使舆论当事方予以践行或者承担道德或法律责任。舆论所产生的强烈影响力体现为强迫性的压力，其中包括：政府部门及其公务员迫于问责的压力，企业迫于失去市场份额的压力，公民迫于承担法律责任或被孤立、谴责的压力，等等。

　　比如，在李天一事件中，存在着富二代买通受害人逃避法律制裁的司法不平等价值观和"王子犯法与庶民同罪"司法平等价值观的博弈，最后，尽管有舆论干涉司法的质疑，但追究李天一的刑事责任无疑是网络舆论的主流意见。2013 年 11 月李天一因犯强奸罪被判有期徒刑 10 年，承载着司法平等价值观的网络舆论主流意见获得胜利。又如，郭美美炫富事件中，存在着红十字会是否诚信使用捐款的诚信危机公关与公众普遍质疑的博弈，最后这一网络舆论事件的主流意见是要求有关主管部门对红十字会予以审计监督。2011 年 12 月，中国红十字会公布了由监察部、中国社会科学院社会学研究所、北京刘安元律师事务所、中国商业联合会、中国红十字会总会相关人员组成的联合调查组的调查结论，认为郭美美及其炫耀的财富与红十字会无关，但红十字会的商业管理系统存在问题。

具体网络舆论事件中具有强烈影响力的主流意见所承载的主流价值观是社会主义核心价值观形成与发展的主要社会实践来源之一，社会主义核心价值观的内涵精神及其具体适用问题都随着包括网络舆论在内的社会实践的发展而处于不断发展完善之中，发展完善的目的在于更好地指导包括网络舆论在内的社会实践以推动社会进步。党的十八大提出了24字的社会主义核心价值观，可以说离不开对网络舆论多年实践的概括总结，其中比较明确、成熟的价值观所体现的精神可以对现实发生的具体网络舆论事件中形成的主流意见的正确与否做出评判。

以史上最牛女秘书事件为例。当女秘书瑞贝卡离职、总裁陆纯初被迫辞职的双败结局出现后，对这一事件的反思进入了活跃状态，一些专业人士就这一事件在传统主流媒体上发表了不少文章①，其中当然包括该事件对核心价值观宣教的启示。以核心价值观为视角研读这些文章，能够认识到：核心价值观中的"平等""友善""敬业"在这一事件中只有通过理性才能践行，总裁和女秘书只有根据公司和个人长远发展的需要才能以平等、友善、敬业的态度处理好和对方的关系（对社会进步也有推动作用）；核心价值观将"平等"置于社会层面，"敬业""友善"置于个人层面，而在这起网络舆论事件中它们则处于一个层面。以上两点研究成果表明，核心价值观的内涵、具体适用、分类等问题有必要在总结网络舆论实践的基础上予以不断完善；完善了的核心价值观再作为理性的价值选择引领和指导包括网络舆论在内的社会实践，推动社会的发展与进步。

（2）是否有事实依据、舆论主流意见是否符合核心价值观所倡导的精神，决定了网络舆论对核心价值观宣教和社会进步的作用是正向的推动作用还是负向的阻碍作用。

具体网络舆论事件中形成的主流意见作为有影响力的主流价值观除了要符合核心价值观所倡导的精神以外，还需要有事实依据。这样，根据有无事实依据和主流意见正确与否就会将网络舆论对核心价值观宣教和社会

---

① 相关文章大多集中在2006年和2007年两年，其中包括：张廷文、李兴的《秘书牛，还是老板牛？——对话"秘书门"》（《中国商界》2006年第6期），赵军的《高智商低情商陆纯初败走"秘书门"》（《财经时报》2006年5月15日），张洋的《"她被几千人转发邮件的过程给害了"最牛的是女秘书还是Email》（《文化博览》2006年第8期），等等。

进步的正负向影响归纳为三种情况五种组合。

第一种情况是对社会进步有推动作用、助力核心价值观宣教的正向网络舆论。这种情况包括一种组合，即有事实依据并且主流意见正确的网络舆论。如 2006 年的女秘书邮件门事件，总裁和女秘书的邮件内容及双方争议的事实很清楚，要求平等、友善的人性化管理以及友善、敬业应对上级不合理要求的主流意见也符合核心价值观的要求。

第二种情况是对社会进步有阻碍作用、阻碍核心价值观宣教的负向网络舆论。这种情况包括三种组合，第一种组合是无事实依据并且主流意见也不正确的，比如，秦火火造谣事件中，雷锋生活奢侈没有事实依据，由此所引发的网络舆论主流意见就是对国家树立榜样人物的诚信危机，进而阻碍对助人为乐友善价值观和诚信价值观的宣教与践行；第二种组合是有事实依据但主流意见不正确的，比如《一个馒头所引发的血案》侵犯著作权事件，著作权人对《无极》享有著作权，恶搞未经著作权人同意的事实清楚，而主流意见力挺恶搞行为对核心价值观所倡导的法治精神的宣教与践行起阻碍作用；第三种组合是无事实依据但主流意见正确的，比如，李天一案件中网络谣传被害人因被收买而撤诉所引发的舆论风波，上述情况属于谣言，而该阶段主流意见所追求的司法平等公正价值观则是正确的，但二者的结合所产生的后果则与核心价值观所倡导的法治精神相违背。

第三种情况是对社会进步既有推动作用又有阻碍作用、对核心价值观的宣教既有助力作用又有阻碍作用的正负混合型网络舆论事件。这种情况是由争议事实既有清楚部分又有不清楚部分、主流意见既有正确方面又有不正确方面组合而成的。比如郭美美事件，既有报道属实的情况，又有主流媒体因社会责任缺失而报道郭美美是红十字会商业总经理、欠下 2.6 亿元赌债等虚假新闻，主流意见既有借郭美美炫富对红十字会加强民主监督、弘扬民主法治精神的正确方面，又有在媒体上逼迫郭美美自证其罪、侵犯郭美美及其亲属隐私权[1]而违背法治精神的不正确方面。

（3）关键性媒体在网络舆论的事实依据和主流意见形成方面都发挥着关键性的作用。

---

[1]　陈守湖：《"郭美美事件"中的媒体价值和伦理反思》，《新闻界》2014 年第 24 期。

结合案例对网络舆论与核心价值观宣教关系问题的分析，我们会发现网络舆论演化过程中一些关键性媒体的交互作用无论对舆论议题所依据事实的报道是否属实，还是作为意见领袖所发表、传播的意见是否符合核心价值观所倡导的精神都起到了关键性的作用，是上述三种情况中正负向网络舆论产生的决定性因素。关键性媒体包括主流传统媒体（主要包括报刊、广播和电视）、主流网络媒体（主要包括重点新闻网站和主要商业网站）、网络大 V 自媒体等。

传统媒体及其所建立的新闻网站仍然保留着很大的权威性，但是其地位已有所削弱，在自媒体时代，网络大 V 自媒体在网络舆论的事实依据和主流意见形成方面也能起到关键性作用。网络的开放性、即时交互性使任何人都可以自办媒体，从而使人类社会步入了网络自媒体时代。随着新媒体传播技术的应用，如微博、博客等，许多民间的网络意见领袖与传统媒体或者传统媒体网络版一样，具有众多的受众（粉丝），少则几十万，多则几百万甚至几千万。"网络意见领袖能够引领舆论的方向"①，有可能通过网络沉默螺旋效应而使持不同意见的少数派选择沉默，从而导致网络舆论主流意见的形成，并进一步发展成为现实的行动。民间网络意见领袖引领下的网络舆论主流意见所倡导的价值观可能与党和政府所倡导的核心价值观保持一致也可能与之对立，保持一致的就是积极的网络舆论，与之对立的就是消极的网络舆论，前者对核心价值观的宣传教育会产生正面的推动作用，后者则会产生负面的阻碍作用。

关键性媒体的交互作用是指主流网络媒体、网络大 V 自媒体和主流传统媒体在网络舆论的形成与演化、核心价值观宣教等方面是一种优势互补的合作关系。网络媒体传播具有即时性、互动性、广泛性等优点，传统媒体传播具有权威性、准确性等优点（这些优点在西方也有相同表现，比如多数网络用户都更喜好查阅专业新闻媒体所提供的舆论信息，而非专业自媒体，比如博客所提供的舆论信息则很少被用户查阅②）。这样就会形成一

---

① Erzhong Zhou et al., "Extracting News Blog Hot Topics Based on the W2T Methodology," *World Wide Web* 3 (2014): 377 – 404.

② Juliane Urban, Kristin Bulkow, "Tracing Public Opinion Online-An Example ofUse for SocialNetwork Analysis in Communication Research," *Procedia-Social and Behavioral Sciences* 100 (2013): 108 – 126.

种比较普遍的传播模式。第一，议题获得网络舆论关注阶段。舆论议题由网络自媒体（微博、微信、即时通信群组等）或传统媒体首发，网络自媒体的即时性使其具有高于传统媒体的首发比例，并且一般需要发布在重点网站或者被转发到重点网站上经网络意见领袖的引领才有可能成为网络舆论关注的议题。这使得千千万万的罗彩霞事件，只能淹没在网络信息的汪洋大海之中。因此，只有发布在重点网站或者被转发到重点网站上的信息才有可能成为网络舆论关注的议题（比如 2016 年 3 月 20 日，新浪微博转发了河南周口官方微博发布的有关部门对假王娜娜的解聘和 9 名责任人员的行政处罚决定，被转发 1836 次、评论 5567 次、点赞 7926 次，引发了关于案件事实仍然没有查清和处罚决定过轻的新一轮舆论热点议题的讨论；而一些缺乏人气微博的转发则几乎没有人关注，转发数、评论数、点赞数都为零，仅凭这样的微博转发，根本无法引发舆论关注。），如果某一事件的信息又被主流传统媒体所报道，那么基于主流传统媒体的权威性和公信力，该事件发展成为舆论热点事件基本上就可以实现了（例如 2016 年 3 月"王娜娜被冒名上大学"事件被中央电视台综合频道晚间新闻栏目和中央电视台新闻频道报道后，立刻成了舆论热点）。第二，议题在媒体舆论场获得广泛关注和讨论阶段。在网络舆论中形成的热点议题，会吸引传统媒体的深入采访和报道，"迅速放大网络舆论意见表达的声音和影响力"①，使议题引起社会公众很高的关注度并使他们能够了解到争议事实最新的权威信息，再经网络媒体即时、广泛的传播形成更大范围的关注和讨论，这往往是一个传统媒体和网络媒体多次合作互动的过程。第三，网络舆论主流意见的形成阶段。在网络意见领袖的引领下通过沉默螺旋效应最后形成网络舆论的主流意见（比如，尽管有舆论干涉司法的质疑，但追究李天一的刑事责任无疑是网络舆论的主流意见），督促政府或其他相关部门采取应对措施。第四，网络舆论议题步入消退阶段。在舆论热点议题解决后（比如 2013 年 11 月，李天一因犯强奸罪被判有期徒刑 10 年），人们对该议题的关注度逐步消退，被新的舆论热点议题取代而从舆论场中淡出。当然也有舆论所涉议题没有解决而被其他舆论热点议题取代后，又在新的事件出台后使原来

① 廖卫民：《网络舆论波研究》，浙江大学出版社，2014，第 87~88 页。

暂时消退的舆论热点议题死灰复燃的（例如，1995 年清华大学学生朱令被人投毒一案，一度引起网络舆论的广泛关注，在 2013 年复旦大学投毒案告破后，要求彻查朱令案的网络舆论议题再度涌现）。

三 借助网络舆论助力社会主义核心价值观宣教的社会技术体系

对网络舆论与核心价值观宣教互动关系的规律性认识，其实践意义在于从哲学方法论层面提出借助网络舆论助力核心价值观宣教的相关社会技术，具体包括以下三个方面的社会技术：一是采取课题招标等社会技术加强二者关系研究，促进社会主义核心价值观建设工程的发展；二是根据理论依据和问题导向采取社会技术引导和管控网络舆论；三是采取各种社会技术加强关键性媒体的管理，提升核心价值观宣教的水平。

（一）采取课题招标等社会技术加强二者关系研究，促进社会主义核心价值观建设工程的发展

由于网络舆论中的主流意见所承载的主流价值观是核心价值观形成与发展的主要社会实践来源之一，核心价值观需要不断发展完善以便更好地指导包括网络舆论在内的社会实践以推动社会的进步。这就要求我们重视网络舆论与社会主义核心价值观宣教关系的研究，借助这方面的研究成果使社会主义核心价值观的建设工程得到不断的发展。

互联网进入我国已有 20 多年，不必考虑所有已发生的网络舆论事件，就以每年 10 件最具影响力的热点事件起算，也有 200 多例了。但是专门结合这 200 多例网络舆论事件研究网络舆论与核心价值观关系的研究成果并不多，相关研究多散见在传播学、管理学、法学等研究成果之中。就从以女秘书邮件门事件研究核心价值观所取得的成果来看，对核心价值观三个层次的划分是否合理以及"平等""友善""敬业"的内涵和具体适用方面都发现了研究空白。所以，要发挥核心价值观对网络舆论主流意见的指导作用，首先要做的工作就是结合网络舆论典型案例的研究不断推进社会主义核心价值观建设工程的发展。为此，相关管理部门要采取课题招标等办法，资助相关部门专业人士从网络舆论典型案例中挖掘核心价值观的理论问题和具体适用问题，并通过传统媒体和网络媒体公布研究成果，吸引公众参与研究、讨论以及在包括网络舆论在内的社会实践中加以适用，指导网络

舆论中主流意见的形成，推动社会进步。

（二）根据理论依据和问题导向采取社会技术引导和管控网络舆论

由于是否有事实依据、舆论主流意见是否符合核心价值观所倡导的精神，决定了网络舆论对核心价值观宣教和社会进步的作用是正向的推动作用还是负向的阻碍作用，这就需要根据理论依据和问题导向采取社会技术来引导和管控网络舆论。

有事实依据并且舆论主流意见符合核心价值观所倡导精神的网络舆论对社会进步具有推动作用，这是对此类网络舆论采用社会技术进行引导的理论依据。关键性媒体在网络舆论的事实依据和主流意见形成方面都发挥着关键性的作用。对于既有事实依据又符合核心价值观所倡导精神的网络舆论，关键性媒体要积极采用相关社会技术引导，使其对核心价值观宣教的正向作用和对社会进步的推动作用能够得到充分发挥。

采用相关社会技术对网络舆论予以管控的问题导向主要包括两大方面及其组合：一是网络舆论议题缺乏事实依据，二是网络舆论中的意见或主流意见违背核心价值观所倡导的精神，三是上述两大方面的组合。对于缺乏事实依据的情况，主流媒体（指传统媒体和依托传统新闻媒体建立起来的新闻网站）要充分运用采访权和较好的社会公信力，尽力克服网络谣言的危害，让社会公众能够及时了解事件的真实方面；对于违背核心价值观所倡导精神的网民意见和言论，主流媒体可以在必要的时候组织网络意见领袖和网络宣传员在网络舆论形成演化的过程中，引导网络舆论或者对违法者予以依法管控，争取使网络舆论的主流意见符合核心价值观所倡导的精神。

（三）采取各种社会技术加强关键性媒体的管理，提升核心价值观宣教的水平

由于关键性媒体在网络舆论的事实依据和主流意见形成方面都发挥着关键性的作用，正向的作用有利于核心价值观宣教水平的提升和社会的进步，负向的作用则对核心价值观的宣教和社会的进步起阻碍作用。所以，为了提升核心价值观宣教的水平，需要采取相应的管理对策，发挥关键性媒体的正向作用，并对其负向作用予以管控。

发挥关键性媒体正向作用，提升核心价值观宣教水平的社会技术主要有以下 4 点。①关键性媒体需努力挖掘积极践行核心价值观模范人物的先进事迹，并努力使其成为网络舆论热点事件。在网络中传播模范人物践行核心价值观的事例很多，但多数被淹没在网络信息的汪洋大海之中，只有少数能够获得公众的关注而成为网络舆论热点事件。所以，需要在网络中挖掘具有很高宣教价值的模范人物的先进事迹，通过网络媒体的放大作用和传统媒体的助推作用①，努力使之发展成为网络舆论热点事件。②创作弘扬核心价值观的优秀网络文化作品，并借助关键性媒体的强大影响力使之成为网络舆论关注的对象。比如，人民网推出的反腐网游"打贪官"就受到了网友的追捧，一周玩家达 20 万人次。这样的网游作品，既满足了玩家休闲娱乐的需求，又弘扬了民主、法治的核心价值观。③关键性媒体要及时采取有效措施应对不符合核心价值观精神的网络舆论中的多数人意见（有时会发展成为网络多数人暴政）。对于网络多数人暴政问题（例如在李天一事件中，像杨澜这样的知名人物发表关注未成年人教育方面的意见也被网友围攻并不得不道歉），关键性媒体采取观望态度、不能迅速做出反应②是不应该的，关键性媒体应该邀请法律专家、教育专家、争议双方代表等以网络直播的形式对网络舆论议题进行平等、民主的辩论和研讨，引导网络舆论主流意见符合核心价值观所倡导的精神。④发挥网络大 V 自媒体（一般都是网络意见领袖）对符合核心价值观精神的网络舆论主流意见的引领作用。除了鼓励现实社会中各领域的名人充当网络意见领袖之外，还要发现和发挥"草根"网络意见领袖的引领作用。有研究使用 K 聚类算法（Kclusteringalgorithms）对天涯论坛网民人际关系进行了定量研究，发现了排在前 40 的长期处于较为核心地位的网络意见领袖。该方法的准确率接近 80%③，可以用于"草根"网络意见领袖的发现。

管控关键性媒体负向作用，提升核心价值观宣教水平的社会技术主要有以下两点。①德法并用，督促主流媒体履行新闻媒体的社会责任。郭美美事件使主流媒体的社会责任缺失问题凸显出来。除了通过自律来平衡经

---

① 李彪：《谁在网络中呼风唤雨》，第 61 页。

② 郑宛莹：《从李天一事件谈媒体对于网络情绪型舆论的引导》，《现代传播》2013 年第 12 期。

③ Weizhe Zhang et al., "Identifying and Evaluating the Internet Opinion Leader Community Based on K-clique Klustering," *Neural Computing and Applications* 3 (2014): 595 – 602.

济效益与社会责任的关系外，还需要外部的他律机制来督促主流媒体严格履行其社会责任。外部他律机制主要包括行业协会的监督和法律手段的规范。行业协会要通过警告、通报批评、降低诚信评定等级、取消会员资格等处罚措施，使主流媒体在迫于失去受众的压力下，兼顾经济效益与社会责任，在认真采访、核实的基础上发布、传播新闻信息，减少虚假新闻事件的发生。目前我国媒体对失实报道所承担的责任主要是民事侵权责任，而且承担的责任也较轻[①]，承担行政责任或者刑事责任的情况则几乎没有。《互联网站从事登载新闻业务管理暂行规定》中有关于媒体承担行政责任或者刑事责任的规定。为了遏制媒体散布网络谣言、编造和传播假新闻等违法行为，应该对实施此类行为给被侵权人和社会公共利益造成损失后果的媒体或者工作人员除了依法追究民事责任之外，还追究其行政责任或者刑事责任。[②]对网络大 V 自媒体予以依法管控。网络言论自由是有界限的，对于发表违背核心价值观所倡导精神的网络大 V（比如任某某）依照党纪国法予以制裁，有助于管控网络大 V 自媒体所引导的负面网络舆论，为弘扬核心价值观所倡导精神的正向网络舆论扫除障碍。2016 年 2 月 28 日，根据《全国人民代表大会常务委员会关于维护互联网安全的决定》《国务院关于授权国家互联网信息办公室负责互联网信息内容管理工作的通知》等法律法规，国家网信办责令新浪、腾讯等有关网站依法关闭了任某某的微博账号。2013 年，两高出台《关于办理利用信息网络实施诽谤等刑事案件适用法律若干问题的解释》，将诽谤罪、寻衅滋事罪、非法经营罪等罪名的适用范围扩大到网络空间。2014 年依据该司法解释，追究了杨秀宇、秦志晖等人的刑事责任，杨秀宇以非法经营罪被判处有期徒刑 4 年；秦志晖因诽谤罪、寻衅滋事罪被判处有期徒刑 3 年。

---

①　陈守湖：《〈"郭美美事件"中的媒体价值和伦理反思〉，《新闻界》2014 年第 24 期。

第六章　应对经济建设和社会建设发展
不协调问题的网络社会工程

上文"应对经济建设和社会建设发展不协调问题网络社会工程的价值"指出，解决经济建设和社会建设发展不协调问题需要一个系统性的与自然工程相配合的社会工程，本章论述的网络社会工程是这一系统性社会工程的重要组成部分。借助网络社会工程来解决经济建设和社会建设发展的不协调问题，首先，需要认清经济社会发展不协调问题所造成的危害；其次，需要分析其成因，即获得规律性的研究成果；最后，在规律性研究成果的指导下提出解决问题的社会技术体系，进而构建出应对经济建设和社会建设发展不协调问题的网络社会工程。

第一节　经济建设和社会建设发展不协调问题
所带来的危害

上文概述了我国经济建设和社会建设发展的不协调问题，那么，这种不协调有哪些危害呢？由于践行五大发展理念是克服偏重经济建设而忽视社会建设的重要战略措施，所以需要从创新、协调、绿色、开放、共享这五大发展理念的反面，即经济发展重数量轻质量、社会合作水平较低且社会不够稳定、资源环境压力过大、"引进来"和"走出去"都面临较大困难、内需不足导致市场疲软这五个方面来认识经济建设和社会建设发展不协调问题的危害。

一　经济发展重数量轻质量

科技在经济发展中的贡献率不高，目前我国科技进步的贡献率是55%

左右，而美国、日本等发达国家的科技进步的贡献率都在70%以上。我国知识产权的绝对数量位居世界前列，但是相对数量和质量（主要指科技成果转化率）都较低。截至2014年底，我国每万人的发明专利拥有量是4.9件，而欧美发达国家每万人的发明专利拥有量是14件；同时，我国知识产权的质量也很低，"我国科技成果转化率仅为10%左右，远低于发达国家40%的水平"[①]。由于科技创新的弱势地位，我国很多产业处于产业链的低端，处于高能耗、高污染和低效益的被动局面。

二　社会合作水平较低且社会不够稳定

之前经济发展没有关注民生，造成的突出问题就是贫富分化严重，少数人享有经济发展带来的好处，而多数人的生活虽较之改革开放以前有所改善，但是和富贵阶层相比，严重的贫富差距导致低收入阶层心理失衡，进而产生对社会的不满和怨恨。心理上的不满和怨恨在舆论（包括网络舆论）场中的表达就是仇官、仇富的思想和言论。仇官、仇富的思想和言论在现实社会中的行为表现，轻者呈现因缺乏工作积极性而导致社会合作水平降低的不和谐状态，重者呈现因群体性事件而导致社会治安恶化和社会的不稳定、动乱状态。较之经济建设和社会建设的良性互动局面，上述言行会使我国的经济建设不能得到长期可持续的健康发展。

三　资源环境压力过大

尽管我国资源总量较大，但由于人口众多，人均资源占有量较低。比如水资源仅为世界平均水平的1/4，人均耕地资源大约为世界平均水平的1/3，人均矿产资源大约占世界平均水平的1/2。而我国单位GDP的能耗却很高，"目前我国单位产值能耗大约是世界平均水平的2倍多，与美国、欧盟、日本、印度相比分别高出2.5倍、4.9倍、8.7倍和0.43倍"[②]。此外，我国的环境压力也很大，最为直观的就是困扰北方地区的严重雾霾天气，此外

---

① 邱玥：《是什么阻碍了创新？》，《光明日报》2015年1月22日。
② 《单位GDP能耗远超发达国家》，求是理论网，http://www.qstheory.cn/tbzt/jkjjfzfszb/bjfx/201006/t20100608_32581.htm，最后访问日期：2017年6月2日。

水污染、土壤污染、土地沙化等问题也较为严重。总之，资源环境问题是影响我国社会建设的重要方面，是制约我国经济又好又快发展的瓶颈问题，必须借助政策、法治宣传教育等手段予以综合治理。

四 "引进来"和"走出去"都面临较大困难

经济社会发展失衡，诸如一些地方社会治安状况不好、知识产权保护环境欠佳、环境污染严重等问题制约了招商引资。东北地区遭遇"投资不过山海关"的魔咒是营商环境较差使然，最终结果是出现"新东北现象"，具体表现为东北三省经济增长率全国垫底，居民收入偏低，资金、人才外流严重，民生建设滑坡等。当前东北地区大力开展营商环境的整治就是要打破"投资不过山海关"的魔咒，并进一步破解"新东北现象"。由于绿色科技创新能力较弱，我国很多产品缺乏自主知识产权带来的市场竞争力，难以在国际市场占有一席之地，国际知名品牌寥若晨星，"走出去"战略也面临较大困难。需要借助各种扶持政策，鼓励科技创新和品牌建设，逐步提高民族品牌的国际竞争力。

五 内需不足导致市场疲软

经济发展没有贯彻共享理念。有些政府人员为了追求地方财政收入的增加和获得晋升机会而将财政收入过多地投入基础设施建设以吸引投资，这样就会导致居民收入不能随经济增长而增长，居民缺乏消费能力进而会导致内需不足，而内需不足又会引发市场疲软问题，市场疲软又会导致社会生产出现供过于求的情况。当这种情况从个别产业逐步蔓延到整个社会的其他产业并成为比较普遍的情况时，就会引发经济萧条甚至经济危机。

第二节　经济建设和社会建设发展不协调
问题的成因分析

在解释我国经济建设和社会建设发展不协调问题的成因方面，主要有财政分权理论和晋升锦标赛理论，以及在此基础上发展出来的中国式的财政分权理论。笔者比较认同中国式的财政分权理论，并在此基础上阐述了我国重经济建设而轻社会建设的发展模式。而伴随五大发展理念的提出，我国重经济建设而轻社会建设的发展模式正逐步被打破，预计经济社会发展不协调的局面在经历一段上升期之后会转入平衡发展的良好局面（经济社会发展的协调性类似于倒 U 型发展曲线）。

一　中国式的财政分权理论

第一代财政分权理论是由美国学者蒂布特（C. Tiebout）在 1956 年发表的《地方支出的纯理论》中首先阐发，经马斯格雷夫（R. A. Musgrave）、奥茨（W. Oates）等学者的补充和发展而形成的。后来，以钱颖一、罗兰（G. Roland）、温格斯特（B. R. Weingast）和怀尔德森（D. E. Wildasin）等学者20 世纪 90 年代以来发表的论文为代表，形成了第二代财政分权理论。[1] 国内学者运用中国式的财政分权理论[2]，分析了中国改革开放以来经济建设快速发展而社会建设相对滞后，即经济社会发展不协调问题的成因。

改革开放以后，我国实施了财政分权改革。从分灶吃饭到分级包干，再到分税制，地方可以与中央分享财政收入，财政收入越高，地方的留存就越多，其中预算外收入则属于 100% 的留存，大大激发了地方政府发展经济的积极性。此外，中央还将一些经济管理方面的权力下放给地方，使地方政府在地方经济发展方面具有和中央分享财税收入的权力、资源配置的权力、出台政策促进经济发展的权力以及其他一些权力，使地方政府利用手中权力促进地方经济发展既有职权、职责又有很大的积极性，为改革开放 30 多年来的经济快速发展提供了制度层面的保障，表现为生产关系对生产力发展的积极促进作用。

目前，我国实行以经济建设为主要指标的晋升锦标赛体制。在这种体制下，民众所关心的以民生建设为主要内容的社会建设在官员的任免方面不会起到多少作用，"用手投票"来考核官员在社会建设方面的政绩在我国所发挥的作用是很小的。此外，尽管城乡户籍制度已经基本取消，但是我国各个城

---

① 黄国平：《财政分权理论对中国经济与社会发展失衡的解释及反思》，《理论月刊》2013 年第 2 期。

② 于长革：《财政分权、政府间竞争与经济社会发展失衡》，《地方财政研究》2010 年第 8 期。

市都有落户的一些条件，对外地户籍人口的待遇也低于本地户籍人口。农村人口要落户城市很难；外地城市居民要落户其他城市，特别是经济发展水平较高的城市，因为有较高的门槛限制，也很难。所以，"用脚投票"来考核官员在社会建设方面的政绩在我国的作用也不大。由于"用手投票"和"用脚投票"的民主考核压力对政府官员任免的影响很小，在以经济建设为主要指标的晋升锦标赛体制之下①，政府官员在大力发展经济、追求经济利益和与此相关的政治升迁利益的同时，往往弱化对以民生建设为主要内容的社会建设的投入，从而导致经济建设一条腿长、社会建设一条腿短的发展不协调问题。

综上所述，经济上的财政分权，加上以经济建设为主要指标的晋升锦标赛体制，给地方政府官员在发展经济方面很大的激励，这既可以解释为什么我国经济（体现在 GDP 的高速增长）在改革开放 30 多年时间里获得了如此高速的发展，又能解释为什么以民生建设为主要内容的社会建设处于相对滞后发展的状况。

二 重经济建设、轻社会建设的发展模式

有研究指出，虽然地方政府官员的考核模式近年来在发生变化，如 2007 年加入了环境指标，2013 年强调不能仅仅考虑经济指标，但我国地方政府官员晋升的主要考核指标仍然是 GDP 增长率等经济指标②。在以经济建设为中心的发展理念指导下，民众不能"用手投票"来影响、要求政府官员更加关注以民生建设为主要内容的社会建设，民众"用脚投票"来影响、要求政府官员关注社会建设的力度也较小。这样，在晋升锦标赛的考核体系中，经济建设的指标，主要是 GDP 增长率就自然会占据主导地位，而诸如环境保护、收入公平、教育、医疗、社会保障等民生指标就会处于从属的、次要的地位。以 GDP 增长率为主要考核指标的晋升机制的结果就会是：经济发展注重数量而轻视质量；高能耗、高污染带来了严重的环境负荷问题，也制约了秉持可持续发展理念的绿色科技创新、产业转型升级和步入

---

① 周黎安：《中国地方官员的晋升锦标赛模式研究》，《经济研究》2007 年第 7 期。
② 张旭昆、李晓红：《财政分权、地方政府竞争与地方债发行》，《社会科学战线》2016 年第 9 期。

全球产业链高端的发展步伐；地方政府重视竞争而轻视合作，导致地区发展不平衡、地方保护主义、协同创新能力弱等问题；重视基础设施建设和招商引资，而对环境保护、居民收入、教育、医疗、社会保障等投入较少，导致经济社会发展的不协调问题，表现在贫富分化严重、网络舆论中的社会心理失衡现象严重、群体性事件呈现高发态势等诸多方面，其后果主要就是影响了社会稳定、给经济的可持续发展带来了较大阻力。

我国学者周黎安在肯定财政分权体制是激励地方政府行为的一个重要动力基础上，认为晋升锦标赛体制是中国改革开放以来经济快速发展及其所带来的负面影响的更为重要的动力①。这个观点使笔者认识到将中国式的财政分权理论和以经济建设为主要指标的晋升锦标赛体制相结合，能够更加全面地揭示我国经济社会发展不协调的成因。

我国是一个发展中国家，有科技异化，但是是低层次的，还没有出现发达工业社会所出现的高层次的科技异化问题。在中央没有正式提出创新、绿色、协调、开放、共享五大发展理念之前，我国以经济建设为中心，虽有质疑、批判改进的意见，但往往很少有人敢于提出，即使有人提出也不会引起重视和广泛讨论，进而导致片面发展经济而忽视以民生建设为主要内容的社会建设的发展模式被广泛接受并大力推行，并在实践中出现经济建设和社会建设的发展不协调问题。

五大发展理念提出后，上述发展模式才得到了纠正，不过在惯性定律的支配下，以往造成的经济社会发展不协调问题不是一夜之间就能解决的。重经济建设而轻社会建设的发展模式是我国经济建设和社会建设发展不协调的根本性原因，基于单一经济增长指标的晋升锦标赛是这一发展模式的结果，不能作为经济社会发展不协调的根本性原因。

改革开放以来，中央与地方的财政分权制度改革，加之以经济建设为主要指标的晋升锦标赛官员考核体制，激励了地方政府发展经济的积极性，使我国的经济建设取得了持续 30 多年高速发展的惊人业绩；而重经济建设、轻社会建设的发展模式不仅能为以经济建设为主要指标的晋升锦标赛官员考核体制提供支持，而且削弱了民众通过选举（"用手投票"）和迁徙（"用脚投

---

① 周黎安：《中国地方官员的晋升锦标赛模式研究》，《经济研究》2007 年第 7 期。

票”）来推进政府提升以民生建设为主要内容的社会建设水平的影响力，最终导致了中国目前经济社会发展不协调的现状。

第三节 "互联网 +" 促进经济社会协调发展社会
技术体系的构建

根据经济建设和社会建设发展不协调问题的成因，笔者认为我国一方面需要政治体制改革，另一方面需要通过落实五大发展理念来解决经济社会的发展不协调问题。在政治体制改革方面，有学者提出根本的解决之道是让政府公共服务的对象——公众对政府施政的满意度进入官员的考核过程，具体包括发挥人大和政协在监督和问责政府官员方面的作用、采取差额选举制、将辖区居民的满意度作为官员考核的指标、适当增加媒体的监督作用等①。这一建议很值得借鉴，也很有必要在实践中加以认真落实。在落实五大发展理念方面，笔者认为，需要通过协同创新、绿色创新来解决经济发展重数量轻质量问题；需要通过收入分配体制改革缩小贫富差距、构建以中产阶层为主体的和谐稳定型社会；需要通过绿色科技创新、节能降耗技术和加强环保执法来解决资源环境瓶颈问题；需要通过知识产权激励和保护政策，建立世界科技强国，为"引进来"和"走出去"战略提供保障；需要以以民生为本来指导发展共享经济，解决内需不足、民生环境不好等问题。

解决经济社会发展不协调问题是个复杂的社会工程，限于笔者的研究能力和本研究的研究范围，本研究选取"互联网 +"这一视角来探讨这一问题的解决对策。"互联网 +"在解决经济社会发展不协调问题方面的作用主要有以下三点。①信息网络技术的应用为人们提供了网络交往的平台，网络交往具有全球性、即时性、互动性、匿名性、平民性等特点，网络舆论应运而生。涉及民生问题的网络舆论是具有很强社会影响力的公众意见，有时还会演变为现实社会中的事件，对地方政府改善民生具有推动作用。这种推动作用就是媒体监督所产生的力量，其中包括对地方政府公务员仕

---

① 周黎安：《中国地方官员的晋升锦标赛模式研究》，《经济研究》2007 年第 7 期。

途的影响，能够督促公务员加强本地区的民生建设，从而使经济建设和民生建设的不协调问题、不平衡发展问题得到一定程度的重视和解决。当然利用网络舆论解决经济社会不协调问题产生的正向价值和负向价值是相伴而生的，对其正向价值要积极引导，使其得到充分发挥，对其负向价值要积极管控，使其得到尽量消解。②利用"互联网＋"改造传统产业，给传统产业和以传统产业为主导产业的落后地区提供新的发展机会。此外，基于"互联网＋"的新兴产业也会使相对落后的农村地区、中西部地区、东北地区等与发达地区处于同一起跑线上，在缩小地区经济社会发展差距方面起到一定作用。经济发展是社会发展的物质保障，相对落后地区的经济发展了，以民生建设为主要内容的社会建设也会相应提高水平。③《国务院关于积极推进"互联网＋"行动的指导意见》中提出了通过"互联网＋"改善民生建设的指导性意见，主要涉及"互联网＋"益民服务、"互联网＋"便捷交通、"互联网＋"绿色生态等几大方面。"互联网＋"教育、"互联网＋"医疗、"互联网＋"社会保障、"互联网＋"健康服务、"互联网＋"养老服务等，一方面可以提高民生建设水平，另一方面会产生基于互联网的现代服务新业态，这也是经济建设的重要方面。

由于在第三章探讨了利用"互联网＋"应对区域发展不协调的问题，在第四章探讨了利用"互联网＋"发展现代农业应对城乡发展不协调的问题，所以利用"互联网＋"改造传统产业催生新兴产业，进而促进经济社会协调发展的社会工程在此不再赘述。下面主要探讨管理网络舆论促进经济社会协调发展的系统性社会技术体系和利用"互联网＋"改善民生建设的社会技术体系及其保障措施。

一　管理网络舆论促进经济社会协调发展的系统性社会技术体系

在网络时代，经济建设和社会建设发展的不协调问题通常会反映在网络舆论之中。网络舆论对经济社会发展既有正向的价值，也有负向的价值。对网络舆论的正向价值，要予以积极引导；对网络舆论的负向价值，要尽力给予管控。针对影响网络舆论正向价值实现的主客体因素和导致网络舆论负向价值产生的主客体因素，采取相应的引导策略和管控策略，就会构建起网络舆论的正向价值得到充分实现而其负向价值被尽力管控，进而促进经济社会协调发展的系统性社会技术体系。

网络舆论的正向价值和负向价值是相伴而生的。正向的价值主要有：网络舆论有助于政府部门全面及时地了解社情民意，网络舆论监督有助于反腐倡廉和公正社会环境的营造。负向的价值主要有由网络谣言和恶性群体性事件所引发的社会秩序混乱和人员财产损失，这些危害都属于社会建设领域的危害。

总结多年来人们应对网络舆论事件的经验和教训，可以提出这样一项原则：通过积极引导，促进网络舆论的正向价值充分实现；通过尽力管控，削减网络舆论负向价值的产生。

影响网络舆论正向价值实现的客体因素（属于生产力的范畴）包括我国网络舆论参与者的特征、现实的社会矛盾等；影响网络舆论正向价值实现的主体因素（属于生产关系的范畴）包括一些公务人员对待网络舆论的态度、地方政府对于网络舆论的应对机制等。导致网络舆论负向价值产生的客体因素包括网络信息传播的全民性、即时性、无中心性等特点；导致网络舆论负向价值产生的主体因素包括地方政府应对网络舆论的能力不足、应对网络舆论的立法不完善以及网络舆论中的违法或过激言行等。针对影响网络舆论正向价值实现的主客体因素和导致其负向价值产生的主客体因素，采取相应的引导策略和管控策略，就会在保证网络舆论正向价值充分实现的基础上，尽量管控网络舆论的负向价值产生，从而建立起一个管理网络舆论促进经济社会协调发展的系统性社会技术体系。

（一）针对影响网络舆论正价值实现的主客体因素采取系统性引导策略

1. 针对我国网络舆论参与者的特征采取相应的引导策略

我国网络舆论参与者具有"三低一高"的特征。所谓"三低"是指多数网民的年龄较低、学历较低和收入较低[1]，"一高"是指城镇网民占比较高，占网民总数的 72.6% 以上[2]。

由于网络民意主要是年轻群体和城镇居民的意见，对于涉及多数民众

---

[1] 邹军：《看得见的"声音"——解码网络舆论》，中国广播电视出版社，2011，第20页。

[2] 《CNNIC：2016年第39次中国互联网发展状况统计报告》，199it网，http://www.199it.com/archives/560209.html，最后访问日期：2017年7月9日。

或者特定民众的议题，比如全民医保、农村养老保险等议题，把网民的意见作为制定相关政策的主要根据，显然是片面而脱离实际的。因此，相关管理部门要兼采网络媒体和传统媒体两方面的意见，广泛征询民意，通过网络媒体与传统媒体的互动机制引导网络舆论趋向理性。另外，由于1/3左右的网民是中学生、大学生，所以，学校教育中要安排网络舆论教育的内容，引导学生在参与网络议题的讨论时，遵守法律和道德的要求。

2. 针对源于现实社会矛盾的网络舆论采取相应的引导策略

中国处于转型时期，社会的贫富分化呈现加剧趋势[①]。由于多数网民属于草根阶层，面对严重的社会贫富分化，往往产生被剥夺、失落、无助、嫉妒、愤恨等消极情绪，在网络舆论中表现为对官、富、精英阶层的仇视，对民粹主义的拥护。一旦出现官民或贫富阶层的冲突事件，长期聚集的嫉恨火焰就会被马上点燃，进而导致群体性事件的爆发。贵州瓮安事件、吉林通钢重组喋血事件等，就属于这类以长期积累的官民冲突、贫富阶层冲突为导火索的群体性抗议事件[②]。

这类网络舆论事件的正向社会价值在于，它使上级部门通过了解民情、纠正错误来维护群众利益、缓和干群矛盾，但是其发生发展的过程也有负面的社会影响。所以对于群体性事件的治本之策，就是通过消除或减弱其据以产生的社会矛盾，建设服务型政府来减少这类事件发生的概率。波普尔提出了"最小政府原则"[③]，并且指出政府的职能不是"最大限度地增加最大多数人的幸福"，而是"最大限度地排除痛苦"[④]。罗尔斯把一个社会正义的衡量标准确定为实现"最少受惠者的最大利益"[⑤]，强调政府制定政策要从最有利于弱势群体的角度出发，关注民生，提高社会福利。这些政治哲学思想是符合马克思主义人本思想的，可以作为我国政府解决贫富分化、改善民生的有益启示。政府要精简机构、廉洁从政，把增加社会幸福的工作交由社会管理，最大限度地排除普通民众的痛苦，着力解决中低收入群体最

---

① 尚宇红：《我国基尼系数攀升的原因及对策建议》，《理论探索》2007年第2期。

② 邹建华：《突发事件网络引导策略》，中共中央党校出版社，2009，第187页。

③ 赵敦华：《现代西方哲学新编》，北京大学出版社，2001，第250页。

④ Karl Popper, *Conjectures and Refutations* (London: Routlege, 1969), p. 361.

⑤ Rawls, *A Theory of Justice* (New York: Oxford University Press, 1973), p. 60.

为迫切的四项民生问题：教育公平、充分就业、社会保障和分配正义①。

3. 针对一些公务人员对待网络舆论的抵触态度采取相应的引导策略

网络舆论监督有利于促进政府工作透明度的提高和经济社会的协调发展，但是这种正向价值由于触及了一些公务人员的切身利益而得不到充分发挥。近些年来，网络舆论监督使不少贪腐官员落马，致使一些公务人员对待网络舆论心存戒备，甚至怀有抵触态度，对网络舆论的当事人进行打击报复。2009年的河南灵宝王帅事件中，王帅就因网上发帖揭发当地政府违法征地被刑事拘留了8天。

亚里士多德认为，"过度和不足是恶行的特性，而适中则是美德的特性"②。政府公务人员要以河南灵宝王帅事件中被免职的镇党委书记黄松涛和土地管理局副局长李建强为鉴，在对待网络舆论时，如果言辞激烈地予以猛烈反击甚至打击报复，就如同用油灭火而适得其反，甚至会引火烧身；如果保持沉默置之不理，就会谣言四起，使事态愈演愈烈，更加难以控制。因而最好的应对策略就是坦诚对待，及时调查舆情的起因，把群众的诉求而不是自己的"乌纱帽"摆在第一位。解决了群众的疾苦，舆情就会自然消退，事后即使由于工作没有做好而被问责，也会因为舆情处置得当而获得从宽处理。

4. 针对地方政府不够完善的网络舆论应对机制采取相应的引导策略

不少地方政府没有建立起网络舆论应对机制，有些地方政府虽然初步构建了网络舆论应对机制，但存在着机构、人员由于缺乏相互协调的工作机制，而使舆情信息无法有效地被汇集、报送和回应，应对机制也只能适应常规性工作而无法胜任突发事件的被动局面③，暴露了这些地方政府在执政理念和执政能力方面的不足。

为解决以上不足，各级地方政府要建立起由监测、预案和引导机制所构成的网络舆论应对机制。第一，监测机制。政府相关部门和主要商业网站要联合建立网络舆情监测体系，及时发现热点网络舆论事件。第二，预

---

① 《文汇报：民生问题为什么如此重要——郑功成教授在中国人民大学的讲演》，人民网，http://www.people.com.cn/GB/lilun/40551/3037810.html，最后访问日期：2016年10月8日。

② 北京大学哲学系外国哲学史教研室编译《西方哲学原著选读》上卷，商务印书馆，1981，第156页。

③ 王国华、曾润喜、方付建：《解码网络舆情》，华中科技大学出版社，2011，第145~146页。

案机制。根据网络舆情事件的类型，事先设计好组织协调机构、参与部门的应对措施预案。第三，引导机制。建立引导网络舆论的领导协调部门和各部门合作机制；建立新闻发言人机制，"遏制谣言、安定人心"[1]，把握舆论的主动权；通过网络意见领袖的引领作用来控制舆情发展的方向；通过加强法律的惩戒作用来遏制正向网络舆论事件中的负面因素。

（二）针对导致网络舆论负价值产生的主客体因素采取系统性管控策略

1. 针对网络舆论信息传播的特点采取相应的技术管控策略

网络舆论信息的传播具有如下特点：第一，全民性，任何网民都可以既是信息的接收者，又是信息的发布者，很多网络舆情议题是由网络首发，传统媒体深度挖掘，再经网络和传统媒体扩大传播面而产生强烈社会影响的；第二，即时性，舆情信息在短时间内就能传遍全球的各个角落；第三，无中心性，政府无法位居网络管理的核心地位，无法像管理传统媒体那样卓有成效地管理网络媒体，致使负面网络舆论事件呈多发和强破坏的特性。

管控负面的网络舆论，技术方法是很有效的。首先，网络论坛应当实施发帖审查制度和违法信息举报制度，发现并及时删除违法的网络舆论信息。其次，可以利用违法信息监控技术识别、阻止违法信息的传播，净化网络舆论空间。国内外已经有专门的公司，利用人工智能技术研发出网络舆情信息监控系统，如方正智思信息搜索平台[2]、谷尼网络舆情监控系统等，运用自然语言分析处理技术、数据挖掘技术等先进技术，开发网络舆情智能化监测软件，这些技术能够自动监测舆情信息、对舆情主题进行分类追踪，并对热点舆情主题做出分析和预警，从而成为政府部门网络舆情管理的得力助手。当然，由于网络舆情形成迅速、形成原因比较复杂，舆情监控技术的研发时间也比较短，做到精确分析和预警还有一定的难度，网络舆情的监控技术还有待进一步提高。

2. 针对地方政府应对网络舆论的能力不足采取相应的行政管控策略

2010 年山西数百万人"等地震"事件和 2011 年发生在中国很多地区的

---

① 邹建华：《突发事件网络引导策略》，第 8 页。

② 李彪：《山雨欲来——网络热点事件传播的空间结构和时间结构》，人民日报出版社，2011，第 178 页。

"抢盐"事件等，都是由于政府没有及时辟谣和有效管控负面舆情信息造成的，结果给社会秩序带来了很大的负面影响，也削弱了相关政府的公信力。这些事件表明，网络谣言是网络舆论的一个主要的负向价值，政府部门需要积极采取应对之策。

根据传播学者克罗斯在前人基础上总结的著名谣言传播规律：谣言传播程度与"事件的重要程度"和"事件的模糊程度"这两个因素成正比，而与"公众的判断能力"这一个因素成反比。因此，管控网络谣言的负向价值需要做到以下三点。第一，减弱舆情事件的重要程度。例如，在2006年的多宝鱼危机事件中，辽宁兴城的水产主管部门通过专家辟谣和权威机构的检测报告让消费者了解到药物残留对人体的危害性实际很小，多宝鱼很快就恢复了原来的热销局面。[1] 第二，尽快澄清事实。不断完善信息公开制度，通过新闻发言人及时、分阶段、坦诚地发布信息，遏制谣言的传播。第三，尽量提高公众的判断能力。2011年的"抢盐"事件表明，政府要提高瓦解网络谣言的效率，就需要在以下三个方面开展工作：一是加强社会科学知识的普及，二是不断维护和提升政府的公信力，三是提高专家意见的权威性和中立性。

3. 针对应对网络舆论的立法不足采取相应的法律管控策略

2008年出台的《政府信息公开条例》中的一些条款规定了各级政府及相关领导回应媒体（包括网络媒体）监督和质询的法定职责。不过，在适用《政府信息公开条例》处理网络舆论事件中，在立法上还有如下不足：第一，对政府部门需要公开哪些涉及网络舆论的政务信息没有做出具体规定，在人们不明真相的时候，容易被情绪化的言论左右，引发群体性事件；第二，面对群体性事件，一些地方政府部门以事件还处于调查阶段等为由不发布重要信息，也不积极采取应对措施，造成了很多不良影响，而对此却没有明确的法律规定予以规范。

对于上述立法不足，可以采取以下完善策略：第一，制定实施细则、地方性法规、规章等，将《政府信息公开条例》中有关公开范围的原则性事项具体化，比如对必须公开的突发公共事件的应急预案、预警信息及应对

---

[1] 邹建华：《突发事件网络引导策略》，第31页。

情况等具体事项做出详细规定，就会促进《政府信息公开条例》的具体适用；第二，根据网络舆情发生演化的规律，建议在《政府信息公开条例》的实施细则中，对相关政府部门及时应对突发群体性事件在时间期限上做出明确规定①。

4. 针对网络舆论中的违法或过激言行采取相应的伦理管控策略

网络舆论中议题的讨论往往会出现这种情况：网络讨论会把已经形成的观点进一步深化，在言语和行动上表现为更加偏激。这就是"群体极化"现象，这种现象通常表现为网络舆论中的违法或过激言行。比如，2008 年的"周久耕""辽宁女骂人"等人肉搜索事件中，网络舆论参与者对漠视民生疾苦的贪腐官员和"辽宁女"进行网络舆论监督和声讨谴责是有积极意义的，但是一些网民擅自公开他人信息，言语过激，也侵犯了被检举、被谴责当事人的一些合法权益，比如隐私权、名誉权等。又如，网络上对不分合法致富还是违法致富而过于偏激的仇官、仇富言辞，也会引发暴民政治而危害经济社会的协调发展。

人肉搜索本质上是网络舆论的一种形式②。应对这种网络舆论事件，特别是其中维护社会公德的网络舆论事件，伦理方法应该成为主要的方法，而法律方法则应处于辅助的地位。以"辽宁女骂人"事件为例，对于"辽宁女"，首先考虑的处理方法是伦理方法，她需要认识到自己辱骂灾区群众的言行是自私的、缺乏同情心的、十分伤害他人感情的，应该通过网络发布书面或视频道歉信以平息民愤；其次才是法律的解决办法，如果她没有悔改表现，并且事件的影响过于恶劣，此时可以考虑根据《治安管理处罚法》第 42 条对其处以罚款或者行政拘留。对于参与谴责"辽宁女"的一些网民来说，他们的违法过激言行则源于道德和法律意识的缺失，他们没有意识到不道德、违法犯罪的人也是享有广泛的法定权利的。对"辽宁女"的肆意侮辱谩骂、公开个人信息、干扰她及其亲属的正常工作和生活，首先要受到道德的谴责，其次对可以查实且情节较重的侵权人还可以追究其

① 毛牧然、范卿瑞：《论辽宁省网络舆论正负向价值的引导与管控》，《第十届沈阳科学学术年会论文集》，2013。
② 邹军：《看得见的"声音"——解码网络舆论》，第 48 页。

法律责任。无论是"辽宁女"还是很多谴责她的人，这其中多数是年轻人，年轻人的可塑性较强，可以通过网络伦理教育，减少网络中的不道德言行以及言行过激的网络舆论事件。网络伦理教育就是通过学校、家庭、社区、媒体等教育主体对广大网民开展的以网络伦理学理论、原则和规范①为主要内容的教育活动，教育的目的在于提升广大网民的道德法律素质，规范他们的网络社交行为（包括网络舆论参与行为），减少负面影响。

网络中弥漫着一种仇官、仇富的情绪与过激言辞，这是社会贫富差距较大在社会心理层面中的一种反映。富贵产生的原因不同，一种是通过科技创新、勤劳敬业、能力水平高超而在市场竞争中脱颖而出，另一种是依靠权力寻租、行政垄断、偷税漏税、欺行霸市等违法手段而进入富贵阶层的。对于前者应该是学习、仿效，而不应该是嫉恨和仇视；对于后者，不仅要嫉恨、仇视，而且要积极声讨并敢于向有关部门举报，引起社会公众同仇敌忾并提请有关部门对这类违法犯罪行为予以有力打击。认识到不分合法致富还是违法致富而过于偏激的仇官、仇富属于暴民政治，是对民主的滥用，会对经济社会协调发展带来危害。因此，要通过伦理教育提高网民的素质，自觉抵制这种负面思想和言行。

二 利用"互联网＋"改善民生建设的社会技术体系及其保障措施

（一）利用"互联网＋"改善民生建设的社会技术体系的主要内容

《国务院关于积极推进"互联网＋"行动的指导意见》（下文简称《指导意见》）中提出了通过"互联网＋"改善民生建设的指导性意见，这方面的内容集中在"重点行动"部分的"互联网＋"益民服务、"互联网＋"便捷交通、"互联网＋"绿色生态等几大方面。

在"互联网＋"益民服务方面，《指导意见》提出以下几点，①利用"互联网＋"提高政府公共管理、公共服务的水平。深入推进网上信访，政府和互联网企业合作建立信用信息共享平台，利用大数据分析手段，提升各级政府的社会治理能力。②利用"互联网＋"提高便民服务水平。发展诸如体验式购物、网络约租车、在线租房等便民服务新业态，开发网上社

---

① 毛牧然、陈凡：《论网络技术的价值二重性》，中国社会科学出版社，2008，第196～212页。

保、跨地区医保结算等互联网应用，为公众提供足不出户的便捷高效服务。③利用"互联网＋"提高医疗卫生服务水平。构建医学影像、健康档案、检验报告、电子病历等医疗信息共享服务平台，利用移动互联网提供在线预约诊疗、候诊提醒、划价缴费、诊疗报告查询、药品配送等便捷服务，引导医疗机构面向中小城市和农村地区开展远程医疗服务，利用互联网、大数据等手段提高重大疾病和突发公共卫生事件的防控能力。④利用"互联网＋"提高健康养老服务水平。利用云计算、大数据等技术提供长期跟踪、预测预警的个性化健康管理服务，依托现有互联网资源和社会力量搭建养老信息服务网络平台，应用基于移动互联网的便携式体检、紧急呼叫监控等设备提高养老服务水平。⑤利用"互联网＋"提高教育服务水平。利用"互联网＋"开发数字教育资源、提供网络化教育服务，利用"互联网＋"扩大优质教育资源覆盖面、促进教育公平，利用"互联网＋"探索基础教育、职业教育、学历教育的新模式。

在"互联网＋"便捷交通方面，《指导意见》提出以下几点，①利用"互联网＋"提高交通运输服务品质。将服务性数据资源向社会开放，为社会公众提供实时交通运行状态查询、出行路线规划、网上购票、智能停车、多种出行方式高效对接等服务，加快完善汽车健康档案、维修诊断和服务质量信息服务平台建设。②利用"互联网＋"提高交通运输资源的在线化水平。加强交通运输网络关键设施运行状态与通行信息的采集，推动跨地域、跨类型交通运输信息互联互通，推广船联网、车联网等智能化技术应用，形成更加完善的交通运输感知体系，提高交通运输资源的在线化水平，全面支撑故障预警、运行维护以及调度智能化。③利用"互联网＋"提高交通运输科学治理的能力。借助交通运输信息共享、大数据技术对交通信息进行分析，提高交通运输的规划、控制和管理水平；利用"互联网＋"加强对交通运输违章违规行为的智能化监管。

在"互联网＋"绿色生态方面，《指导意见》提出以下几点，①利用"互联网＋"提高资源环境动态监测的能力。利用"互联网＋"构建资源环境承载能力立体监控系统，逐步实现各级政府资源环境动态监测信息的互联共享。②利用"互联网＋"提高智慧环保水平。完善污染物排放在线监测系统，形成全天候、多层次的智能多源感知体系；建立环境信息数据共享机制、信息公开机制，方便公众查询；将企业环保信用记录纳入全国统一的信用信息共享交换平台；完善环境预警和风险监测信息网络，提升风险防范水平和应急处理能力。③利用"互联网＋"提高废旧资源回收利用的能力。利用"互联网＋"优化逆向物流网点布局；支持利用电子标签、二维码等物联网技术跟踪电子废物流向，鼓励互联网企业参与搭建城市废弃物回收平台；加强废旧汽车及零部件的回收利用信息管理。④利用"互联网＋"提高废弃物在线交易水平。建立行业性、区域性、全国性的产业废弃物和再生资源在线交易系统；完善线上信用评价和供应链融资体系；开展在线竞价，发布价格交易指数，提高稳定供给能力，增强主要再生资源品种的定价权。

（二）利用"互联网＋"改善民生建设的社会技术体系的保障措施

《指导意见》中"保障支撑"部分提出夯实发展基础、强化创新驱动、营造宽松环境、拓展海外合作、加强智力建设、加强引导支持、做好组织实施这七大方面举措来保障"互联网＋"改善民生建设的有效落实，表明"互联网＋"改善民生建设是一个系统性的社会技术体系。

在夯实发展基础方面，《指导意见》提出了巩固网络基础、强化应用基础、做实产业基础、保障安全基础等几项具体措施。

在强化创新驱动方面，《指导意见》提出了加强创新能力建设、加快制定融合标准、强化知识产权战略、大力发展开源社区等几项具体措施。

在营造宽松环境方面，《指导意见》提出了构建开放包容环境、完善信用支撑体系、推动数据资源开放、加强法律法规建设等几项具体措施。

在拓展海外合作方面，《指导意见》提出了鼓励企业抱团出海、发展全球市场应用、增强"走出去"服务能力等几项具体措施。

在加强智力建设方面，《指导意见》提出了加强应用能力培训、加快复合型人才培养、鼓励联合培养培训、利用全球智力资源等几项具体措施。

在加强引导支持方面，《指导意见》提出了实施重大工程、加大财税支持、完善融资服务等几项具体措施。

在做好组织实施方面，《指导意见》提出了加强组织领导、开展试点示范、有序推进实施等几项具体措施。

第七章　应对网络经济建设与网络安全建设发展不协调问题的网络社会工程

在上文中，笔者根据《国家网络空间安全战略》归纳了具体的网络安全问题，包括网络政治安全问题、网络经济安全问题、网络文化安全问题、网络社会安全问题、网络人本安全问题、网络军事安全问题六大类。由于研究能力、研究精力的局限性，本研究主要选取涉及网络政治安全、网络经济安全、网络社会安全等多个网络安全领域的网络谣言治理的社会工程，涉及网络经济安全领域的应对网络经济安全问题的知识产权社会工程和涉及网络经济安全、网络社会安全、网络人本安全等多个网络安全领域的网络个人信息保护的社会工程进行研究，其他问题留待笔者在以后的研究工作中逐步完成。

第一节　网络言论自由、网络安全及网络谣言治理的社会工程

网络言论自由有利于经济社会的发展与进步，但是网络言论自由的滥用会带来网络安全问题。网络谣言就是网络言论自由滥用所带来的一项主要的网络安全问题。所以，需要我们在认识网络言论自由与网络安全关系的基础上，发挥网络言论自由在推动经济社会发展方面的积极作用，借助网络谣言治理的社会工程来管控网络谣言所带来的社会危害。

一 保障网络言论自由有利于经济社会的发展与进步

言论自由权是公民的一项重要权利，首先被西方发达国家写进宪法。我国《宪法》第35条规定了言论、出版自由是公民的基本权利。言论自由、出版自由可以统称为表达意见的自由。网络言论自由就是在网络交往空间中的言论自由，它是借助网络新媒体而产生的，是言论自由问题研究的一个新领域。

为什么言论自由或者更上位的概念即表达意见的自由有重要作用？这是因为探索自然、社会和人类思维的规律是一项复杂、艰巨的工作，如同盲人摸象一样，人们苦苦探索，也只能得到真理的某些侧面。这一观点被萨特（Jean-Paul Sartre）在其《存在与虚无》一书中予以阐述，他说："显象并不掩盖本质，它就是本质"，"显现的东西，其实只是对象的一个侧面"。① 既然人类认识能力具有局限性，那么任何社会精英的认识能力也只是认识对象或真理的一个侧面，这就有必要给任何人以表达的自由，希望借助所有人的智慧和努力来争取获得更为全面、深刻的认识成果；而认识成果更加具有真理的成分，才会引导人们在实践中少犯错误，在竞争中获取优势地位。

被西方人誉为19世纪英国"理性主义的圣人"、不列颠民族精神象征的英国思想家密尔（John Stuart Mill）在其著作《论自由》一书中，对言论自由或表达意见的自由做出了经典论述，值得我们学习、借鉴，并据此指导实践。密尔阐述了表达意见自由的四点根据：第一，如果有什么意见被压制，这个意见却有可能是正确的，因为我们自认为是正确的意见恰恰可能是错误的；第二，即使是错误的意见，其中也有真理的成分，而其真理性成分可以补足得势意见的片面之处；第三，即使是正确的意见，也需要允许人们发表不同意见或错误意见与其争议，如果没有争议，难以使人们领会正确意见的理性根据；第四，正确的意见往往是在失败或错误的尝试或经历中获得的，只传授正确意见而不讲授其如何在克服错误意见基础上的确立，受教育者往往难以理解和灵活运用，从而使正确意见变成纸上的教条。

经济社会的发展离不开自然、社会和人类思维规律的指导，但是形势在不断发展，规律的表现形式也会在物质矛盾运动中有新的体现，需要人

---

① 〔法〕萨特：《存在与虚无》，陈宣良等译，三联书店，2014，第2~6页。

们在实践中不断探索。

网络具有全球性、开放性、平民性、难以管控等特点，虽然存在弊端，但是相对于传统媒体，网络在构建民主讨论的平台方面有自身的优势。笔者认为，保障网络言论自由有利于经济社会的发展与进步，这就需要我国在网络基础设施方面解决"数字鸿沟"问题，让更多的人都能参与网络交往，有发表个人意见的机会；需要在制度建设方面，在《宪法》的指导下，借助民事、行政、刑事立法、执法、司法、法治宣传教育等方面的工作为公民依法行使意见表达权利提供制度保障。

二　网络言论自由与网络安全的关系

网络言论自由对经济社会的发展具有积极意义，如可以提升人们对规律的认识能力，可以帮助政府在了解社情民意的基础上出台相关政策，可以对政府官员进行民主监督，可以对国家发展的大政方针、法律法规进行民主参与和研讨等。但是，网络言论自由是有其界限的。违法、不当的言论，如网络谣言，会带来极大的社会危害，是需要重点关注的网络安全问题。

虽然网络安全现已成为独立的研究领域，但是网络安全可以归入社会建设这一大的范畴。网络言论自由对社会建设发展具有积极意义，如提升人们对规律的认识水平，有助于政策、法律制定的民主化等。如果所要认识的规律是网络言论自由与网络安全的关系，所研讨的政策和法律是有关网络安全方面的，那么网络言论自由对网络安全建设是有积极意义的。不过，网络谣言等网络有害信息也给网络安全带来了很大的危害。

网络言论自由对网络安全建设的积极意义和对网络安全的危害，其形成的原因包括客体方面和主体方面。客体方面的原因主要是网络媒体的匿名性、全球性、开放性、平民性、无中心性等特点。这些特点一方面使普通民众能够广泛参与网络安全问题的研讨，有助于提升对网络安全问题的认识水平和监管力度；另一方面会带来道德水平低下的网民对网络生态造成污染、政府部门难以监管、违法犯罪难以追究（即使在号称"网络大国"的美国，网络犯罪的破案率也不到10%[①]）等网络安全问题。主体方面的原

---

① 张珠圣：《网络时代的毒瘤——网络犯罪》，《社会观察》2006 年第 5 期。

因主要是在网络全球性、开放性、平民性、无中心性等特点所营造的网络交往环境中，既有德才兼备的网络精英引领广大网民对健康向上网络生态的积极营造，又有品德败坏的不法分子借助网络损害公共利益，造成网络政治、网络经济、网络人本等领域的各类网络安全危害。也就是说，网络参与主体价值观的正当、合法与否是网络言论对网络安全建设的积极意义和消极意义（即网络安全危害）产生的主体方面的原因。

针对网络安全问题产生的客体原因，需要借助网络安全技术手段加大对违法犯罪的查证、追究和惩处的力度，使网络犯罪的破案率、犯罪成本都大幅提升，才能有力震慑持侥幸心理的潜在违法犯罪人员，提升网络安全治理能力。针对网络安全问题产生的主体原因，需要建立家庭、社区、单位、政府等部门的协同教育、监督与防控体系（当然也是各种社会力量的协同教育、监督与防控的网络安全社会工程），提高网民的道德水平，形成文明上网的社会风尚；还可以通过制度建设，比如在一些重要的网络交往平台实施后台实名、前台匿名的制度，约束网民的网络言论，减少负面网络言论，弘扬理性、健康网络议题讨论方式，使网络言论在推动经济社会发展方面的积极作用能够得到尽可能的发挥。

三 基于培根"四假象说"之理论创新成果的网络谣言治理社会工程

谣言（包括网络谣言）是一种假象，但是在中国知网上还查不到题目中包含"谣言"（或"网络谣言"）和"假象"的论文，也没有基于"假象说"或"培根四假象说"来研究网络谣言的论文。这样看来，本研究的选题是具有创新性的，也是有研究难度的。通过艰苦的研究与探索，本研究在培根"四假象说"的基础上取得了理论创新成果，将所取得的理论创新成果运用于网络谣言的治理工程之中，使研究成果既产生理论意义，又产生现实意义。

（一）网络谣言的定义、社会危害及网络谣言治理工程的积极意义

1. 谣言及网络谣言的定义

第一，谣言的定义。目前学界对谣言有多种视角的定义，但还没有统

一的定义。根据《辞海》的解释，所谓谣言是指"没有事实根据的传闻或捏造的消息"。美国学者彼得森和吉斯特将谣言定义为"在人们之间私下流传的，对公众感兴趣的事物、事件或问题的未经证实的阐述或诠释"[1]。笔者比较赞同彼得森和吉斯特对谣言的定义，因为这个定义不仅吸收了美国著名心理学家奥尔波特和波斯特曼关于谣言产生的两个基本条件——重要性和模糊性，而且暗含谣言的积极作用，即督促政府部门或相关部门履行公共职责，努力去证伪谣言中所包含的假象成分，让谣言这种包含真象成分的假象（有害信息）转化为真象成分较多而假象成分较少的有用信息。

第二，网络谣言的定义。根据上述彼得森和吉斯特对谣言的定义，网络谣言就是借助网络媒体传播的以及网络媒体和传统媒体交互传播的，对公众感兴趣的事物、事件或问题的未经证实的阐述或诠释。较之前网络时代的谣言，网络谣言也是基于事件的重要性和模糊性而产生的，也是谣言的一种类型，但借助网络媒体传播，网络谣言具有匿名性、全球性、即时互动性、开放性、难以监管性等特点。

2. 网络谣言的社会危害及网络谣言治理社会工程的积极意义

第一，网络谣言的社会危害。网络谣言的社会危害主要体现为对正常社会秩序的危害以及对相关当事人的危害。网络谣言涉及社会的方方面面，其危害涉及的领域和受害当事方很多，本研究侧重研究科技、经济领域中的网络谣言，比如转基因食品对健康有害或无害的网络谣言、捐精助孕网络谣言等，其危害主要包括对正常生产生活秩序的危害，对相关产业的危害，对相关消费者权益的危害等。

第二，网络谣言治理社会工程的积极意义。科技、经济领域中的网络谣言，其本质是网络技术的负向价值实现，是科技异化的一种表现形式。对科技异化问题的不断解决，会推动科技创新、制度创新、伦理理论和规范创新等方面的不断发展，使我们认识到要辩证地看待网络谣言的社会危害性问题。网络谣言不仅是社会的危害性因素之一，而且促进了人们对科技异化问题的关注和解决。解决网络谣言社会危害性的社会工程是促进社

---

① W. A. Peterson, N. P. Gist, "Rumor and Public Opinion," *The American Journal of Sociology* 2 (1951): 159 – 167.

会进步的重要因素之一。

根据科学哲学家波普尔的证伪主义理论，网络谣言既有消极的一面也有积极的一面。科学发展是遵循以下规律发展的，即问题—假说—消除错误—新的问题—新的假说……①对于复杂的认识对象（指认识和实践没有止境的复杂问题），假说意味着科学理论中含有假象的成分，而假象在满足谣言产生的条件时会形成谣言（包括网络谣言），网络谣言治理社会工程所解决的网络谣言问题实际上就是在"消除错误"（证伪），会使科学理论（假说）得到发展，也会推动科技创新和制度创新的协同发展。

（二）网络谣言产生与传播规律的哲学解析

实施网络谣言治理社会工程离不开对谣言传播规律的认识。传播学者克罗斯在前人的基础上总结出著名的谣言传播公式：谣言传播程度 ≈ 事件的重要程度 × 事件的模糊程度 ÷ 公众的判断能力。谣言传播程度与"事件的重要程度"和"事件的模糊程度"这两个因素成正比，而与"公众的判断能力"这一个因素成反比。

笔者认为，上述克罗斯提出的谣言传播公式（或规律）的哲学理论依据是实用主义所阐述的真善统一真理观。运用真善统一真理观来解析该谣言传播公式，能够将谣言传播规律建立在哲学理论的基础之上。

真善统一真理观是实用主义代表人物、美国哲学家詹姆士在《实用主义》一书中提出的，主要思想是由于客观事物都有人为的属性，对于客观事物中那些复杂的问题，比如转基因食品是否对健康有害问题，人们往往从认识成果对短期、局部利益的满足与否来评估其真理性，这样就产生了从对人的有用性（善）来判断"真"的有用真理观，即真善统一真理观。真善统一真理观的理论基础是主客体统一的本体论，马克思对主客体统一关系也有表述，"马克思早在《1844 年经济学哲学手稿》和 1845 年的《关于费尔巴哈的提纲》中就批判了对自然科学对象的那种客体性、直观性理解。他认为，抽象的、孤立的、与人分离的自然界，对人来说也是无，对象如何对他来说成为他的对象，这取决于对象的性质以及与之相适应的本

---

① 赵敦华：《现代西方哲学新编（第二版）》，北京大学出版社，2014，第 346~347 页。

质力量的性质"①。基于认识过程的主客体交互作用，人们借助"善"来评估对疑难问题的认识成果的"真"（真理性）就是一种不可避免的情况。

根据上述马克思也认可的主客体统一论的观点以及据此具有合理性的真善统一真理观来看，从人的利益来探讨真理问题，符合客观事物都有人为属性的实际情况。其弊端在于人们往往是从短期、局部利益的满足与否来评估复杂问题的真理性，在以后的实践中会发现认识成果的片面性，比如人们对狼的认识就曾经出现过片面性，以前大量捕杀狼导致食草动物种群退化和草场的沙化，就是这种片面认识的后果。

实用主义的上述认识理论反映了人类认识能力的局限性（或有限性）特点，人们基于短期、局部利益的满足与否来评估认识成果的真理性所导致的认识成果的片面性（也是假象问题），对解释谣言（包括网络谣言）现象是有启发意义的。

用上述实用主义的真善统一真理观来解读谣言传播公式，其中"事件的重要程度"就是事件的"善"的方面，而"事件的模糊程度÷公众的判断能力"就是事件的"真"的方面。一个事件中谣言（假象）的传播程度不仅取决于"真"的方面，还取决于"善"的方面。在"真"的方面越不清晰，"善"的方面对人越有用，谣言（假象）产生的可能性越大，传播程度也越大；"善"的方面对人无用（为0），无论"真"的方面清晰与否，不会有谣言的产生与传播；"真"的方面越清晰（真象或假象都清晰呈现，不清晰程度为0），无论"善"的方面对人有用与否，不会有谣言的产生与传播。

这样看来，无论探讨真理或真象问题，还是探讨假象或谣言（包括网络谣言）问题，必须把"真"的方面和"善"的方面相结合才对人有意义。谣言传播公式的哲学理论依据是真善统一真理观，谣言问题使人类认识到自身认识的局限性（或有限性），通过探讨谣言问题的解决来克服认识的局限性，使认识不断向前推进与发展，人类认识的过程就体现为有限性与无限性的辩证关系。

综上所述，谣言（包括网络谣言）的产生与传播不仅受"真"的因素

---

① 田鹏颖：《社会技术和社会工程论》，第179～180页。

的制约，还要受"善"的因素的制约，是这两个方面共同作用的结果，这种共同的作用体现在谣言传播公式之中。

（三）培根四假象说概述及在此基础上的理论创新

1. 培根四假象说概述

弗兰西斯·培根（Francis Bacon，1561~1626）是英国文艺复兴时期著名的唯物主义哲学家、实验科学的创始人。培根在《新工具》（批判亚里士多德的《工具篇》）一书中，为了反对中世纪的经院哲学为科学扫清道路，提出了扰乱人心的四种假象，即种族假象、洞穴假象、市场假象和剧场假象。[①]

种族假象是指人类种族的共性所导致的认识的主观性和局限性。他认为，由于人类是以自己为尺度而不是以宇宙为尺度来认识事物的，这样就会歪曲事物的性质。例如，人类无法觉察到次声波，而不能提前感知海啸、地震等自然灾害；而有些动物则可以感知次声波，进而得以在灾害发生前实施躲避。

洞穴假象是个人由于其性格、教育背景、个人经历、偏好、成见等而产生的认识中片面性的错误。例如，文科背景的律师或法官在处理专利案件时，可能由于对技术方面理解的偏差，而出现错误性的理解和判断。

市场假象是语言交往中对词语的误解而产生的认识上的偏差和歧义。比如，对技术的价值负荷问题，争论的双方对"技术"理解不同，一方是从技术本身（创新过程）来理解"技术"，一方是从技术的应用来理解"技术"，结果双方因为对"技术"这一词语理解的不同，争辩不是针对同一对象而浪费了许多宝贵的时间。

剧场假象是由于盲目迷信各种流行的理论体系而产生的认识错误。比如，贷款购买房屋、汽车等商品曾经是一种从发达国家引进的流行的消费理念或理论体系，但是这一理论体系在实践中导致了严重的次贷危机问题，使人们认识到以往对这一流行理论体系的态度是一种盲从。

2. 基于培根四假象说的理论创新

本研究首先基于培根四假象说以后的认识论研究成果，对假象的概念

---

① 北京大学哲学系外国哲学史教研室编译《西方哲学原著选读》上卷，商务印书馆，1981，第349~351页。

进行了创新性界定；其次，提出和阐释了第五假象——保守假象；最后，以假象的两种成因为基础论述了假象之间的关系及假象问题的解决对策。

第一，对假象和真象的创新性界定。

将马克思主义哲学中相对真理和绝对真理辩证关系的原理与萨特现象学的观点、实用主义真理观相融合，本研究对假象和真象予以创新性界定。

根据萨特现象学的观点，需要将假象与真象纳入现象层面，因为"求助对象（存在物、现象）来领会它的存在是徒劳的"[①]。真理就是对物自体或存在有限性质或本质的认识，而物自体或存在由于其具有无限的性质或本质，人类难以对其形成全面的认识，或者说难以形成清晰的认识。实用主义哲学的主要代表人物詹姆士也认为人类对宇宙规律的认识能力是有限的，他说："我们和整个宇宙的关系就像我们的狗儿、猫儿之类的宠物与整个人类生活的关系一样。"[②] 詹姆士还说："在实用主义方面，宇宙只有一个版本，它是未完成的，在各个方面都在成长着，特别是在思维着的人起作用的地方更是如此。"[③] 他认为，由于宇宙处于不断发展之中，真理（规律）也不是一成不变的，特别是在有人参与的领域，真理（规律）具有人为的属性。上述观点是符合马克思主义关于相对真理和绝对真理辩证关系原理的，复杂的物质客体由于具有无限的性质或本质，而且处于不断发展变化之中，人们对复杂物质客体的不懈追求就是对绝对真理的追求，而在追求的各个阶段，人类能够获得相对真理性认识。

以人们对"天"的认识为例。从认识过程来看，有这样前后相继的认识过程，首先是在山洞中所观测到的天（洞中的"天"），其次是在地球上所观测到的天（地球上的"天"），最后是在太空（比如在围绕地球旋转的空间站）中所观测到的天（太空中的"天"）。（见图7-1）地球上的"天"相对于洞中的"天"具有更多真理的成分，属于真象；而地球上的"天"相对于太空中的"天"又有许多假象的成分，属于假象。这样看来地球上的"天"既是假象也是真象，具体属于假象还是真象，是与前后认识阶段的比较相对

---

① 〔法〕萨特：《存在与虚无》，陈宣良等译，第6页。
② 〔美〕威廉·詹姆士：《实用主义》，李步楼译，商务印书馆，2012，第170页。
③ 〔美〕威廉·詹姆士：《实用主义》，李步楼译，第146页。

而言的，而且地球上的"天"无论是真象还是假象，其中都有真象成分和假象成分，是真象与假象的统一体。而所谓真象或本质，在此例中就是太空中的"天"，它也处于现象层面，是相对于前面两个"假象"的"真象"，是对存在、自在或物自体（例子中的"天"）的无限性质或本质的有限性质或本质的认识。之所以被称为真象，是因为较之上两个认识阶段的假象，其对"天"的无限性质或本质的认识程度要高于上两个认识阶段。

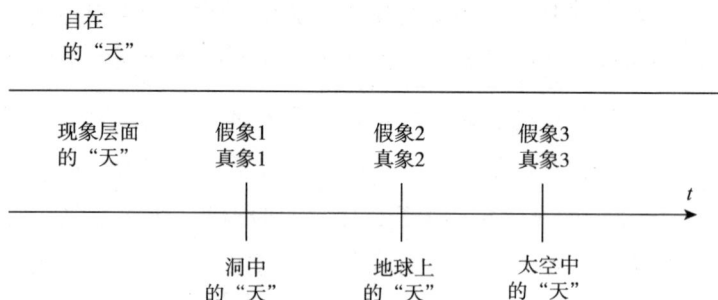

图 7 - 1　假象和真象的关系

综上所述，人们对复杂物质客体的认识成果往往都是真象成分和假象成分的结合体。所谓假象是相对于后来的真象而言的，而较之以前的认识成果，它也曾经是相对的真象。

第二，第五假象——保守假象的提出与阐释。

假象的类型除培根所阐述的四种之外，还有其他。从詹姆士《实用主义》一书中所阐述的实用主义真理观来看，真理（规律）处于变化之中，人类对规律的认识也在不断深化。规律变化后，规律的表现形式变化后，人类对规律的认识深化后，基于认识能力的局限性或既得利益所形成的价值偏好，固守原来的规律、规律的原有表现形式或者原来对规律的认识成果，提出实践的方法或指导方针，就会陷入保守假象，结果就是在实践中遭遇困境或者在竞争中失败。

由于物质世界（包括人类社会）处于不断运动变化之中，其中各种要素的能动作用会形成新的运动特性，表现为新的规律或真理。原来的规律发生了变化或者原来的规律出现了新的表现形式（系统中构成要素的组合不同，使规律的表现形式发生变化，比如敌我之间出现了新的力量对比关系）。如果没有把握这种新的规律或者规律的新的表现形式而依然遵循原来的规律、规律的原有表现形式或者原来对规律的认识成果，就会由于没有把握真象而是把握了假象，在实践中处于不利地位。

例如，从封建社会人与人之间的人身依附关系到资本主义社会的契约关系，就是物质生产方式发生变化而导致的人际关系规律的变化。劳动者不再依附于土地和地主，成为自由出卖自己劳动的人，在契约平等的基础上较为自由地处分自己的劳动，而无视这种变化，依据保守假象所形成的惯性思维来实施企业管理就很难在市场竞争中获得成功。我国的一些家族企业由于依然按照身份关系来管理而不是按照契约关系来管理，在和那些按照契约关系来管理的企业在市场上竞争，就会因为固守原来的规律、规律的原有表现形式或者原来对规律的认识成果而陷入保守假象，在竞争中往往遭遇困境以致最终落败。

第三，基于两种成因的假象间的关系及假象问题的解决对策。

假象问题无外乎两种成因，一是人类整体认识能力的局限性所导致的假象问题，二是人类个体认识能力的局限性和价值偏好所导致的假象问题。

人类整体认识能力局限性成因下五种假象的关系及假象问题的解决对策。首先，基于此种成因的五种假象的关系。

人类整体认识能力局限性会产生种族假象，而种族假象可以是经历洞穴假象、市场假象，到剧场假象时得以确立的，而保守假象是固守低级层次种族假象（一般表现为占据主流地位的剧场假象）而产生的。比如，古代人对于物质世界基本元素的认识成果包括"水""气""数""火""土""五行"等，都表现为洞穴假象。由于人们对"基本元素"这个词语有不同理解，在认识上往往有偏差和歧义，以至于争论不休没有定论，这就表现为市场假象。此时，如果某种流行的理论，比如我国古代的"五行说"获得了权威性的认可并导致人们的盲从，那么就产生了剧场假象，而剧场假象则确立了低级层次的种族假象，后来随着科技的发展出现了"分子说"，如果依旧固守"五行说"，那么就体现为保守假象。

其次，基于此种成因的假象问题的解决对策。

不同的哲学派别和哲学家对人类整体认识能力局限性所导致的假象问题提出了不同的解决对策，吸取其中的合理成分，可以提出相对正确的解决对策。

培根提出运用归纳法来形成观念和公理是避免和清除假象的适当补救办法。[①] 培根认识到由于经院哲学所广泛利用的三段论的大前提本身是假象，据此推出的结论也必然是假象，不过他据此否定三段论合理作用的观点也是片面的，在利用科学归纳法获得相对正确的观念和公理的基础上，是可以运用三段论去推理的。

康德提出了人类无力解决假象问题（亦即认识真象）的观点。康德将物自体和现象进行了区分，认为物自体是存在的，但是人类无力认识物自体的真象。

实用主义提出真善统一真理观来解决假象问题。实用主义面对人类认识的局限性，提出了"有用就是真理"的真善统一真理观，启示我们既然依据某种认识在实践中取得了实际的有利的效果，那么就可以推知某种认识至少具有相对真理（即真象）的成分，但也不排除此种认识也具有片面或假象的成分。例如，在人类认识了地球形状之后，能够认识到球面地图是对地球的比较接近真象的认识，但是在人类没有认识地球形状的时候，依据平面地图，人们也到达了想要去的地方，这表明平面地图作为相对真理既具有真象的成分，又具有假象的成分。

萨特的现象学认为人们能够认识复杂事物的有限本质（或有限的真象）。萨特在其《存在与虚无》一书中，既肯定了"显象并不掩盖本质，它就是本质"，"显现的东西，其实只是对象的一个侧面"，又认为"求助对象来领会存在是徒劳的"。[②] 萨特的上述观点表明，人类能够认识物自体、存在或自在（复杂事物）的某些侧面的本质（或有限的真象），即获得相对真理性认识，但是对于物自体、存在或自在的无限侧面的本质是无法完全认识的，也就是说可以无限接近绝对真理，但是试图把握绝对真理是徒劳的，明确了对复杂事物的认识成果是真象和假象的复合体。

马克思主义的辩证唯物主义原理告诉我们，人类通过不懈的实践活动能够通过相对真理而无限接近绝对真理。辩证唯物主义认识论认为，公理（可以理解为相对真理）就是在实践基础上通过归纳法对经验的总结，之后

---

① 北京大学哲学系外国哲学史教研室编译《西方哲学原著选读》上卷，第350页。
② 〔法〕萨特：《存在与虚无》，陈宣良等译，第2~6页。

在公理基础上通过演绎法能够获得其他认识成果。无论是公理还是其他推理得到的认识成果再通过实践（包括生产实践、科学实验等）检验和逻辑检验确立其相对真理的地位，而相对真理是逐步向绝对真理逼近的过程，在这个过程中，认识成果中假象的成分会逐步减少，而真象的成分会逐步增多。

毛泽东的实践论发展了辩证唯物主义认识论对假象问题的解决对策。毛泽东在《实践论》中指出："实践、认识、再实践、再认识，这种形式，循环往复以至无穷，而实践和认识之每一循环的内容，都比较地进到了高一级的程度。"① 可以说毛泽东的这一认识发展辩证过程的论述，为我们提出了解决人类认识局限性所产生假象的对策，那就是在实践中加深认识，在新认识指导下继续实践并产生更新的认识，这样无限发展下去，人类认识就不断突破以往的有限性或局限性而进入一个更高的层次。在认识成果中，假象的成分就会逐渐减少，而真象的成分就会逐渐增多。

笔者认为辩证唯物主义认识论、毛泽东的实践论是正确的观点，实用主义的真善统一真理观、萨特的现象学的上述观点也有合理的成分，可以吸收借鉴。根据以上论述，可以得出以下结论：对于性质有限的简单事物（比如地球的形状），是可以获得绝对真理性认识的，在认识真象之前（比如地球是接近球形的天体）的那些认识（比如天圆如张盖、地方如棋局的盖天说）就是假象；对于性质无限的复杂事物（比如作为物自体的存在物），由于人类认识的局限性，获取的认识成果都是真象和假象的复合体，属于相对真理性认识，其中既有真象的成分，又有假象的成分，随着实践的深入，应该是真象的成分逐渐增多，而假象的成分会逐渐减少。

人类个体认识能力局限性和价值偏好成因下四种假象的关系及假象问题的解决对策。首先，此种成因下四种假象的关系。

人类作为整体对某一事物有了认识，但是由于这一认识是个新鲜事物或者处于不同环境中的人所秉持的价值观有所不同，人类中的个体（包括个人和社会组织）对其缺乏正确认识和不当践行，也会产生假象。比如，一些科学家通过多年研究取得的科研成果表明，少量适度饮酒有利于健康。而各地的人们从他们各自的认识和价值偏好来看待饮酒，有的民族或地区

———————————

① 《毛泽东选集》第 1 卷，人民出版社，1991，第 296～297 页。

明令禁酒，有的地区有敬酒者劝被敬者尽量多喝的劝酒风俗，有的地区则认为喝酒不喝醉就等于白喝，这些观点无疑都是洞穴假象的体现。对于"饮酒"这个词语人们认识不同就会产生偏差和歧义，以至于争论不休甚至会大打酒官司，这无疑是市场假象的体现。此时，如果某种流行的理论或观点，比如劝酒风俗获得了权威性的认可并导致人们的盲从，那么就产生了剧场假象。在少量适度饮酒有利于健康这种科学文明生活方式逐步被人们认可的情况下，固守劝酒风俗，显然就是一种保守假象的体现了。

其次，基于此种成因的假象问题的解决对策。

由于此种成因的假象问题的产生与个体的认识能力和价值偏好有关，因此，解决的对策就需要从这两个方面着手。

如果个体认识能力的局限性是个人学识的浅薄造成的，而相关知识、相关问题已经被前人或他人解决，那么解决个体认识能力的局限性就需要个人通过学习来解决。在网络时代，网络如同一个巨大的图书馆，很多问题可以通过网上资料的查询与学习得到解决。提高社会公众的科学文化素养是政府的一项重要责任，为此，政府需要筹资建立各类免费的网络查询系统为公众答疑解惑，以减少此类假象问题所带来的社会危害。

对于因价值偏好而产生的此类假象问题，可以通过伦理、法律、媒体宣传等方法来解决。比如，科学已经证明体内分解酒精酶的含量决定了一个人的酒量，有的人缺乏这种酶喝一点儿酒就会醉，那么基于价值偏好而固守的劝酒风俗（保守假象），就可能导致被劝酒的人身体受到损害，要改变劝酒风俗就需要通过伦理、法律、媒体宣传等方法来解决。我国法院已经做出不少因劝酒过度致人伤亡而承担赔偿责任的判决，这些判决既是法律的解决方法，也是伦理的解决方法，因为它们可以警示人们：固守劝酒风俗引起严重后果是要承担法律责任的，从而督促人们加强道德自律，尽力改掉过度劝酒的坏习惯。此外，媒体可以通过对判决结果的报道和评论来教育广大公众自觉戒除劝酒风俗（保守假象），让少量适度饮酒的消费观念逐渐被广大公众所接受和践行。

（四）利用培根四假象说理论创新成果构建网络谣言治理社会工程

在阐述假象与网络谣言关系以及基于假象说对网络谣言进行分类的基础上，根据上文对假象间关系的研究成果，能够展开对网络谣言治理社会工程的研究。

1. 假象与网络谣言的关系

谣言是一种假象，谣言的外延被假象所包含，而网络谣言又是谣言的一种类型，网络谣言的外延被谣言所包含。这样就可以说：网络谣言被谣言所包含，而谣言又被假象所包含。三者的关系，可以用图 7 - 2 来表示。

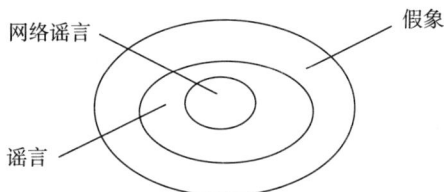

图 7 - 2　假象与网络谣言的关系

2. 基于假象说的网络谣言分类

根据培根提出的四种假象，即种族假象、洞穴假象、市场假象和剧场假象，加上笔者所提出的第五种假象，即保守假象，可以据此对网络谣言进行分类，即种族假象类网络谣言、洞穴假象类网络谣言、市场假象类网络谣言、剧场假象类网络谣言和保守假象类网络谣言。

种族假象类网络谣言是人类作为整体的认识能力有限性或局限性所导致的网络谣言。

洞穴假象类网络谣言是由人类个体认识能力的局限性和价值偏好导致的网络谣言。

市场假象类网络谣言是由人类个体认识能力的局限性和价值偏好导致的对词语理解的偏差或错误而引发的网络谣言。

剧场假象类网络谣言是人类作为整体认识能力的有限性或局限性所产生的各种流行的理论被人们所盲从而引发的网络谣言。

保守假象类网络谣言是指固守原来规律、原来规律表现形式或者原来对规律的认识成果而引发的网络谣言。

3. 人类整体认识能力局限性成因下五种假象与相应的网络谣言治理对策（治理的社会技术体系）

第一，此种成因下的五种假象以及相应的网络谣言。

体现人类整体认识能力局限性的复杂议题（指认识和实践难有止境的议

题），比如转基因食品安全性议题及其所引发的网络谣言问题，从假象说及其相关网络谣言的关系的视角来审视，会表现为转基因食品安全性议题—洞穴假象—市场假象—剧场假象和保守假象（低级层次种族假象）—克服低级层次种族假象—高级层次种族假象—高级层次洞穴假象……认识与实践不断发展的过程，在这个过程中如果出现网络谣言，就会出现洞穴假象类网络谣言—市场假象类网络谣言—剧场假象类网络谣言或保守假象类网络谣言—低级层次种族假象类网络谣言的研究与克服……体现为五种假象类网络谣言螺旋上升式不断演化发展的模式。

以转基因食品安全性网络谣言为例，上述演化发展模式体现为如下几点。①人类作为整体的认识能力的局限性，对转基因食品安全性的认识具有模糊性，公众对其缺乏判断力，个人从各自的"洞穴"出发提出各种假说，包括无害说、有害说等，通过网络传播就体现为洞穴假象类网络谣言。②"转基因食品安全性"这个词语有了多种含义，包括无害说、有害说等，由于都缺乏足够的证据来证实各自的假说，在网络舆论场上广为传播和讨论就体现为市场假象类网络谣言。③在网络舆论场上，讨论、博弈的结果使意见领袖的观点成为流行的理论，而流行的理论只是转基因食品安全性研究成果中一个相对正确的结果，本身也具有片面性，由此就产生了剧场假象类网络谣言，此外，随着情势的发展，在转基因食品安全性方面出现了新规律或原来规律出现了新的表现形式，而一味盲从该流行理论的做法就表现为保守假象类网络谣言。④剧场假象类网络谣言和保守假象类网络谣言反映出低级层次的种族假象是转基因食品安全性网络谣言产生和传播的根源，通过研究，人们获得了更高层次的研究成果，使转基因食品安全性网络谣言得到了一定程度的解决。其实，这只是较之原来假象的一个相对真象，本质上是高级层次的种族假象，还会引起洞穴假象、市场假象、剧场假象、保守假象以及与此相关的洞穴假象类网络谣言、市场假象类网络谣言、剧场假象类网络谣言和保守假象类网络谣言。

诸如转基因食品安全性的此类复杂议题以五种假象及其相关的网络谣言形式的不断出现和不断研究解决，体现了人类对复杂议题认识过程有限性和无限性的辩证关系。

第二，此种成因下网络谣言的产生、传播与危害。

此种情况下最终产生的剧场假象类网络谣言和种族假象类网络谣言据以产生的原因是人类作为整体的认识能力的局限性。以转基因食品的安全性问题为例，人类作为整体就无法给出一个明确的结论。根据传播学者克罗斯在前人基础上总结的著名谣言传播规律，即谣言传播程度≈事件的重要程度×事件的模糊程度÷公众的判断能力，可以发现转基因食品的安全性问题极易滋生谣言（包括网络谣言），并且传播程度很高，因为转基因食品涉及人体健康这一重要程度很高的领域，而且该事件的模糊程度也很大，公众的判断力还比较弱。

无论是转基因食品有害论还是无害论都是网络谣言，因为目前科研成果对转基因食品对人体健康是否有害还没有明确的结论。主张转基因食品无害论的网络谣言，其危害在于使消费者丧失警惕而无所顾忌地大量购买、消费转基因食品，虽然在短期内观察不出有什么危害，但可能在过了很长一段时间后身体会受到危害。主张转基因食品有害论的网络谣言，其危害主要体现为对转基因食品产业和消费者双方造成的危害。该谣言一旦大肆流行，转基因食品的产销情况就会发生大幅度滑坡，因为人们为了健康，宁可相信转基因食品有害健康，一般也不愿意牺牲自己的健康去购买价格低廉或者还有其他优点的转基因食品，但假设转基因食品对人体没有危害，消费者就丧失了购买价格低廉或者还有其他优点的转基因食品的机会。

第三，此种成因下网络谣言的治理对策。

还是以转基因食品的安全性问题为例来探讨此类网络谣言的治理对策问题。目前转基因食品有害还是无害的争论进行得如火如荼，主要分为两大派，一派是"挺转"派，一派是"反转"派。无论是哪一派，通过科学实验获取有力的证据是关键。所以，应对策略主要就是通过科学实验获取充足的证据，然后依据科学归纳法得出概率性较高的结论，当然也需要依据现有的可靠的公理对该结论予以逻辑证明，实验证明和逻辑证明并用才会得出真理性成分更多的结论。

转基因食品安全性议题大体属于复杂议题，根据上文的研究成果，对于此类议题，由于人类认识的局限性，获取的认识成果都是真象和假象的复合体，往往真象也仅仅是相对真理性认识，随着实践的深入，应该是真象的成分逐渐增多，而假象的成分会逐渐减少。

此种情况下网络谣言的另一项应对策略就是利用大数据技术对该类网络谣言进行统计分析，按照民生关注程度、是否属于国家重大需求等标准对此类中的具体网络谣言所指向的科研议题进行排序，为国家科研基金投入方向提供民意的依据。因为国家科研基金的数量是有限的，需要分清主次，重点投入民意关注的重要科研议题，才会有所为有所不为，解决关乎民生，并有利于全局长远发展的科研攻关项目。

4. 人类个体认识能力局限性和价值偏好成因下四种假象与相应的网络谣言治理对策

第一，此种成因下的四种假象以及相应的网络谣言。

人类作为整体对某一事物有了认识，但是由于这一认识是个新鲜事物或者处于不同环境中的人所秉持的价值观有所不同，人类中的个体（包括个人和社会组织）对其缺乏正确认识或者一时之间难以转变价值观念，也会产生假象。以捐精助孕为例，几年前，这个在国外比较成熟和社会认可度较高的新鲜事物传入了我国。在舆论场上，对捐精助孕的含义大体提出了以下三种观点：一是"挣钱说"，二是"有损健康说"，三是"公益行为说"。这三种观点较之"技术价值二重性说"都有片面性，都属于洞穴假象和舆论场上的洞穴假象类网络谣言；这三种观点会使"捐精助孕"这个词语在语言交往中易于出现认识上的误解、偏差和歧义，由此导致市场假象的出现，据此引发的网络谣言就成为市场假象类网络谣言；这三种观点在舆论场上博弈的结果是，"公益行为说"作为一种流行的理论体系被人们一味地盲从，使之成为剧场假象，在网络舆论场上则表现为剧场假象类网络谣言。其实，根据技术价值二重性理论（或者"技术价值二重性说"），"公益行为说"也有其片面性，固守这一观点就是对保守假象的盲从，在网络舆论场上就体现为保守假象类网络谣言。

第二，此种成因下网络谣言的产生、传播与危害。

根据谣言传播公式，捐精助孕和人们的生育、健康、伦理道德等有很大关系，会引起较大的社会关注度，加之捐精助孕属于新鲜事物，事件的模糊程度较高，公众的判断能力较弱，使捐精助孕谣言在网上易于引起广泛的传播与讨论。下面，分别就"挣钱说"、"有损健康说"和"公益行为说"阐述其产生、传播与危害。

与"挣钱说"相关的一个网络谣言是"捐精买房：只要身体好，首付不难搞"。该谣言认为，以杭州目前房子均价计算，男人捐精 100 次即可获得 100m² 住房的首付款约 60 万元![1] 而真象却是，为防范伦理风险，卫生部规定一个人一生只能捐精一次，一名捐献者的精子最多只能提供给五名需求者。捐精 100 次获得 60 万元的说法显然没有依据。造谣者、传谣者从他们的"洞穴"出发，将每次捐精的 6000 元补助乘以 100 次捐精，得出了 100m² 住房的首付款约 60 万元这一数字，而实际上，每人一生只能捐精一次，不可能捐精 100 次并获补助 60 万元。这个谣言似乎有助于推动人们去捐精，但对处于自己"洞穴"对捐精缺乏了解的广大社会公众而言，会造成以下两点危害：一是将公益性质的补助曲解为挣钱致富的一种手段，把捐精者视为谋利者而不是为社会做奉献的人，不利于捐精的社会推广，也会造成医疗资源的浪费（明知自己身体不好但为了挣钱而捐精会造成医疗资源的浪费）；二是按照谣言的说法多次捐精会导致近亲结婚的社会问题，从而使捐精缺乏合理性，也不利于捐精助孕的社会推广。

"有损健康说"这一谣言的根据是"华中科大医学博士校内捐精猝死"[2] 这一个别事件。根据自慰的常识和医院的规定（一般要求捐精者有 3~7 天的禁欲期），参加过捐精的阿奇觉得，捐精只会产生"略感疲惫"的正常生理反应，猝死博士生有可能是患有某种疾病，没有检查出来，在捐精时诱发了该疾病。[3] 造谣者、传谣者从他们的"洞穴"出发，将一个个别事例夸大后以偏概全，得出了"精尽人亡"捐精有损健康的说法，而一些社会公众从自己的"洞穴"出发，为了自身的健康，倾向于认为"精尽人亡"有其可能，从而使捐精这项对身体没有损害的公益性行为被误解，阻碍了捐精公益活动的正常开展。

---

① 《谣言终结者》，搜狐网，http://star. news. sohu. com/s2012/yaoyan002/index. shtml，最后访问日期：2016 年 11 月 7 日。

② 《华中科大医学博士校内捐精猝死》，网易新闻，http://news. 163. com/12/0620/10/84EFNU-FR00011229. html，最后访问日期：2016 年 11 月 8 日。

③ 《中国式捐精遭遇以讹传讹 精尽人亡不可能（图）》，搜狐网，http://health. sohu. com/2012 1105/n356652082. shtml，最后访问日期：2016 年 11 月 8 日。

"公益行为说"作为辟谣一方的观点较之"挣钱说"和"有损健康说"具有更多真象的成分，所以属于相对的真象。但是从技术价值二重性理论（或者"技术价值二重性说"）来看，"公益行为说"虽然肯定了捐精正向的公益社会效应，但忽视了捐精可能引起的一些负面效应。比较明显的负面效应有以下几种。①由于通过捐精生出来的孩子，是母亲和陌生男人的后代，和父亲实际上是养父子关系，这个孩子的父母尽管也会很爱这个孩子，但基于上述情况，心理上的阴影多少还是会有些，特别是当孩子了解到自己的实际情况后，对孩子的心理健康和与父母的关系都会产生负面的影响。②"英国2005年出台的法规，通过捐精出生的孩子有权在长大成人后寻找生父。"① 在英国通过捐精出生的孩子长大后有寻找生父的权利，而我国采取的是供者与后代保持"互盲"的制度，这实际上剥夺了这些孩子的一项权利，会在某种程度上对他们造成伤害。由于"公益行为说"片面强调捐精正向的公益社会效应，但忽视了捐精可能引起的一些负面效应，会引起公众对"捐精"这个词语带有片面性的认识，从而带有市场假象的成分。此外，如果把"公益行为说"作为一种流行的理论体系被人们一味地盲从，它也会带有剧场假象的成分。市场假象、剧场假象以及与此相应的市场假象类网络谣言和剧场假象类网络谣言会给社会造成某种程度的危害。

第三，此种成因下网络谣言的治理对策。

由于此种情况下网络谣言的产生与个体的认识能力和价值偏好有关，因此，解决的对策就需要从这两个方面着手。

还是以捐精助孕为例来探讨此类网络谣言的治理对策问题。捐精助孕作为国内出现的新事物，很多人对此缺乏认识，对捐精助孕的具体操作规程如何、对人体有无损害、是否有偿、会得到多少补偿、会不会导致生出的孩子近亲结婚等都存在认识上的模糊性，而且程度较高。此外，大多数公众由于缺乏这方面的专业知识，对网上发布的相关信息往往缺乏判断，这就给谣言传播提供了机会，"挣钱说"、"有损健康说"、捐精助孕会导致近亲结婚等谣言纷纷在网络上疯传。由于试管婴儿技术及其相关法律规定

---

① 《英一女子吁立法规定已婚男性捐精须经妻子同意》，中新网，http://www.chinanews.com/gj/2012/08-28/4140011.shtml，最后访问日期：2016年11月9日。

在国外已经比较成熟，我国借鉴国外经验也有比较规范的技术操作规程和相关的法律规定，采访并借助各类媒体广泛发布权威专家的观点、意见和建议是消除这类谣言的最有效手段。如前所述，"挣钱说""有损健康说"等网络谣言，经过专家的答疑解惑，经过记者对捐精助孕医院捐精助孕流程的详细报道，很快就得到了消除。

对于因价值偏好而产生的此等假象类网络谣言，可以通过媒体宣传、伦理教育、法律规范等方法来解决这类问题。捐精助孕事例中"挣钱说"与一些人的价值偏好有关，网络谣言夸大捐精助孕补助的数额，把 3500 元说成是 5000 元或 6000 元，甚至更高，会给社会公众产生一种错觉，即捐精助孕也是一种挣钱手段，这样就曲解了捐精助孕无偿和公益的性质。对此，媒体首先需要在传统媒体和网络媒体上详细介绍捐精助孕的流程，包括登记并填写知情协议书，简单检查后进入精液筛查程序，进行 2~3 次的精液质量筛查及冷冻复苏实验，继续进行健康体检和抽血化验检查，整个捐献过程大概需要 1 年的时间并在此期间捐 6~12 次精（根据精液质量决定）等。① 其次，媒体和其他相关部门还要在此基础上对公众进行伦理教育。相对于上述严格、复杂的流程，3500 元只具有补助的性质，需要借助先进人物典型事例等方式教育公众要以奉献社会的心态来捐精，而不是为了挣钱来捐精。既弘扬了无私奉献的友善价值观，也避免了明知自己身体不好但为了挣钱而来捐精所造成的医疗资源浪费。此外，对于故意制造、传播谣言，故意扰乱捐精助孕公益活动正常秩序或造成医疗资源大量浪费的人，执法部门可以动用法律手段予以制裁。比如根据《治安管理处罚法》第 25 条对其处以拘留或者罚款等，之后，媒体和其他相关部门再对执法情况进行宣传报道，教育公众加强自律，避免重蹈违法者的覆辙。

（五）本部分研究成果小结

总结本部分的研究成果，其逻辑关系如下（见图 7-3）：假象问题无外乎两种成因，一是人类整体认识能力的局限性，二是人类个体认识能力的局限性和价值偏好。由此出发探讨假象间的关系和假象问题的解决对策。

---

① 《谣言终结者》，搜狐网，http://star.news.sohu.com/s2012/yaoyan002/index.shtml，最后访问日期：2016 年 11 月 7 日。

在获得上述研究成果的基础上，进一步研究上述两种成因下网络谣言治理的社会工程问题：首先，阐述五种假象或四种假象及相应网络谣言的关系；其次，分析网络谣言的产生、传播与危害；最后，论述网络谣言的治理对策。

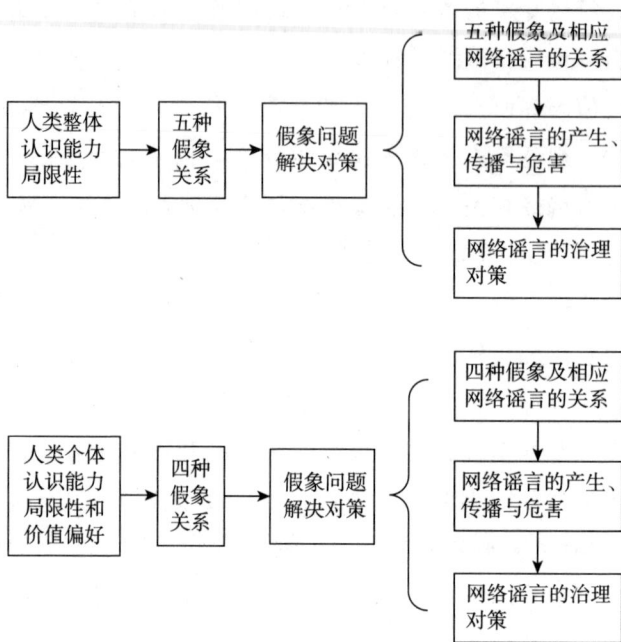

图 7-3　第七章第一节第三部分的研究思路

第二节　应对网络经济安全问题的知识产权社会工程

在认识到网络经济发展过程中网络经济安全及其危害之后，要发挥知识产权社会工程在解决网络经济安全问题方面的作用，需要在经济发展与知识产权制度的互动关系理论、知识产权权利人利益和公共利益相协调理论的指导下，借助知识产权制度体系的完善寻求解决办法。

一　网络经济安全问题概述

根据前面提到的风险社会理论，网络信息技术的正向价值实现对于我国这样的发展中国家和国内落后地区都会带来风险和实际损害。风险和实际损害主要就是网络经济安全风险和实际损害，可以概括为网络经济安全问题。

网络经济是依托网络信息技术的新的经济形式，主要包括对传统产业的信息化改造和提升以及网络新兴产业（比如网络文化产业、网络信息服务业等）。由于"数字鸿沟"在国际层面和国内层面的实际影响，我国网络经济较之发达国家、我国落后地区的网络经济较之我国东部发达地区，都会面临竞争所带来的风险和实际损害。最后的结果就是国际层面和国内层面的发展不协调问题，发展不协调会带来若干危害：一是国际、国内层面的购买力疲软，会引发供过于求的经济危机；二是国际、国内层面的经济保护主义加剧，会遏制自由市场对资源的合理配置；三是贫富分化加剧，社会不稳定、社会合作水平降低，对网络经济的健康持续发展构成威胁，也阻碍了全面建成小康社会的进程。

二 应对网络经济安全问题的知识产权社会工程所依据的社科理论

知识产权社会工程有利于提升我国，尤其是我国落后地区的科技创新能力，缩小我国和发达国家、我国落后地区和我国东部发达地区的差距，削弱经济社会发展的不协调问题，进而使网络经济安全的危害性得到消减。

知识产权社会工程就是在知识产权制度与经济社会发展关系理论的指导下，通过知识产权制度体系的不断创新与完善，来促进经济社会发展的社会工程。

知识产权制度与经济社会发展关系理论包括一些具体的理论，笔者主要阐述其中的两个理论，一是经济发展与知识产权制度的互动关系理论，二是知识产权权利人利益和公共利益的协调理论。

（一）经济发展与知识产权制度的互动关系理论

科技作为第一生产力，在人类适应、利用和改造世界以满足自身需求的推动下，处于不断创新与应用的发展状态。科技的进步会产生新的知识产权经济关系，需要知识产权制度对其予以规范和调整。而原有的知识产权制度有的能够适应新的知识产权经济关系，可以继续适用，但是也会出现原有知识产权制度无法适应，甚至阻碍新知识产权经济关系发展的要求，需要通过知识产权制度的创新来适应新知识产权经济关系发展的要求。补充知识产权制度的空白，修改起阻碍作用的原有制度、规范，才能推动新知识产权经济关系的发展，表现出科技、经济发展和知识产权制度的交互作用是从不适应—适应—新的不适应—适应……这样一个历史演化过程。可以结合第一章第一节中的"自然技术和社会技术的关系概论"部分，来理解经济发展与知识产权制度的互动关系理论。

（二）知识产权权利人利益和公共利益的协调理论

通过知识产权保护，维护知识产权权利人的法定权益，有利于营造尊重创新人才、尊重创新成果的良好社会环境，有助于我国创新型国家的建设和经济发展走重质量、重效益之路；通过知识产权共享，通过依法限制知识产权的过度垄断和滥用，可以为社会公众免费、低成本使用知识产权提供制度保障，有利于解决国际、国内层面发展不协调问题所带来的危害，有利于社会公共利益的维护，有利于经济社会的协调发展，有利于民生福利的改善，有利于全面建成小康社会伟大目标的早日实现。

网络技术具有广泛的应用领域，可以说人类社会已经进入网络知识经济时代。在网络知识经济时代，知识产权作为一种智力产权在经济社会发展中起着越来越重要的作用。协调好知识产权的利益关系有利于经济社会的协调发展，因为知识产权的专有性对应于经济领域的竞争与效率，知识产权的共享性对应于经济领域的合作、公平和社会领域基于知识产权共享所带来的发展。所以，构建应对网络经济安全问题的知识产权社会工程，需要协调好知识产权权利人和社会公众的利益关系、知识产权权利人之间及权利人和使用人之间的利益关系。

三　应对网络经济安全问题的知识产权制度体系

知识产权经济关系主要包括创新、运用、保护和管理四大方面，应对网络经济安全问题的知识产权制度体系就是由调整这四个方面关系的制度组成的，即知识产权创新激励制度、知识产权运营制度、知识产权保护制度和知识产权管理制度。构建应对网络经济安全问题的知识产权制度体系，需要针对现有知识产权制度中不适应或阻碍我国基于科技创新所产生的新的知识产权经济关系的地方，提出完善建议，主要就是对组成知识产权制度体系的四项制度进行完善，即完善知识产权创新激励制度，完善知识产权运营制度，完善知识产权保护制度，完善知识产权管理制度。

（一）完善知识产权创新激励制度

知识产权的创造具有很强的个体性，创新性成果都是由具体的个人完成的。营造崇尚创新、激励创新的文化环境、制度环境，会使更多的人投身于创新事业，也会使更多的创新型人才创造出更多的知识产权成果，进而有助于创新主体创新能力的提升。

1. 完善有关奖酬的规定，提高职务科技成果完成人的创新积极性

中国版的"拜杜法案"《科技进步法》将财政性资金资助的知识产权授予项目承担者，但是该法出现了失灵①。在 2007 年《科技进步法》修改前，我国高校科技成果的转化率是 5%②，而 2012 年我国高校的有效专利是 117000件，转化率仅为 2% 左右③。其原因在于，对科技人员的奖励金主要落在了科技人员的所在单位，而个体的科技人员并没有获得太多的奖励金，个体的科技人员的创新积极性自然不会大幅提高。有鉴于此，《促进科技成果转化法》（以下简称《转化法》）第 43 条、44 条针对职务科技成果"以单位为中心"所带来的《科技进步法》第 20 条和第 21 条立法目的落空问题（中国版"拜杜法案"的失灵问题），规定政府资助研发成果的知识产权转化收入全部留归完成单位，在对完成、转化职务科技成果做出重要贡献的人员给予奖励和报酬后，主要用于科学技术研究开发与成果转化等相关工作，并且在第 45 条规定了具体的奖酬办法和比例。不过，在《专利法》和《高等学校知识产权保护管理规定》中的相应条款没有做出相应修改的情况下，会出现立法不一致所带来的执法不力问题，会造成对职务科技成果完成人激励不足的问题，不利于职务科技成果研发水平和转化率的提升。所以，需要根据《转化法》的新规定完善《专利法》和《高等学校知识产权保护管理规定》的相关内容。

在奖酬分配比例方面，由于《专利法实施细则》规定的奖酬比例较低，不利于鼓励科技成果的转化，需要按照《转化法》提高奖酬比例。此外，还需要解决《专利法实施细则》立法位阶低的问题，将奖酬方面的规定规定

---

① 何炼红、陈吉灿：《中国版"拜杜法案"的失灵与高校知识产权转化的出路》，《知识产权》2013 年第 3 期。

② 肖茂严、万青云：《在高等学校中组建技术转移中心势在必行》，《科技进步与对策》2001 年第 9 期。

③ 宋河发：《科技成果转化与知识产权应用》，《光明日报》2015 年 2 月 6 日。

在《专利法》之中。首先，增加转让、许可与作价投资的奖励规定，规定转让、许可的奖励比例不低于转让费、许可费的 50%，作价投资的奖励比例不低于科技成果形成的股份或出资的 50%；其次，规定实施（或者转化成功投产）的奖励比例，发明或者实用新型连续 3~5 年不低于营业利润的 5%，外观设计连续 3~5 年不低于营业利润的 0.5%（见表 7-1）。

由于《高等学校知识产权保护管理规定》（简称《管理规定》）的位阶低于《转化法》，加之《管理规定》规定的奖酬比例较低，不利于鼓励科技成果的转化，《管理规定》关于成果转化奖酬方面的一些规定需要根据《转化法》的相关规定做出如下修改。第一，在转让或许可他人实施的情形下，《转化法》规定的奖酬比例是不低于该项科技成果转让净收入或者许可净收入的 50%，而《管理规定》规定的提取比例是不低于转让或许可使用所取得的净收入的 20%，《管理规定》需要将提取比例提高到不低于转让或许可使用所取得的净收入的 50%。第二，在科技成果转化成功投产（或者成果实施）的情形下，《转化法》规定的计算奖酬的基数是实施该项科技成果所取得的营业利润，《管理规定》规定的是实施该项科技成果所取得的收入，《管理规定》规定得不够明确，需要修改为"营业利润"（《专利法实施细则》的规定也是"营业利润"）。第三，在作价投资情形下，《转化法》规定，从该项科技成果形成的股份或出资中提取不低于 50% 的比例奖励完成、转化职务科技成果做出重要贡献的人员，而《管理规定》规定"按照国家有关规定折算为相应的股份份额或者出资比例"，规定得不够明确，如果修改为"报酬或者奖励折算为相应的股份份额或者出资比例不低于作价投资总额的 50%"会更加便于执行（见表 7-1）。

表 7-1　三部法律法规在奖酬方面规定的比较

法律法规	成果及其转化情形	奖酬对象	计算奖酬的基数	奖酬分配数量或比例
专利法实施细则	①被授予专利权	①发明人、设计人		没有规定或约定 ①一项发明专利的奖金最低不少于 3000 元；一项实用新型专利或者外观设计专利的奖金最低不少于 1000 元

续表

法律法规	成果及其转化情形	奖酬对象	计算奖酬的基数	奖酬分配数量或比例
专利法实施细则	②实施发明创造专利 ③许可他人实施	②发明人、设计人 ③发明人、设计人	②营业利润 ③使用费	②发明或者实用新型不低于2%每年，外观设计不低于0.2%每年，或一次性报酬 ③不低于10%
促进科技成果转化法	①转让、许可他人实施 ②作价投资 ③自行实施或者与他人合作实施（转化成功投产）	①完成、转化职务科技成果做出重要贡献的人员 ②同上 ③同上	①转让净收入或许可净收入 ②科技成果形成的股份或出资 ③营业利润	没有规定或约定 ①不低于50% ②不低于50% ③连续3~5年不低于5%
高等学校知识产权保护管理规定	①转让或许可他人实施 ②转化成功投产 ③作价投资 ④补贴专利申请，维持和知识产权保护	①完成该项职务发明创造、职务技术成果及其转化做出重要贡献的人员 ②完成该项科技成果及其产业化做出重要贡献的人员 ③在科技成果的研究开发、产业化中做出重要贡献的人员	①转让或许可使用所取得的净收入 ②实施该项科技成果所取得的收入 ③报酬或者奖励 ④知识产权专项基金	①不低于20% ②连续3~5年不低于5% ③按照国家有关规定折算为相应的股份份额或者出资比例

2. 调动排名靠后科研项目参加人的创新积极性

高校和科研院所在业绩考核中通常有排名方面的规定，比如，排名第一或排名前三才符合要求，其成果才能得到认定。其弊端在于，在协同创新过程中，第二、第三或其他后位完成人实际上也做出了研究成果，如果研究成果在其所在单位得不到认定，其所在单位有关业绩考核的规定显然对协同创新起了阻碍的作用。所以，为了促进协同创新，提高高校和科研院所科研人员参与协同创新的积极性，必须在知识产权分配管理制度方面进行制度创新。

笔者认为，协同创新中心可以通过签订合同，将整体的科研项目分解为若干二级项目、三级项目等，然后把二级项目、三级项目等根据相关规定归类到国家级项目、省部级项目、市级项目来管理，这样就会使更多的项目参加人有机会成为国家级项目、省部级项目、市级项目的负责人和主要参加人。罗尔斯在其名著《正义论》中提出"最少受惠者的最大利益"①的利益分配思想，意在提高社会合作的水平。在协同创新过程中，借鉴这一分配理念，使排名靠后的参加人也能成为级别较低项目的负责人，能够激发他们协同创新的积极性。

3. 通过消减创新风险来提高创新积极性

对于消极技术诀窍（negative know-how），即在成功获取积极技术秘密之前的那些失败的尝试，往往只能作为商业秘密来保护，它的价值在于能够节约个体研发者的研发费用以及提供进一步创新的思路。②从宏观的角度来看，可以减少整个社会研发资源的浪费，而且对后续创新路径的选择有启发作用。笔者认为，由于消极技术诀窍难以满足商业秘密关于实用性（给权利人带来经济利益）的要求，消极技术诀窍在实践中能否获得商业秘密法的保护还是存在争议的。消极技术诀窍让我们看到了创新的风险，这当然也是创新的一个阻碍因素。如果对这一风险有一个合理的制度安排，能够将风险转化为利益，就会对这种阻碍因素起到消减的作用。可以建立"公开消极技术诀窍补偿与奖励制度"，消极技术诀窍的权利人自愿公开其消极技术诀窍后，如果其他研发者使用该公开的消极技术诀窍，节约了研发时间和成本或者创新思路受到启发，最终获得了成功，那么消极技术诀窍的权利人可以要求成功的研发者从研发成果获利之中提取一定的比例（类似于专利许可费）补偿给权利人。市场风险等方面的原因，在其他研发者未能获利而无法支付补偿费的情况下，基于该消极技术诀窍具有节约社

---

① 〔美〕罗尔斯：《正义论》，何怀宏等译，第267页。

② Chen Wang，"Collaborative Innovation and Economic Growth：A Comment on China's Innovation Policies," *Cardozo Law Review* 1 （2013）：148 – 166.

会研发资源、启发创新思路、促进科学研究等公共利益方面价值存在的实际情况，权利人可以向相关政府部门申请奖励。奖励的方式包括资金奖励、优惠待遇等，奖励可以弥补权利人前期研发的投入，也可为后续研发提供支持。补偿与奖励制度无疑具有消减创新风险、提高创新积极性的作用。

（二）完善知识产权运营制度

我国知识产权成果转化率较低与我国重数量轻质量的专利发展战略以及科技成果市场化运营能力较差有关，所以，需要在这两个方面探讨完善对策。这方面的完善对策可以使国家研发资源、专利审批资源得到合理分配，增加国内外创新主体知识产权资源的交易数量，从而使我国知识产权资源的分配与交易状况得到完善，进而使我国的知识产权运营环境得到改善。

1. 变重数量轻质量的专利发展战略为重数量更重质量的专利发展战略，改善我国知识产权资源的分配状况

我国专利发展战略存在的问题是重数量轻质量（市场化程度低）。有些企业为获取政府税收优惠或其他补贴而投入研发并申请专利，而且专利类型中实用新型比重大于发明。这种偏离市场化的研发投入与专利申请，势必会导致专利数量多而质量差（实用新型比重大、转化率低）[1]，不仅造成政府资助研发经费等资源的浪费，而且造成了专利审批、管理等资源的浪费。为了解决这一问题，应当从重数量轻质量的专利发展战略转化到重数量更重质量（提高发明专利的比例以及专利的市场化程度）的专利发展战略。在实践层面，可以考虑把政府资助、用于补贴的费用等投入市场化的研发和运营之中。比如，以低息借贷或者投资入股科技成果运营企业的方式来鼓励面向市场的研发及后续的市场化运营。

2. 建立基于"互联网＋"形成的全球科技成果市场化网络，改善知识产权资源的交易状况

借鉴国外技术转让许可办公室的经验，除了在高校内部设立知识产权管理和技术转让办公室[2]，在企业内部设立知识产权管理部门，或者委托律

---

① Chen Wang, "Collaborative Innovation and Economic Growth: a Comment on China's Innovation Policies," *Cardozo Law Review* 1 (2013): 148 – 166.

② 饶凯等：《西班牙大学技术转移中心的成功经验分析》，《科学管理研究》2011 年第 3 期。

师事务所等外部中介组织管理知识产权以外，上述知识产权管理部门还要重视利用现代互联网技术，不仅在国内建立起科技成果市场化网络，而且要尽可能多的与其他国家建立起基于"互联网＋"形成的全球化的科技成果市场化网络。当前跨国公司正在实施全球知识产权（包括专利）战略，我国企业的应对策略是在跨国公司专利布局的内部和外部争取获得自主专利，通过交叉许可寻求生存和发展的机会。所以，建立基于"互联网＋"的全球化的科技成果市场化网络，并根据这一网络中的专利布局情况选择研发项目，产生自主知识产权是符合形势发展要求的。

（三）完善知识产权保护制度

《反假冒贸易协定》（简称 ACTA）在技术进步和中美在知识产权问题上的纠纷背景上出台①，给我国协同创新带来了新的机遇与挑战。机遇就是我国联合广大发展中国家营造国际层面互利共赢的、有助于协同创新的知识产权保护与共享环境，通过加强自主创新能力成为知识产权强国，主动接受和执行国际知识产权强保护标准；挑战就是在与发达国家博弈中失利、自主创新能力薄弱的情况下，被动接受和执行发达国家的知识产权强保护标准而使我国经济社会发展受到阻碍。所以，我国兼顾共享与专有提出应对《反假冒贸易协定》的策略，加强知识产权保护与共享的环境建设。

1. 兼顾知识产权的共享与专有应对《反假冒贸易协定》所推出的新的知识产权强保护标准

《反假冒贸易协定》是弥补《与贸易有关的知识产权协议》（简称 TRIPS）不足的多边国际条约，意在通过加强刑事、民事、行政等执法措施来应对日益增加的假冒商标和（著作权）盗版问题。ACTA 进一步提高了国际知识产权保护的标准，在国际范围内引起了广泛的讨论甚至抗议。以下两种不同观点，为我国提供了两个方面相结合应对 ACTA 的策略。一方面，依据知识产权的共享理念，联合其他发展中国家，要求发达国家在知识产权使用费方面做出薄利多销之举；另一方面，考虑知识产权的专有

---

① Miriam Bitton, "Rethinking the Anti-counterfeiting Trade Agreement's Criminal Copyright Enforcement Measures," *Journal of Criminal Law & Criminology* 102 （2012）：67 – 117.

理念，我国通过加强自主创新能力，增强知识产权保护的意识和主动性以及对知识产权强保护标准的适应性。总之，应对 ACTA 所带来的机遇和挑战，我国需要通过完善知识产权专有与共享的协调机制来改善知识产权的保护环境。

第一种观点认为，发达国家媒体产业的知识产权权利人不要一味专注打击盗版者，而是要考虑降低在最不发达国家和发展中国家中合法文化商品的成本以适应这些国家较低的人均 GDP，使盗版品竞争不过正品，从而赢得对盗版产业斗争的胜利。[①] 这一观点反映了包括我国在内的广大发展中国家消费者渴望获得低价正版文化商品的愿望，也为我国政府代表我国广大消费者联合广大发展中国家通过谈判要求发达国家通过降低知识产权使用成本，使大量潜在的侵权人转化为合法的被许可人，为发展中国家广大消费者提供廉价文化商品提供了启发。发达国家果真能够在知识产权使用费方面做出薄利多销之举，那么就会形成一条国际层面的协同创新之路，因为降低知识产权使用成本会促进发展中国家科技文化与经济社会的发展，文化商品消费能力由此增强，进而为发达国家文化商品提供更加有利的消费市场，最终形成发达国家与发展中国家之间一种互利共赢的协同创新发展模式，这也是符合 WTO 和 WIPO 等国际组织的宗旨的。

第二种观点认为，我国传统的山寨文化和儒家文化（山寨文化是用中国古典小说中将修建山寨对抗政府的人视为好汉，而将腐败的皇家官员视为恶棍，来比喻侵犯知识产权有其草根文化基础；儒家文化强调遵循古制而反对变革和创新以求社会稳定的传统导致中国缺乏自主知识产权，进而因缺少保护客体而缺乏保护意识和保护行动）助推了当前严重的知识产权侵权状况以及政府执法的不力，认为如同中国根据 TRIPS 修改了国内知识产权法律，而知识产权侵权状况并未改善一样（2010 年，美国贸易代表估计在美国边境查获的 80% 知识产权侵权商品来自中国的出口商），中国即使签署 ACTA，如果中国没有在国内切实提高知识产权的保护水平，ACTA 意

---

① Andrew D. Getsinger, "A New Approach to Combating the Piracy of Intellectual Property: Develop the Rule of Law and Increase the Supply of Legitimate Goods," *Journal of the Patent and Trademark Office Society* 96 (2014): 30 – 55.

在强化对盗版和仿冒的打击力度仍难以实现。① 其实这种呼吁中国提高知识产权保护水平的要求已经深刻地触动了我国，我国当前大力倡导的创新驱动发展战略以及全民双创活动正是这一呼吁的积极回应。首先，我国要加强自主创新能力，通过增加自主知识产权的数量和质量来增强知识产权保护的意识和主动性；其次，根据 ACTA 的要求主动提高知识产权立法和执法保护的标准（较之达到 TRIPS 最低保护标准要求、吸收《世界知识产权组织版权条约》和《世界知识产权组织表演和录音制品条约》相关规定的我国现行知识产权法律，由于 ACTA 对 TRIPS 所建立的知识产权保护标准的提升不是太高，所以对我国立法方面的压力不是太大，主要的压力来自执法）。

2. 通过强化知识产权的共享与保护机制弘扬正确的知识产权创新价值观

有研究指出，世界海关组织估计有 65% 的假冒货物来自中国大陆，没有人确切知道为什么在中国有如此众多的知识产权侵权，这可能是经济方面的原因，也可能是文化方面的原因。② 本研究响应《国家创新驱动发展战略纲要》提出的营造"崇尚创新创业、勇于创新创业、激励创新创业的价值导向和文化氛围"的战略部署，借鉴功利主义哲学的理论观点，从知识产权文化价值观的视角来探讨我国知识产权保护与共享环境的提升问题，以应对西方发达国家对我国提出的要求，提升我国在知识产权保护方面的国际形象，减轻我国商品在国际贸易中的知识产权壁垒，为创新主体提供知识产权制度的保障。

将功利主义哲学"趋乐避苦"的心理规律作为理论基础，正确的知识产权创新价值观应该是"创新是趋乐，避免侵权是避苦"（创新是一个"趋乐"的过程，因为创新会得到物质和精神方面的奖励和回报；避免侵权就是一种"避苦"的明智之举，因为完善的知识产权保护环境会使侵权人无利可图，甚至要承担严厉的刑事责任）。但当前我国乏力的知识产权保护环境使"侵权是趋乐，避免创新是避苦"的错误的知识产权创新价值观有着

---

① Leroy J. Veiled, Jr., "China and the Anti-counterfeiting Trade Agreement-ACTA Faith, or ACTA Futility? An Exposition of Intellectual Property Enforcement in the Age of Shanzhai," *Penn State Journal of Law & International Affairs* 1 (2012): 121 – 137.

② Daniel C. Fleming, "Counterfeiting in China," *East Asia Law Review* 10 (2014): 14 – 35.

相当大的市场。当前我国《专利法》和《著作权法》还没有建立惩罚性赔偿制度，司法实践中又存在权利人举证难、诉讼时间过长、侵权赔偿数额较少（"据统计，我国专利侵权实际赔偿额平均只有8万多元，商标只有7万元，著作权只有1.5万元，远低于一些发达国家的标准"①）等问题，导致侵权有时得不到处罚，有时侵权获利除去受到的处罚数额还会有利润保留，使相当数量的侵权人选择了故意侵权以"趋乐"（获取非法利益）；创新会面临难以转化的风险和肆无忌惮的侵权，很有可能带来苦果，很多企业秉持"避免创新是避苦"的价值观，而选择了小富即安。所以，必须通过强化知识产权的保护使错误的知识产权创新价值观在我国失去市场，从而使正确的知识产权创新价值观得到广泛的弘扬与践行。

第一，全面建立知识产权惩罚性赔偿制度并保证实现其执法的威慑效果。

现在《商标法》和《著作权法（修正）》都规定了惩罚性赔偿制度，我国《专利法》在下一次修改中也要参考上述规定，按照过失侵权人所承担的损害赔偿数额的2~3倍（或者1倍以上3倍以下），确定故意侵权人所应承担的赔偿数额。

比立法更为重要的是，在执法过程中要保证法定赔偿的数额必须高于侵权获利，才会对侵权人和其他潜在的侵权人产生威慑作用。因为从美国法院的判例来看，被告多次重复侵权的主要原因在于其实际侵权获利高于对其处罚的数额。

第二，加大对知识产权侵权的行政处罚力度。

我国对损害公共利益的商标侵权和著作权侵权的罚款额度都提高了2.5倍。原《商标法实施条例》第52条规定：对侵犯注册商标专用权的行为，非法经营额无法计算的，罚款数额为10万元以下。新《商标法》第60条第2款规定：没有违法经营额或者违法经营额不足5万元的，可以处25万元以下的罚款。《〈著作权法〉修改草案第三稿》第75条也将《著作权法实施条例》第36条所规定的罚款额度提高了2.5倍。所以，需要修改《反不正当竞争法》第25条，将商业秘密侵权的罚款额度由"1万元以上20万元以下"提高到"2.5万元以上50万元以下"。

---

① 宋河发：《科技成果转化与知识产权应用》，《光明日报》2015年2月6日。

第三，探寻更为有效的知识产权刑事执法措施。

首先，我国需要制定或完善著作权刑事司法解释。将"复制向公众开放的电影院中播放的电影作品的行为"解释进我国《刑法》第217条第1款"未经著作权人许可复制电影作品"的行为之中；将"进口和出口盗版产品""许诺销售盗版产品"的行为解释进我国《刑法》第218条销售侵权复制品罪所规定的"销售"行为之中，并对分销方式逃避刑事责任的行为通过累计计算的办法予以追究。

其次，强化商业秘密权的刑事司法保护。将起刑点"给商业秘密的权利人造成50万元以上损失"修改为"给商业秘密的权利人造成25万元以上损失"。

最后，在刑事执法中保证罚金数额高于侵权获利，对侵权人以及其他潜在的侵权人起到威慑作用。这一司法措施的根据是ACTA第24条，该条规定：罚金应与犯罪的严重性相对应，足以对未来的侵权行为起到威慑作用。

有研究指出，ACTA模仿了美国版权法的刑事执法手段，不过美国不断加强版权刑事执法的结果是假冒盗版未减反增（在过去的20年间，假冒商品增加了100倍，全球盗版率也持续上升），表明单纯强保护的办法是徒劳无效的。[①] 所以，根据上述两个方面相结合的ACTA应对策略，在提高知识产权刑事保护标准的同时，我国还需要联合其他发展中国家要求发达国家通过降低知识产权使用费，使大量潜在的侵权人转化为合法的被许可人，为发展中国家提供廉价的文化商品，再通过大力开展尊重知识产权的全民宣教活动使更多消费者积极主动购买正版商品，使滋生盗版违法犯罪的文化市场消费环境得到改造（也为包括我国在内的发展中国家营造国际层面互利共赢的和有助于协同创新的知识产权保护与共享环境）。

综上所述，更为有效的知识产权刑事执法措施应该是，在改造侵权犯罪产生环境的同时对坚持实施侵权犯罪的人处以有足够威慑作用的制裁。

（四）完善知识产权管理制度

在宏观层面，建立高校与社会之间合理的知识产权专有与共享的利益

---

① Miriam Bitton, "Rethinking the Anti-counterfeiting Trade Agreement's Criminal Copyright Enforcement Measures," *Journal of Criminal Law & Criminology* 102 (2012): 67 – 117.

分配管理体制，才能充分发挥高校在协同创新方面的作用；在微观层面，即在协同创新中心内部，高校、科研院所与企业有不同的价值目标，易于出现利益冲突，阻碍科技创新的实现，所以，需要在知识产权利益分配管理制度方面协调价值冲突问题，才能使协同创新实现 1 + 1 > 2 的效果。

1. 建立促进协同创新的高校知识产权专有与共享的利益分配管理体制

在西方发达国家，高校通过科研活动提供公用知识履行其促进协同创新的社会职能开始于 19 世纪。这一职能是通过高校管理体制中将公开发表科研成果作为获取终身教职、晋升机会、更多科研资源等的依据来实现的（当然科研成果公开的范围会根据不同情况做出不同的规定），而且在拜杜法案实施前，学校工作人员和研究生离开大学后，他们使用或商业化他们所掌握的知识也很少会受到阻碍。① 这种研究成果公开体制有助于科研成果的后续发展和商业化，科研成果通过其学术价值和商业价值的外溢在协同创新方面发挥了相当大的作用。

1980 年美国开始实施拜杜法案，中国当前的《科技进步法》（2008 年 7 月 1 日起施行）和《促进科技成果转化法》（2015 年 10 月 1 日施行）借鉴了美国拜杜法案的相关规定，鼓励高校、科研院所将科技成果申请专利并进一步市场化。这一政策有利于引导基于商业化的科研活动，使更多的科技成果能够转化为现实生产力，但是毋庸置疑，其在美国已经表现得比较突出的弊端也会在中国出现。第一个弊端是：在已经获得专利授权的科研成果基础上的商业性研发，由于和专利权人存在竞争关系，可能难以从专利权人处获得使用许可或者需要支付很高的许可使用费，后续的科技创新会因此受到阻碍。第二个弊端是：弱化了在好奇心驱动下以探求真理为目的的基础研究，使基于科学发现的原始技术创新受到阻碍。第三个弊端是：《促进科技成果转化法》中有一些条款，比如第 23 条至第 29 条，强调产学研合作，促进科技成果转化，而高校、科研院所基于商业目的的科研活动，会导致中国《专利法》第 69 条第 4 款"专为科学研究和实验而使用有关专

---

① Michael J. Madison, Brett M. Frischmann and Katherine J. Strandburg, "Open Source and Proprietary Models of Innovation: Beyond Ideology: Part IV: Collaborative Innovation, the Economics of Innovation, and Constructed Commons: The University as Constructed Cultural Commons," *Washington University Journal of Law & Policy* 30 （2009）: 365 – 403.

利的，不构成侵权"的规定无法适用（在美国已经有这方面的案例，例如，在梅地诉杜克大学一案中，法院认为被告方杜克大学由于从事科研项目的研发活动意在吸引利润丰厚的研究资助，因此不能满足适用面非常狭窄并受严格限制的研究实验目的侵权抗辩的要求，驳回了其诉讼请求①），致使科技创新的成本增加，从而对科技创新产生阻碍作用。

为了应对拜杜法案的上述弊端，进入 21 世纪以后，在美国兴起了开放出版运动，即依靠互联网使学术研究人员能够以廉价、在线的方式获取所需信息。比如，2007 年，美国国会要求通过美国国立卫生研究院资助的科研成果需要在正式出版后 12 个月内提供给国家医学图书馆所建立的数据库 PubMed Central，使公众可以较廉价地获得。②

较之于美国等西方发达国家，我国研究型大学数量不多，建设时间也较短，研究成果达到国际水平的也较少，学术成果的学术外溢和商业外溢价值也不高，高校在协同创新方面的作用亟待提升。为此，我国既要借鉴拜杜法案的优点，也要尽力规避其缺点。一是要处理好基础研究和应用研究的关系，二是建立最有利于促进协同创新的高校知识产权专有与共享的利益分配管理体制。

在实施协同创新战略过程中，对于高校和科研院所（特别是国家出资设立的高校和科研院所）在基础研究领域的研究成果，根据科研成果的科学价值和商业价值采取不同范围的公开制度，为科研成果的学术外溢和商业外溢价值的实现提供制度保障。如果希望社会公众广为参与某一科学领域问题的研究，就采取全球范围的公开方式（这是传统的公开方式）；如果希望增强我国某一领域的竞争力，就对某一领域的研发人员和管理人员公开。

对于高校和科研院所（特别是国家出资设立的高校和科研院所）在应用研究领域的研究成果，比照我国《专利法》第 48 条关于专利强制许可的规定，设立专有基础上的强制公开共享制度。如果某项专利自专利权被授

---

① Madey v. Duke Univ., 307 F. 3d 1351 (Fed. Cir. 2002).

② Michael J. Madison, Brett M. Frischmann and Katherine J. Strandburg, "Open Source and Proprietary Models of Innovation: Beyond Ideology: Part Ⅳ: Collaborative Innovation, the Economics of Innovation, and Constructed Commons: The University as Constructed Cultural Commons," *Washington University Journal of Law & Policy* 30 (2009): 365 – 403.

予之日起满三年，且自提出专利申请之日起满四年，该专利还未能市场化，为了节省后续他人商业性研究的成本，该研究成果所属领域的政府管理部门或者行业协会将该研究成果汇编进特定的数据库之中，使该领域特定的研发人员可以廉价获取并可进行后续商业性研发。如果应用类科研成果没有申请专利（属于技术秘密），在完成三年时间里也没有市场化，那么根据《促进科技成果转化法》第 11 条提交到科技成果信息系统之后，该研究成果所属领域的政府管理部门或者行业协会可以将该项科研成果汇编进特定的数据库之中，使该领域特定的研发人员可以廉价获取并可进行后续商业性研发。

对上述在基础研究领域和应用研究领域公开发表科研成果的科研人员，高校和科研院所要在评职、晋升、科研资助等方面提供相应的待遇。科研成果的使用者要根据《著作权法》《专利法》《反不正当竞争法》等有关法律的规定向其支付使用费并保障其精神权利的实现。

2. 创新平衡高校与企业利益关系的知识产权合同管理制度

第一，独占许可应该成为企业与高校之间主要的技术转移方式。企业注重某项技术所带来的短期市场竞争优势，但并不想长期受让该技术并为此多支出费用，而"高校在一般情况也不会轻易将创新成果的知识产权转让给企业，而是自己通过控制该知识产权而进行后续的研发"[1]。所以，转让方式无论是对企业还是对高校来说，都不是一种比较理想的方式。而独占许可方式，对企业来说，既可以像转让那样实现在市场上独家实施技术而产生的竞争优势，又可以比转让少支付费用；对高校来说，既可以像转让那样实现成果的转化，又可以避免转让给高校在后续研发方面的阻碍。所以，较之转让，独占许可应该成为企业与高校之间比较理想和主要的技术转移方式。

第二，创新合作开发合同的管理制度。对于高校与企业合作完成的技术成果，高校科研人员为满足考核、晋职的要求希望发表论文或申请专利，但是企业需要将技术成果作为技术秘密，这就产生了矛盾。对此如何解决？根据《合同法》第 340 条第 3 款的规定："合作开发的当事人一方不同意申

---

[1] 谢惠加：《省部产学研创新联盟需厘清五大知识产权利益关系》，《广东科技》2010 年第 4 期。

请专利的，另一方或者其他各方不得申请专利。"该技术成果应该作为技术秘密，不能发表论文公开或申请专利公开。虽然该技术成果可以作为科研项目，满足考核、晋职的要求，但是在科研人员缺少发表的论文或授权的专利情况下，为了调动科研人员的创新积极性，应该在管理制度上有所创新。首先，应科研人员申请，对该技术成果中具有学术价值的部分，经同行专家评审确定为某一级别的学术论文；其次，该技术成果作为技术秘密，在转化前，按科研项目对待，转化后，应科研人员申请，可以等同于授权后已转化的专利。

第三，创新知识产权合同纠纷的调处机制。为了避免纠纷，在科研项目立项时就要根据所承担的科研任务分工的复杂、难易程度在合同中约定将来获奖或转让、许可后的排名顺序和利益分配比例，科研成果完成后，再根据完成的实际情况，协商确定最终的排名顺序和利益分配比例。如果协商不成，就需要请第三方调解（建议在所属行业协会内设立调解委员会）或者通过诉讼方式解决，调解和裁判机关（合同仲裁机构或者法院）要委托争议各方共同认可的鉴定部门（建议在所属学术团体内设立鉴定委员会）对各方的贡献度做出鉴定结论，并以此作为确定排名顺序和利益分配比例的依据，然后尽量以争议各方自愿达成和解协议或调解协议的方式解决纠纷。因为如果能够以比较缓和的方式解决纠纷，纠纷各方今后还有可能继续合作，从而有利于协同创新的开展。

第三节 网络个人信息保护的社会工程

当前在国内外，网络个人信息侵权的状况都比较严重，无论是发达国家还是我国这样的发展中国家，在网络个人信息保护方面都存在不足。本研究在伦理哲学或法律哲学层面阐述了网络个人信息保护的社科理论依据，并在社科理论依据的指导下，构建了网络个人信息保护的社会技术体系，在此基础上形成了一个网络个人信息保护的社会工程。

一 网络个人信息侵权的严重状况及当前保护存在的不足

网络个人信息侵权是一个世界性问题。据报道，2013 年美国有 1.1 亿客户信用卡记录通过网络钓鱼手段被窃取。进入网络信息时代以后，我国的个人信息侵权问题也十分严重。个人信息侵权源自个人所处的社会关系，主要体现为以下几个方面。一是政府公共管理权限越界所导致的侵权。比如，政府管理部门将收集的公民个人信息提供给经营者使用。二是在经济关系领域所发生的侵权。比如，医院将病人病例公开给无权接触的人，快递公司将消费者消费信息、房屋销售方将购房人联系方式卖给无权知道的人等。三是在个人生活关系领域所发生的侵权。比如，男方将与自己分手的女方的裸照发布在网上等。

"欧盟主要采取法律保护方式来解决网络个人信息伦理问题，在 1995 年和 2002 年，欧盟出台了两个《数据和隐私保护指令》来处理个人数据保护和这些数据的自由流动问题（指令 96/46/EC 和 2002/58/EC）。"[①] 美国则是对"私权领域内个人信息保护强调自律，不以统一立法的形式来保护，而公权领域内以 1974 年《隐私法》为基本框架，采取不同领域单个分散立法的保护方式"[②]。

早在 2003 年，我国的《个人信息保护法（专家建议稿）》就开始起草，并于 2005 年递交相关部门，但是一些前沿问题，诸如需要公开的个人信息、行业自律保护与法律保护的关系、立法路径、保护标准等还处于研讨之中，没有达成共识，使我国在个人信息的保护方面远远落后于许多国家。

欧盟和美国在个人信息保护标准方面存在差异。有研究认为二者都有不足，欧盟的保护标准不利于个人信息的社会化应用，美国的保护标准不利于私人空间的保护，建议通过融合各方的有益观点来寻求最佳的保护模式。[③] 根据这一建议，在研究借鉴发达国家经验教训的基础上，我国的网络个人信息保护社会工程需要重点研究的问题主要包括社会科学理论和社会技术两个层次。第一，提出并阐述能够平衡公权力实施与个人信息保护、

---

①　Yang Zhang, Hong Gao, "Human Flesh Search Engine and Online Privacy," *Science & Engineering Ethics* 22 （2016）: 601 - 604.

②　姚岳绒：《宪法视野中的个人信息保护》，法律出版社，2012，第 9 ~ 10 页。

③　Daniel E. Newman, "European Union and United States Personal Information Privacy, and Human Rights Philosophy – Is There a Match?," *Temple International & Comparative Law Journal* 22 （2008）.

经济发展与个人信息保护关系的网络个人信息保护的社科理论依据（主要是伦理哲学或法律哲学层面的社科理论依据），这是该社会工程的社会科学理论部分。第二，构建由网络伦理、网络行业自律、网络法律、网民社团自我保护等手段所组成的网络个人信息保护的社会技术体系。

二 网络个人信息保护社会工程所依据的社科理论

为什么在网络时代，个人信息的保护会受到如此广泛的关注，甚至有的国家还将其上升到宪法的高度，规定了信息自决权？[①] 这就需要从社科理论层面（主要是伦理哲学或法律哲学层面）探讨政府权力与公民个人信息权利的关系、商家利益与消费者个人信息权利的关系，认清保护网络个人信息权利的重要价值。我国有研究仅仅从个人信息权的法律属性来看待这一问题，认为作为六种学说之一的宪法人权说并不符合我国国情。[②] 笔者认为，这一观点的提出是由于未能在社科理论层面认清个人信息权的重要价值，也会带来实践层面保护不力的后果。应该在我国《宪法》中把个人信息权确立为一项基本人权，并将其作为《民法典》《个人信息保护法》等法律制定个人信息权保护制度的基础。

（一）协调好政府权力与公民个人信息权利的关系有利于社会进步

处理好政府权力与公民个人信息权利的关系才能克服权力异化，保障公民的自由权利和个性发展，并使之成为社会进步的创新性源泉。

"对隐私权的召唤表现为一种努力，即在社会政治层面通过限制政府的权力来实现个人自主和自由的权利。"[③] 随着信息网络技术的不断创新与广泛应用，政府利用技术手段加强了对社会公众的监控能力，到处安装的监控探头和高智能化的信息跟踪、收集、储存、分析、处理的技术手段，使人们无时无处不处于这种监控之中。这种监控的正面价值在于，加强了政府部门预防、追究违法和犯罪行为以及实施公共事务管理的能力；但是其负面价值也是显而易见的，即加强了政府与公职人员基于对民众的监控能

---

① 谢永志：《个人数据保护法立法研究》，人民法院出版社，2013，第 35～38 页。

② 张里安、韩旭至：《大数据时代下个人信息权的私法属性》，《法学论坛》2016 年第 3 期。

③ Elaine J. Yuan, Miao Feng, James A. Danowski, "'Privacy' in Semantic Networks on Chinese Social Media: The Case of Sina Weibo," *Journal of Communication* 6 (2013): 1011 – 1031.

力而滥用权力的可能性，即权力异化问题。如果政府与公职人员具有这种技术方面的监控能力，而对其技术上的监控能力又没有伦理和法律上的制约，孟德斯鸠所言的"一切有权力的人都有滥用权力的倾向"就可能成为现实。所以，为了防止权力异化和保障公民能够有效行使他们的自由权利，有必要在伦理和法律层面做出新的规制对策。

如果人们在网络上的言行都被严格地监控，人们就会按照政府认可或流行的意见来发表自己的看法，一些有能力洞察社会问题并有批判性改进意见的人如果也迫于压力而选择人云亦云，或者采取明哲保身的缄默态度，那么社会的发展就会因为对天才或智者意见的压抑而停滞下来。密尔在其著作《论自由·代议制政府》中阐述了个体首创性的重要社会价值。他说：现有的一切美好事物都是首创性所结的果实，没有一件事不是由某一个人第一个做出来的。如果具有首创性的天才迫于世俗的压力而不能发挥他们的特长，社会就不会因为他们而变好多少。中国作为一个起初领先于欧洲的国家，为什么会在近代停滞不前，这与其使一族人成为大家一样，用同一格言、同一规律来管制自己民众的思想和行为有关。而欧洲为什么会后来居上，完全是因为道路太多，才得以有前进的和多面的发展。① 德国保护个人信息权利的基础是德国民法中所规定的人格自由发展权利，而我国民法则较为完整地移植了德国民法的一般人格权这一框架性权利。② 密尔认为有重要社会价值的个体首创性需要作为人格自由发展权利之一的个人信息权利为其提供制度保障。所以，在个人信息权利保护领域，要通过政策和法律来管控政府和其他组织对个人信息监控技术的使用，增强我国在科技创新、制度创新、管理创新等方面的创新活力，使我国更多的地区都能又好又快发展，使我国更多的企业都能居于产业链的高端，进而使我国的综合国力能够加速提升，最终使中华民族伟大复兴的中国梦能够早日实现。

（二）协调好商家利益与消费者个人信息权利的关系有利于经济社会发展

较之前网络时代，个人信息有了意想不到的经济价值，由此也带来了

---

① 〔英〕密尔：《论自由·代议制政府》，康慨译，湖南文艺出版社，2011，第46～61页。

② 谢远扬：《信息论视角下个人信息的价值——兼对隐私权保护模式的检讨》，《清华法学》2015年第3期。

大量的侵权案件。信息网络技术的发展和广泛应用，使个人信息产生了巨大的经济价值。在发现个人信息具有重大商业价值后，窃取、非法提供、非法出售个人信息成为违法犯罪的新形式，给个人信息权利人造成损害的同时也危害了社会经济管理秩序。2016 年 8 月，山东临沂 18 岁高中毕业生徐玉玉因个人信息被骗子获取后，骗子对她实施了精准诈骗，骗走了她近万元上大学的学费，徐玉玉悲伤欲绝、郁结于心导致心脏骤停，不幸离世。这是一起因个人信息被盗用而造成严重后果的案件。网络个人信息的经济价值及其无序的应用表明，需要出台新的行为规范来调整这种新出现的经济关系。在充分发挥个人信息促进经济发展作用的同时，使个人信息权利人的人身权和财产权得到保护，从而形成个人信息促进经济发展与个人信息保护（所带来的良好社会秩序）的良性互动关系，促进经济社会的发展。

三 构建网络个人信息保护的社会技术体系

本研究认为网络个人信息保护社会工程所采用的社会技术是由网络伦理、网络行业自律、网络法律、网民社团自我保护等手段及其相互关系所构成的社会技术体系。

（一）构建伦理与法律相互配合的保护模式

伦理和法律是保护网络个人信息的两个重要手段，需要将二者的优点有机结合，才能取得 1 + 1 > 2 的效果（见图 7 - 4）。

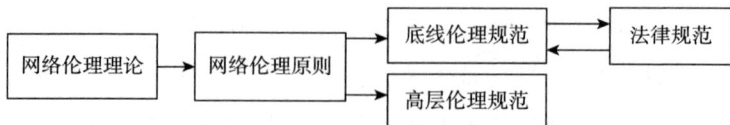

图 7 - 4　伦理与法律相互配合的保护模式

伦理手段的优点及其与法律手段的有机结合在于：第一，为网络个人信息伦理保护和法律保护的正当性提供伦理哲学依据和伦理原则指导；第二，界定底线的伦理规范，并通过立法程序将其制定为法律规范；第三，网络企业或其他主体可以采用高于底线伦理规范的高层伦理规范来保护网络个人信息，一方面为社会公众提供更高的保护标准，另一方面可增强企业或其他主体的声誉水平或竞争力。

法律手段的优点及其与伦理手段的有机结合在于：第一，通过国家强制力救济个人信息权利人的权利，并维护与个人信息使用相关的经济秩序与社会秩序；第二，将法律他律的警示作用转化为伦理的自律，使保护网络个人信息的法律规范能够被自觉遵守。

（二）构建行业自律保护与法律保护相结合的保护模式

行业自律是在相关执法部门监督下的自律性管理，是伦理与法律协同保护的一种主要形式。美国当代著名法学家富勒（Lon L. Fuller）在前人基础上进一步区分了追求的道德和义务的道德①，为行业自律规则取得其地位、发挥其作用提供了理论依据。义务的道德所对应的底线伦理规范往往需要制定为法律规范通过国家强制力保障实施，而追求的道德所对应的高层伦理规范则无须法律的强制力来保障实施。

根据富勒的上述理论，行业自律规制包括两个方面，一是国家的立法，二是行业自律规则。第一，底线的行业自律规则往往需要制定为法律。目前我国在《消费者权益保护法》《网络安全法》等法律中有保护网络个人信息的条款，而网络个人信息保护的基本法《个人信息保护法》还在研讨之中。行业自律规制表现为法律的适用规则，要求行业成员单位遵守。行业成员单位如果不遵守，可以采取警告、通报批评、降低评价（比如排名靠后）、取消某些优惠待遇、取消会员资格等方式予以惩戒。如果行业自律规则得到行业成员单位的自觉遵守，使个人信息权利人的权利得到尊重，那么就无须政府动用国家强制力来保障实施了。只有和法律重合的行业自律规则难以达到保护标准时，才需要政府通过国家强制力来保证个人信息保护法律的适用。第二，高于法律所要求保护标准的行业自律规则，可以提供高于法律所规定的网络个人信息保护标准。"例如，在澳大利亚，作为行业自律组织的网络产业联盟（Internet Industry Association）通过其行为规范，在以下三个领域规定了比法律更高的保护标准：对于13岁以下的儿童的个人信息视为敏感信息；对于网上的直接推销要求事先得到信息主体的同意；对于欧盟居民的个人信息的使用、收集和披露规定了额外的保护。"② 采取

① 〔美〕富勒：《法律的道德性》，郑戈译，商务印书馆，2005，第6~12页。
② 周汉华：《个人信息保护前沿问题研究》，法律出版社，2006，第242页。

高于法律所规定的网络个人信息保护标准，可以增强其服务对消费者的吸引力，进而获取更好的市场竞争优势地位。

(三) 在伦理理论和伦理原则指导下构建网络个人信息保护的法律体系

在伦理理论和伦理原则指导下，可以构建网络个人信息保护的法律制度。首先，探索在一些具体领域（如未成年人保护、医疗、银行、保险、媒体、教育等）中先制定个人信息保护的特殊法律制度（规范的体系）；其次，等国际条约与贸易有关的个人信息保护协议出台后，再探索制定一般法律制度（主要规定在我国的《个人信息保护法》之中）。一般法律制度和特殊法律制度都由权利规范、权利限制规范、义务规范、法律保护规范、行政管理规范等构成（见图7-5）。

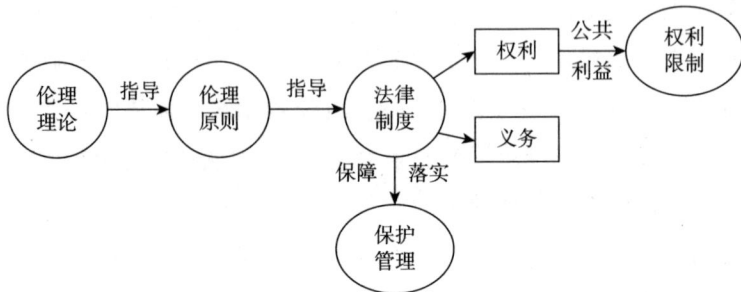

图7-5 在伦理理论和伦理原则指导下构建网络个人信息保护的法律制度

在我国《个人信息保护法》中，个人信息权利的保护体系由总则、权利（及其限制）与义务规范、救济与罚则、构建个人信息权集体管理制度等几个主要部分构成。

1. 总则部分

总则部分的规定就是在伦理哲学（也是法律哲学）的指导下，为法律规范（也是底线伦理规范）提供所应遵循的原则。

第一，个人信息权利人利益与社会公众利益及其他合法利益相平衡原则。

个人信息权利的保护，涉及个人信息权利人的利益、社会公众的利益、信息使用人（比如政府为了公共利益而成为使用人，商事主体为了自身经济利益而成为使用人）的利益以及其他主体的合法利益。这样，依法赋予个人信息权利人的权利以及对权利的适当限制（也相当于义务）就需要和其他主体的权利与义务相衔接、相平衡，既要规定义务主体相应的义务以保障权利的实现，又要对赋予的权利做出必要的限制。比如，为了满足权利人的许可权，政府或商事主体作为信息的使用人要履行通知义务；为了满足权利人的访问权，属于非政府部门的信息使用人有将数据库提交主管部门监管的义务，而主管部门要承担接受权利人申请并履行代为查询的义务，以及在查询基础上履行更正、删除等义务。不过，对于涉及公共利益的个人信息的使用，则无须取得个人信息权利人的许可（对许可权进行了限制）；对于涉及公共利益的个人信息，依法不能向本人公开的个人信息以及他人的受法律保护的个人信息，个人信息权利人是无权查询的（对访问权中的查询权进行了限制）。所以，必须考虑到多方的利益，确立个人信息权利人利益与社会公众利益及其他合法利益相平衡的原则来制定具体的权利（及其限制）和义务规范。

第二，遵循保护基本人权和发展国家经济相互协调的原则。

经济合作与发展组织（OECD）《关于隐私保护和个人数据跨疆界流动的指导原则》提出制定该指南的事实和价值根据是个人信息保护和信息在国际上自由流动相协调的理念。该理念的核心思想是，既不要为了经济利益而损害了基本人权，也不要以保护个人信息权为借口阻碍信息的自由流动，而找到个人信息保护与个人信息自由流动的平衡点才是成员国制定本国个人信息保护法所应遵循的一项基本理念。

第三，个人信息权利具有精神权利和财产权利的双重属性。

通过对美国、英国、德国和日本等一些发达国家司法实践的借鉴，我国学者对个人信息权利具有二元利益（既有精神利益又有财产利益）的特点已经基本形成共识。在二元利益保护路径的选择方面提出了以下观点：承认人格权中包含财产利益的人格权一元进路、财产权为主兼有人身权的二元权利进路、知识产权进路、无形财产权进路、反不正当竞争进路、信息权利进路（将知识产权和个人信息权纳入"信息权利"之中）。[①] 实际上，就各国立法来看，个人信息权如同知识产权一样，已经成为一种单独的民事权利。就我国目前的立法、司法实践来看，个人信息权正从传统的隐私权、名誉权中独立出来而成为一项独立的民事权利，需要在未来的

---

① 郭明龙：《个人信息权利的侵权法保护》，中国法制出版社，2012，第 109～187 页。

《民法典》中予以单列。"信息权利"虽然可以包括著作权、专利权、商业秘密权、个人信息权，但是无法包括商标权，因为商标法保护的客体是商誉，商誉纳入无形财产权比较合适，纳入信息权则不太合适。所以，知识产权和个人信息权纳入"无形财产权及其相关精神权"比较合适，知识产权和个人信息权中的财产权属于无形财产权，而它们中的精神权利则属于与无形财产权相关的精神权利。

2. 权利（及其限制）与义务规范部分

有学者提出个人信息具有自主价值和使用价值。[①] 笔者认为，权利人许可权（或禁止权）和访问权分别对应于自主价值和使用价值。个人信息的自主价值源于个人未授予政府而保有的广泛自由权利，不仅使人格得以自由发展，个体首创性得以发挥，而且对于克服权力异化，促进社会进步也有重大的意义，因此个人享有对其个人信息收集、使用、公开、传播等的许可权（当然基于公共利益要受到一定的限制）。个人信息的使用价值，不仅会给个人带来精神利益和经济利益，而且对促进经济社会发展也有公共利益方面的价值，赋予权利人访问权（具体包括查询权、修改权、更正权、删除权等）及其限制，意在协调个人利益和社会公共利益的关系。

第一，权利人许可权（或禁止权）和使用人的相应义务。

权利人有权知道其个人信息被何人在何时基于什么目的被收集、使用、公开，是否又被传播到其他主体等情况，并行使许可权或禁止权。使用人需要履行相应义务以满足权利人的许可权或禁止权，个人信息的种类不同，义务也不同。对于重要的信息，需要取得明示的许可（一般指权利人与使用人签订书面合同），如果涉及个人信息中财产权的使用，还需包括使用费条款；而对于不重要的个人信息或者个别授权成本过高的个人信息，使用人可以将包含个人信息的数据库提交主管部门监管，以较低成本（如电子邮件或短信、微信群发或其他低成本技术手段）通知权利人或其集体管理组织（集体管理组织有义务通知权利人），如果权利人没有表示不许使用，就表示其默认了许可使用。

---

① 谢远扬：《信息论视角下个人信息的价值——兼对隐私权保护模式的检讨》，《清华法学》2015 年第 3 期。

第二，权利人的访问权和使用人的相应义务。

权利人有权访问含有其个人信息的数据库，属于政府部门的使用人或监管人（对属于非政府部门的使用人，其数据库要提交相关政府部门监管）有义务协助权利人访问。在查询的基础上，对发生变化的个人信息有权依法要求修改，对不实或被篡改的个人信息有权依法要求更正，对完成使用目的的个人信息有权依法要求删除。

第三，权利人的安全保障权和使用人的相应义务。

权利人享有安全保障权，而使用人则要承担相应的义务。比如，使用人要采取技术手段和安排人员来保障含有个人信息的数据库具有安全性，不被非法访问，防止信息被非法窃取、修改、删除、转移、披露等。

3. 救济与罚则部分

救济是指对权利人精神和财产损失的民事救济；而罚则是指执法机关对个人信息侵权，同时损害公共利益的使用人、侵权人处以的行政处罚和刑事处罚。

由于可以比照《著作权法》中的精神权利与《商标法》中的商誉权利、商业秘密中的财产权来构建个人信息权利中的精神权利和财产权利，所以，可以比照我国《著作权法》、《商标法》、商业秘密法（规定在《反不正当竞争法》等一些法律文件之中）来救济权利受到侵害的权利人。对于精神权利的救济，可以责令侵权人承担停止侵权、赔礼道歉、消除影响和承担精神损害抚慰金的民事责任；对于财产权利的救济，可以按照权利人的实际损失、侵权人获利、许可费倍数、法定赔偿的顺序来救济权利人所遭受的财产损失。

就目前情况来看，由于对侵犯个人信息权行为的行政处罚和刑事处罚被规定在《网络安全法》《治安管理处罚法》《刑法》等法律之中，因此，在《个人信息保护法》的罚则部分，可以做出这样的规定：对个人信息侵权同时损害公共利益的某些情况，比照上述法律的规定予以行政处罚或者刑事处罚。

《网络安全法》第 64 条对侵害个人信息权情节一般的责任人，规定了责令改正、警告、没收违法所得、罚款等处罚种类；而对于情节严重的，规定了并处责令暂停相关业务、停业整顿、关闭网站、吊销相关业务许可证或者吊销营业执照等处罚种类。我国的《治安管理处罚法（修订公开征求意见稿）》第57条，根据侵权行为的轻重，对违法者规定了长短不等的拘留期限、数额不等的罚款等处罚方式。

我国《刑法（2015修正）》第253条之一对侵犯公民个人信息罪做出了规定，向他人出售或者提供公民个人信息情节严重的（第一款）、窃取或者以其他方法非法获取公民个人信息的（第三款），处3年以下有期徒刑或者拘役，并处或者单处罚金；情节特别严重的，处3年以上7年以下有期徒刑，并处罚金。将在履行职责或者提供服务过程中获得的公民个人信息，出售或者提供给他人的，依照上述规定从重处罚（第二款）。单位犯此罪的，对单位判处罚金，并对其直接负责的主管人员和其他直接责任人员，依照各该款的规定处罚（第四款）。

4. 构建个人信息权集体管理制度

行业自律保护是个人信息使用者所属行业协会对作为会员单位的个人信息使用者的一种社会组织的自我管理方式。其理论依据除了富勒所阐述的追求的道德和义务的道德关系的理论之外，还有英国哲学家波普尔提出的最小政府思想，即政府的作用在于解决民众无力自行解决的事情，而属于民众可以自行解决的事情，就由民众自己来解决。① 其实，波普尔的这一思想也可以成为网络个人信息权利人自我保护的理论依据。如何将这一思想应用于网络个人信息权利人的自我保护？笔者认为，可以通过构建个人信息权集体管理制度，使网络个人信息权利人自我保护与法律保护相结合，提升我国的网络个人信息保护水平。

由于同样是对无形财产权及其相关精神权的保护，可以借鉴《著作权法》中著作权集体管理组织的保护模式，在《个人信息保护法》中构建个人信息权集体管理制度来保护个人信息，即在行政机关监管下，通过构建个人信息权集体管理制度来进行各类社会团体中个人信息的自我管理和保护，使自我保护与法律保护相结合。各类社会团体包括工会、行业协会（比如律师协会）、消费者协会、业主委员会、学联、妇联、残联等，可以考虑在这些社会团体中设立个人信息权集体管理组织，管理各自团体的个

---

① 赵敦华：《现代西方哲学新编》，第250页。

人信息。在政府相关部门的监督和指导下，个人信息权集体管理组织的职责主要有：第一，建立和不断完善数据库中的个人信息；第二，受个人信息权利人的委托，与使用人签订使用许可合同，监督个人信息的使用情况，收取使用费，在扣除约定的管理费之后，转付给权利人或者纳入个人信息权保护基金，个人信息权保护基金主要用于救济权利受到侵害的权利人和涉及所有权利人利益的一些公共事项；第三，代表权利人以原告身份向行政或司法机关对侵权人提出行政保护或司法保护的申请；第四，为权利人提供法律咨询、技术鉴定、宣传教育等方面的服务。

5. 尾论：对《网络安全法》中个人信息权保护规定的评析与完善建议

2016 年 11 月 7 日，第十二届全国人民代表大会常务委员会第二十四次会议通过《网络安全法》，自 2017 年 6 月 1 日起施行。根据上文的研究成果，笔者对该法的适用、不足等问题提出以下评析和完善建议。

《网络安全法》第 22 条第 3 款和第 41 条第 1 款规定网络产品、服务提供者和网络运营者收集个人信息时，需要取得被收集者的同意。前已述及，对于重要程度不同的个人信息，有两种同意（或者许可），即明示许可和默示许可。如果将这两款的规定都理解为明示许可，那么就会出现使用个人信息成本过高、阻碍网络经济发展的问题。所以，笔者建议：在出台网络安全法实施条例时，对同意（或者许可）做出细化规定，对重要的个人信息，采用明示许可制度；对不重要的个人信息，采用默示许可制度。

如前所述，知识产权和个人信息权同属"无形财产权及其相关精神权"，所以，比照知识产权法的有关规定，对于个人信息侵权，首先要对个人信息权利人进行私法保护，之后再对同时侵犯公共利益的情节进行公法保护。建议在《个人信息保护法》之中，比照《著作权法》第 48 条的规定，对于个人信息侵权责任者，规定其在对个人信息权利人承担民事责任之后，再规定其对给公共利益造成的损害承担行政责任（刑事责任规定在我国《刑法》之中）。对于民事赔偿和行政罚款的关系，应该是先民事赔偿后行政罚款。《网络安全法》第 64 条既然提到"个人信息依法得到保护的权利"，就不能只规定行政保护（属于公法保护），而不提及私法保护，应该规定：在依照其他法律承担民事责任后，由有关主管部门予以行政处罚（假设《个人信息保护法》只规定了民事责任承担的情况）。如果将来《个人信息保护法》对民事责任和行政责任的承担都做出了规定,《网络安全法》对于个人信息侵权问题,只需用一个条款表明按照《个人信息保护法》的规定处理就可以了,没有必要再做重复性的规定。

笔者在上文提出了构建个人信息权集体管理制度的构想,所以,在个人信息权利人民事权利救济方面,可以考虑由个人信息权集体管理组织作为原告来起诉网络运营者、网络产品或者服务的提供者,获得的赔偿在扣除约定的管理费之后,转付给个人信息权利人或者纳入个人信息权保护基金。

个人信息保护方面的很多问题,比如《民法典》《个人信息保护法》《消费者权益保护法》《网络安全法》《治安管理处罚法》等在个人信息保护方面的关系问题,行政机关侵犯个人信息权的国家赔偿问题等都有待进一步探讨。

结　语

本研究能够以学术论著的形式和读者见面，得益于东北大学马克思主义学院的资助和社会科学文献出版社的帮助，在本研究工作完成之际，请允许我用由衷的祝福来表达一下感激之情。祝马克思主义学院教学、科研蒸蒸日上，早日成为国家重点马克思主义学院！祝社会科学文献出版社越办越好，打造更多精品力作奉献社会、服务人民，年年实现经济效益、社会效益双丰收！

此外，还要感谢在本研究写作过程中给予笔者帮助的领导、同事、家人和与本研究相关的已有研究的作者，他们是田鹏颖教授、王健教授、赵亮老师、高青老师、崔盼盼老师、毛晓禹先生、孙肇基先生、董晓梅女士、冈纳·缪尔达尔教授、罗尔斯教授、周黎安教授等。正是有了他们的帮助，才使笔者有更广阔的视野、更多的时间从事研究工作，使研究工作能够如期完成。

由于本研究选题具有前沿性、热点性的特点，加之笔者对网络技术哲学和网络相关社会问题的研究已经有近20年的时间，所以，笔者在本研究中取得了一些具有理论意义和实践意义的创新性研究成果。

一　本研究取得的具有理论意义的创新性研究成果

本研究取得的具有理论意义的创新性研究成果主要体现在对社会工程哲学的研究，对我国发展不协调问题的成因分析和培根四假象说概述基础上的理论创新这三个方面。

在社会工程哲学研究方面所取得的具有理论意义的创新性研究成果主

要有：①以科技创新与应用的价值二重性为视角，阐述了自然工程与社会工程的相互关系；②阐述了社会工程哲学的四项主要研究内容（本体论、价值论、认识论和方法论）及其相互关系所构成的社会工程哲学学科体系；③以科技价值二重性为视角对"风险社会"的成因进行了分析，并阐述了社会工程和网络社会工程应对"风险社会"所带来的问题，特别是发展不协调问题方面的价值；④对社会技术体系在方法论层面的研究中取得一些规律性认识成果，比如在遵循社会运动规律的基础上构建社会技术体系、社会技术体系一般是由分层次的个别社会技术构成的。

在对我国发展不协调问题的成因分析方面所取得的具有理论意义的创新性研究成果主要有：①对"由不平衡、不协调到趋于平衡、协调的经济社会发展理论"进行了创新性解读，并在此基础上对经济社会由不协调到协调发展的趋势予以了新的解释；②运用"由不平衡、不协调到趋于平衡、协调的经济社会发展理论"，结合生产力与生产关系相互关系的理论，对物质文明和精神文明发展不协调问题做出了解释；③在解释经济建设和社会建设发展不协调问题上，提出过度重视经济建设的发展理论，并且指出五大发展理念能够克服过度重视经济建设的发展模式所带来的弊端；④结合2017年5月勒索蠕虫病毒施虐全球的案例，阐述了网络技术负向价值产生的主体原因；⑤在对"新东北现象"成因分析方面，在中央文件和专家学者对"新东北现象"成因分析的基础上，总结出四个方面的原因并阐述了它们之间的关系，还运用一些经济发展理论结合生产力和生产关系相互关系的理论进一步深入分析了"新东北现象"的成因；⑥分析了我国网络文化产业自主创新能力不足的成因；⑦分析了网络有害信息致害的主客体原因；⑧阐述了网络舆论与核心价值观宣教互动关系之规律；⑨指出人类整体认识能力局限性以及人类个体认识能力局限性和价值偏好会导致网络谣言的产生；⑩阐述了经济发展与知识产权制度的互动关系理论；⑪在伦理哲学或法律哲学层面阐述了网络个人信息保护的社科理论依据。

在培根四假象说概述基础上所取得的具有理论意义的创新性研究成果主要有：①对假象和真象的创新性界定；②第五假象——保守假象的提出与阐释；③基于两种成因的假象间的关系及假象问题的解决对策。

二　本研究取得的具有实践意义的创新性研究成果

本研究取得的具有实践意义的创新性研究成果主要体现在：第三章至第七章所构建的社会技术体系在解决发展中不协调问题方面的实践指导意义和借鉴意义。

在"破解'新东北现象'的社会技术体系"中取得的具有实践意义的创新性研究成果有以下一些。①对辽宁省出台的相关指导意见或实施方案提出完善建议。②在"改善民生环境、推进人才振兴东北战略"中提出：借鉴罗尔斯的理论，提出改善民生环境的宏观战略，营造有利于创新型人才成长的社会环境、人才培养环境，借鉴先进地区的人才保障措施，出台和完善辽宁省的人才保障措施。③阐述了借鉴西方经验、改革政府管理体制、增强企业的主动性和能动性的对策建议。④在"改革政府管理体制、营造良好的营商环境"中提出：把握区域经济发展由不平衡到平衡的发展规律顺势而为，在混合所有制公司中强化国有股管理者的责任制，改革东北地区政府部门的官僚主义作风，弘扬雷锋精神，改善东北地区的营商环境，建立公务员决策失误责任追究制度。

在"促进我国'互联网＋'现代农业发展的社会技术体系"中取得的具有实践意义的创新性研究成果有：①政府部门主导、社会力量广泛参与的农业信息化建设工程；②为适度规模化经营模式的建立提供制度性保障；③加强农业信息资源的法制化管理。

在"解决城乡数字鸿沟促进城乡协调发展的社会技术体系"中取得的具有实践意义的创新性研究成果有：①大力实施工业现代化和农业现代化的协调发展战略；②实施提升农村教育水平和农村居民文化程度的战略措施；③制定并实施政策、法规、机制、标准等方面的社会技术。

在"提升我国网络文化产业自主创新能力的社会技术体系"中取得的具有实践意义的创新性研究成果有：①加强对网络文化产业的宏观调控，通过调控优势推进结构优化；②加强传统文化的渗透，通过发展特色文化占领消费市场；③改革并创新我国网络文化人才的培养模式。

在"网络有害信息的伦理与法律协同规制对策"中取得的具有实践意义的创新性研究成果有以下一些。①在"网络有害信息的伦理规制对策"中提出：完善《中国互联网行业自律公约》相关规定的建议，针对我国当前中小学网络伦理教育的不足提出完善建议，针对我国高等院校网络伦理教育的不足提出完善建议，通过法律实施的他律作用来提升网络伦理教育的效力。②在"网络有害信息的法律规制对策"中提出：制定专门规范网络有害信息的法律——网络有害信息防控法，完善对发布或者传输网络有害信息的网络运营者实施处罚的规定，完善相关规定使上下位法的规定相互协调衔接，完善、制定保护未成年人免受网络有害信息危害的法律。

在"借助网络舆论助力社会主义核心价值观宣教的社会技术体系"中取得的具有实践意义的创新性研究成果有：①采取课题招标等社会技术加强二者关系研究，促进社会主义核心价值观建设工程的发展；②采取社会技术引导和管控网络舆论的理论依据和问题导向；③采取各种社会技术加强关键性媒体的管理，提升核心价值观宣教的水平。

在"管理网络舆论促进经济社会协调发展的系统性社会技术体系"中取得的具有实践意义的创新性研究成果有以下一些。①在"针对影响网络舆论正价值实现的主客体因素采取系统性引导策略"中提出：针对我国网络舆论参与者的特征采取相应的引导策略，针对源于现实社会矛盾的网络舆论采取相应的引导策略，针对一些公务人员对待网络舆论的抵触态度采取相应的引导策略，针对地方政府不够完善的网络舆论应对机制采取相应的引导策略。②在"针对导致网络舆论负价值实现的主客体因素采取系统性管控策"中提出：针对网络舆论信息传播的特点采取相应的技术管控策略，针对地方政府应对网络舆论的能力不足采取相应的行政管控策略，针对应对网络舆论的立法不足采取相应的法律管控策略，针对网络舆论中的违法或过激言行采取相应的伦理管控策略。

在基于假象说理论创新成果的网络谣言治理社会技术体系构建方面取得的具有实践意义的创新性研究成果有：①人类整体认识能力局限性成因下五种假象与相应的网络谣言治理对策；②人类个体认识能力局限性和价值偏好成因下四种假象与相应的网络谣言治理对策。

在"应对网络经济安全问题的知识产权制度体系"中取得的具有实践意义的创新性研究成果有以下一些。①在"完善知识产权创新激励制度"中提出：完善有关奖酬的规定，提高职务科技成果完成人的创新积极性，调动排名靠后科研项目参加人的创新积极性，通过消减创新风险来提高创新积极性。②在"完善知识产权运营制度"中提出：变重数量轻质量的专利发展战略为重数量更重质量的专利发展战略，改善我国知识产权资源的分配状况，建立基于"互联网＋"形成的全球科技成果市场化网络，改善知识产权资源的交易状况。③在"完善知识产权保护制度"中提出：兼顾知识产权的共享与专有应对《反假冒贸易协定》所推出的新的知识产权强保护标准，通过强化知识产权的共享与保护机制弘扬正确的知识产权创新价值观。④在"完善知识产权管理制度"中提出：建立促进协同创新的高校知识产权专有与共享的利益分配管理体制，创新平衡高校与企业利益关系的知识产权合同管理制度。

在"构建网络个人信息保护的社会技术体系"中取得的具有实践意义的创新性研究成果有：①构建伦理与法律相互配合的保护模式；②构建行业自律保护与法律保护相结合的保护模式；③在伦理理论和伦理原则指导下构建网络个人信息保护的法律体系。

三　后续研究展望

本研究中"利用'互联网＋'改善民生建设的社会技术体系及其保障措施"有待深入研究，具体来说就是"互联网＋"益民服务、"互联网＋"便捷交通、"互联网＋"绿色生态等民生建设内容及其保障措施方面有必要针对我国的不足，分析成因，并在借鉴国外先进经验的基础上提出完善对策。

在"应对网络安全建设相对滞后性问题的网络社会工程"中部分提到，具体网络安全领域的研究主要包括对网络政治、经济、文化、社会、人本、军事等领域网络安全问题的研究。而本研究第七章"应对网络经济建设与网络安全建设发展不协调问题的网络社会工程"只选取了涉及网络政治、经济、社会安全等多个网络安全领域的网络谣言治理的社会工程，涉及网络经济安全领域的应对网络经济安全问题的知识产权社会工程和涉及网络经济、社会、人本安全等多个网络安全领域的网络个人信息保护的社会工程等三个社会工程进行了研究，因此，其他网络安全领域中的问题，诸如网络军事安全问题、网络意识形态安全问题等，笔者需要在以后的研究工作中对它们展开研究。网络安全问题是当前网络研究领域比较重要和前沿性的问题，笔者将继续结合自己目前所承担的两个科研项目——辽宁省社会科学规划基金重点项目"网络安全问题的形成机理与防控对策研究"（L16AZX002）、陈昌曙技术哲学发展基金资助科研项目"网络安全治理工程研究"（201606），对其开展更加全面与深入的研究。

图书在版编目（CIP）数据

网络社会工程研究：以应对中国发展不协调问题为
视域／毛牧然著. -- 北京：社会科学文献出版社，
2017.12

（东北大学马克思主义学院青年学者论丛）
ISBN 978 - 7 - 5201 - 1793 - 7

Ⅰ.①网… Ⅱ.①毛… Ⅲ.①社会哲学 - 研究 Ⅳ.
①B0

中国版本图书馆 CIP 数据核字（2017）第 281023 号

东北大学马克思主义学院青年学者论丛
网络社会工程研究
　　——以应对中国发展不协调问题为视域

著　　者／毛牧然

出 版 人／谢寿光
项目统筹／曹义恒
责任编辑／曹义恒　汪延平　李蓉蓉

出　　版／社会科学文献出版社·社会政法分社（010）59367156
　　　　　地址：北京市北三环中路甲 29 号院华龙大厦　邮编：100029
　　　　　网址：www. ssap. com. cn
发　　行／市场营销中心（010）59367081　59367018
印　　装／北京季蜂印刷有限公司

规　　格／开　本：787mm × 1092mm　1/16
　　　　　印　张：15.5　字　数：245 千字
版　　次／2017 年 12 月第 1 版　2017 年 12 月第 1 次印刷
书　　号／ISBN 978 - 7 - 5201 - 1793 - 7
定　　价／79.00 元